中华现代学术名著丛书

南洋华侨与闽粤社会

陈达 著

商务印书馆
创于1897 The Commercial Press

2019年·北京

图书在版编目(CIP)数据

南洋华侨与闽粤社会/陈达著. —北京:商务印书馆,2011(2019.5重印)
(中华现代学术名著丛书)
ISBN 978-7-100-07685-2

Ⅰ.①南… Ⅱ.①陈… Ⅲ.①华侨状况-东南亚-现代 Ⅳ.①D693.73

中国版本图书馆CIP数据核字(2011)第030645号

本书据商务印书馆1939年版排印

中华现代学术名著丛书
南洋华侨与闽粤社会
陈 达 著

商 务 印 书 馆 出 版
(北京王府井大街36号 邮政编码100710)
商 务 印 书 馆 发 行
北 京 冠 中 印 刷 厂 印 刷
ISBN 978-7-100-07685-2

2011年9月第1版 开本880×1240 1/32
2019年5月北京第2次印刷 印张10¾ 插页1

定价:32.00元

陈　达

(1892—1975)

商务印书馆1939年版《南洋华侨与闽粤社会》封面

出版说明

百年前，张之洞尝劝学曰："世运之明晦，人才之盛衰，其表在政，其里在学。"是时，国势颓危，列强环伺，传统频遭质疑，西学新知亟亟而入。一时间，中西学并立，文史哲分家，经济、政治、社会等新学科勃兴，令国人乱花迷眼。然而，淆乱之中，自有元气淋漓之象。中华现代学术之转型正是完成于这一混沌时期，于切磋琢磨、交锋碰撞中不断前行，涌现了一大批学术名家与经典之作。而学术与思想之新变，亦带动了社会各领域的全面转型，为中华复兴奠定了坚实基础。

时至今日，中华现代学术已走过百余年，其间百家林立、论辩蜂起，沉浮消长瞬息万变，情势之复杂自不待言。温故而知新，述往事而思来者。"中华现代学术名著丛书"之编纂，其意正在于此，冀辨章学术，考镜源流，收纳各学科学派名家名作，以展现中华传统文化之新变，探求中华现代学术之根基。

"中华现代学术名著丛书"收录上自晚清下至20世纪80年代末中国大陆及港澳台地区、海外华人学者的原创学术名著（包括外文著作），以人文社会科学为主体兼及其他，涵盖文学、历史、哲学、政治、经济、法律和社会学等众多学科。

出版“中华现代学术名著丛书”，为本馆一大夙愿。自1897年始创起，本馆以“昌明教育，开启民智”为己任，有幸首刊了中华现代学术史上诸多开山之著、扛鼎之作；于中华现代学术之建立与变迁而言，既为参与者，也是见证者。作为对前人出版成绩与文化理念的承续，本馆倾力谋划，经学界通人擘画，并得国家出版基金支持，终以此丛书呈现于读者面前。唯望无论多少年，皆能傲立于书架，并希冀其能与“汉译世界学术名著丛书”共相辉映。如此宏愿，难免汲深绠短之忧，诚盼专家学者和广大读者共襄助之。

商务印书馆编辑部

2010年12月

凡　　例

一、“中华现代学术名著丛书”收录晚清以迄20世纪80年代末，为中华学人所著，成就斐然、泽被学林之学术著作。入选著作以名著为主，酌量选录名篇合集。

二、入选著作内容、编次一仍其旧，唯各书卷首冠以作者照片、手迹等。卷末附作者学术年表和题解文章，诚邀专家学者撰写而成，意在介绍作者学术成就，著作成书背景、学术价值及版本流变等情况。

三、入选著作率以原刊或作者修订、校阅本为底本，参校他本，正其讹误。前人引书，时有省略更改，倘不失原意，则不以原书文字改动引文；如确需校改，则出脚注说明版本依据，以“编者注”或“校者注”形式说明。

四、作者自有其文字风格，各时代均有其语言习惯，故不按现行用法、写法及表现手法改动原文；原书专名（人名、地名、术语）及译名与今不统一者，亦不作改动。如确系作者笔误、排印舛误、数据计算与外文拼写错误等，则予径改。

五、原书为直（横）排繁体者，除个别特殊情况，均改作横排简体。其中原书无标点或仅有简单断句者，一律改为新式标点，专名号从略。

六、除特殊情况外，原书篇后注移作脚注，双行夹注改为单行夹注。文献著录则从其原貌，稍加统一。

七、原书因年代久远而字迹模糊或纸页残缺者，据所缺字数用“□”表示；字数难以确定者，则用“（下缺）”表示。

目　　录

第二编　社会变迁的一个原素：移民的影响

章内表格目录

附录:表格目录

引　言

在历史上我国的沿海居民，偶尔有迁移的运动，例如浙、闽、粤的滨海村庄，贫穷而勇敢的少年往往因各种理由，渡海谋生。近来欧美有些国家，虽施行移民律，禁止或限制我国的迁民①，但我国的海外迁民，业已散布于地球上五十余处。以数量论，由我国迁出者和在居留地生长者合计之，总数约一千万人，内中有中国人一万人以上的区域计有22处。② 这大量的人数，与我国自然发生好几方面的关系：(1)有些迁民与家乡尚有联络，因各种理由将其积蓄的一部汇回家乡。此项汇款对于家庭经济及国家经济(如国际贸易的平衡)发生何种的影响？(2)因迁民的关系，我国对于国际的问题近来渐形复杂，例如外国政府或资本家向我国招募工人发展其属地或殖民地的自然富源等。我国对于华工应募出国应取的态度及办法如何？(3)有些迁民，于寄信回国或于回国游历时，常把新得的知识和经验向我国介绍。他们这种活动对于我国社会的现代化，发生何种影响？(4)迁民出国，对于家乡的人口压力，是暂时的还是永久的减轻？对于家乡的经济与社会状况，是否有适当的改

---

① 凡由中国迁出者谓之“迁民”，在居留地生长者谓之“侨生”。凡南洋的华侨社会实包括“迁民”及“侨生”，或总称为“海外中国人”，或简称为“中国人”。按本书的定义，“华侨”即是“海外中国人”的俗称。

② 陈达：《人口问题》，第355面，第二版，上海，商务印书馆，民国二十四年。

善？对于文化是否发生多方面的变迁？

对于上列问题的研究，我国近年来渐有人加以注意与努力。同时太平洋国际学会，于研究生活程度时，把移民当作可以影响生活程度的一个重要原素。当1933年该会在坎拿大本府(Banff, Canada)开会时，国际研究委员会关于生活程度拟定具体的研究计划，希望各会员国，斟酌实际情形，努力合作。①

中国太平洋学会，选定移民为研究的问题之一，并约著者负责进行，其主要结果见于本报告。我国的海外迁民，年代既久，范围亦广，已略如上述。我们因人力财力及时间的限制，当然不能作全部的研究，因此我们对于研究的范围作如下的规定：(1)迁民区域限于太平洋，且目下尚有迁移的潮流，而迁民的数目比较是大量的。(2)一部分迁民尚与祖国维持关系，且有时寄款回国或本人偶尔回乡者。按上列条件我们对于迁民作拣样的研究，选定广东的东部(潮汕区)及福建的南部(漳泉区)为研究范围。汕头与厦门在政治上虽分属两省，在地形、语言与民风看来，应属一区。以移民运动论，两区间彼此有相互的关系与影响，其势不能分离。粤东与闽南的沿海村镇，有许多区域是南洋②迁民的家乡。即以我们的经验说，足迹几达十县(见附录第A表)，而有些迁民区域，因各种理由尚未在旅行范围以内。譬如南洋的迁民中，客人占有相当的重要位置，但本次的旅行仅包括饶平一县，那是客人与本地人杂居的县份，实是客人南迁时一个驻足的地点。

---

① B. Lasker & W. L. Holland (editors): *Problems of the Pacific*, 1934, pp. 476—478.

② 所谓南洋，指太平洋西部印度洋东部的半岛及海岛，如菲律滨群岛、台湾、东印度群岛、马来亚、暹罗、印度支那等。

在这十县之中,我们的观察是普通的,有些乡村或是全部未曾旅行。不过在有些乡村,迁民人数较多,历史较长,迁民对于家乡有比较显著的影响,我们把这些乡村选出作比较精密的访问:在闽南有华侨社区(甲)与(乙),在粤东有华侨社区(丙)。(甲)在厦门东北,三村相连,其地临海,自厦门坐小汽轮一小时半可达,共有人口约4,500人;产著名南洋华侨一人,近年来对于家乡作种种的设施。在普通情形之下,迁民对于家乡的设施,往往是华侨的共同努力;但遇非常之人,虽一人亦能发生多方面的变迁:我们选定(甲)区,所以表示一人的努力,对于家乡社会的各种影响。(乙)在厦门西北,其地临海,自厦门坐小汽轮经两小时半可达,为一大姓所居。同宗有许多人在近一百年以内,不断的往南洋迁移,但亦随时有回乡者。我们选定(乙)区,所以表示一族在航海以后,如与祖国尚有联络的话,能对于家乡的族人发生复杂的影响。同时我国家庭制度的势力,有许多方面尚能在(乙)区表示出来。(丙)在汕头东北逾60里,计七乡一镇,俱相比连。在此区域之内,各姓的住户俱有,虽有数姓是比较人丁旺盛、有财有势的。最近一百年以来,此区往南洋的人数及随时回乡的人数甚多。

南洋的迁民运动,在我国历史是有潮流的,这些历史的潮流不在本书范围之内。[①] 但末次最重要的潮流,实在轮船航行以先;那时候我国往南洋的迁民,都赖帆船。以粤东论,(丙)区是当时往南洋最早的区域之一;自那时到现在,其潮流是大致绵延不断的。[②]

---

① Ta Chen: *Chinese Migrations*, Chapters 1、3、4、5、6、7.

② 次于此区者有庵埠,因该处最早往马来亚的迁民自1823年开始。Song Ong Siang: *One Hundred Years History of the Chinese in Singapore*, 1923, p. 19.

我们选定（丙）区所以表示该区的组织，不是纯粹的宗族社区，为一大姓所统制的；乃各姓杂居，其组织不专尚血统而渐趋于地域与邻居的观念，因此在（丙）区我们可以观察不同姓或不同血统的迁民，对于家乡的影响。

区域既定，著者从事选定调查员，让他们在每区住下，由著者指导调查。在粤东与闽南的实地调查，除家庭预算（详后）外，约自民国二十三年九月至民国二十四年四月，但各地的调查不是同时举行的。

直接调查的工作分类如下：（1）侨民家庭访问表，内列问题12个，分64项，每项之下有若干细目。调查员经乡村领袖介绍后，对于各界人士的友谊渐深，对于地方的情形渐觉熟悉，然后持表向各家访问，将答案录入表中，计在（甲）调查182家，（乙）224家，（丙）942家。每区调查员人数不一，自四人至七人，所住时间约自四星期至十星期。

（2）专门问题调查表：有些问题因内容复杂，须每题订定表格以便得比较详细的材料，如土地的利用，学校、公路的建筑及运用等。这一部分工作，有些亦是很费时间的，譬如关于学生的调查，我们共散发简单式的表格四万份。分给各华侨社区及非华侨社区的学生，以便调查华侨学生的人数，及华侨对于家乡教育的影响。

（3）杂项资料的搜集：除上述有系统的表格以外，我们还搜集与本研究有关的各种资料，由著者拟定项目单一份，分给调查员。每调查员备有笔记一本，于谈话中或刊物中得有适当材料即行录入。这些资料含有复杂性，例如迁民信札、批馆、募工的办法与概况、著名迁民传、风水、著名的副业、天灾等。

（4）通信：凡我们在调查时所得的材料，如以后发现错误，我们用通信法请求当地专家更正；在调查以后，如发现某项材料的脱漏，我们亦用通信法补入。

关于材料的搜集，除上列数端外，我们还利用各种刊物，如政府报告、书籍、小册子、杂志论文及新闻纸等。本书的材料虽大部分是自己搜集的，实亦包括他种来源如前所述，因此形成一种综合的研究。本书内容以叙述为主，因此对于统计数字，不论是自己搜集的或是现成的，未曾大量的采纳。统计材料的大部归入本书附录中，作为参考之用。

离（丙）区约60里，我们选定非华侨社区一处，计有相连的两村。本区因距（丙）区不远，所以地理及社会环境与（丙）区（除迁民外）相差不大，因此可作比较的研究。在非华侨社区的工作，和上述的计划一样，惟调查员所用的表格，加以适当的修改，以期与非华侨社区的情形适合。例如关于家庭访问表，删去下列项目：（1）南洋华侨对于中国家庭的影响，（2）归国侨民对于南洋的知识和经验，（3）家宅中的外国影响等；加入下列项目：（1）区内迁民稀少的理由，（2）区内的主要职业及副业，（3）华侨区与非华侨区内生活习惯的异点。本区共调查非华侨家庭572户。

关于华侨社区及非华侨社区的比较研究，在可能范围内按性质分类举行。关于有些项目，需要长时间的观察，才能搜集适当的事实，以资比较，例如衣食住及杂项的种类，消费量及费用，通常所谓生活费的研究。我们在华侨社区（丙）及非华侨社区，每区选定一百户，按家庭的经济状况及社会地位分成上、中、下、贫四等。在每区指定居住多年熟知本地情形者一人为调查员，调查员及其助手按时向所选定的住户访问，大概每月每家去访问三次，将访问所得材料录入表册，即“家庭预算表”（共计表7,200份），以一年为期，计华侨社区的住户自民国二十三年十月至二十四年九月，非华侨社区的住户自民国二十四年三月至二十五年二月。此项材料的主要部分，见本书第四章，对于华侨家庭与非华侨家庭的生活费用，作概括的分析。

前述比较的研究，实是本书的主要任务之一。我们虽然注重华侨社区，但于可能范围内将非华侨社区的有关材料，提出比较，由同点或异点，来推究其原因及对于社会的影响。有些项目缺乏适当的比较材料，有些项目没有比较的必要，因此不是每个项目都有比较的，但比较的原则是一贯的。

我们不止是拿华侨社区与非华侨社区相比，并将华侨社区与南洋的华侨社区相比，因此比较的研究是三角式的：华侨社区、非华侨社区及南洋的华侨社区。为要寻找关于南洋的材料，著者于1935年头三个月在南洋各处旅行，经荷属东印度、英属马来亚、暹罗与法属印度支那，以便对于各处的华侨社会作实地的观察。我们旅行的路线，是于可能范围内，依照粤东与闽南华侨社区（甲、乙、丙各区）所迁出的人民，并得其族人，邻居，或亲戚的介绍，因此得着一种友谊的联络，以便观察华侨在南洋的生活，及研究他们对于家乡的感想、态度或建议等。著者关于南洋华侨所搜集的材料并非全部的，但只以与本研究的性质有重要关系者为限度：凡南洋华侨对于家乡所发生的影响，不论物质的与非物质的，都在范围之内。

本书的主要内容，是南洋华侨对于家乡所发生的影响。这些影响当然是复杂的，是对于整个社会生活发生了变迁的。关于这些变迁，特别是原因与影响，我们愿作分析的尝试。闽粤的华侨社区，有它的生活方式（Mode of Living），如本书各章所叙述的。这种生活方式的形成与变迁,当然有许多原素,但南洋的迁民实是主要原动力之一。我们的任务是要对于下列各问题,于可能范围内寻找适当的答案:闽粤的沿海村落,在历史上何以连续不断的有向南洋的迁民运动?这些村落何以形成它们的生活方式?这种生活方式怎样的发生变迁?对于生活方式的形成与变迁,南洋的迁民发生何种影响?这些影响的量与质,在闽粤的华侨社区里如何表现出来?

据我们的看法,所谓生活的方式(Mode of Living)是人群对于环境的适应与顺应,那是三方面的:即地理的、社会的、心理的。自然环境有时候对于迁民供给适当的激刺,如沿海的便利、天灾的流行或土壤的贫瘠是。社会环境包括社会的治安、职业的选择与改变、教育的设施、卫生与娱乐的设备等。易辞言之,凡人对于谋生的努力,及对于维持人与人间的各种交互动作与共同行为,都在范围之内。如果对上述两种环境有适当的调适与顺应,人群的生活对于理智就有适当的发展;但对于情感的发抒尚有欠缺,因此本研究尚有对于心理环境的探讨,如信仰与崇拜。三方面的调适与顺应,实是整个生活方式的表现。

这种看法,当然不是狭义的生活程度的研究,虽本书第四章业已对于生活费作粗简的分析,因我们承认:生活费不过是生活方式的一部。即对于广义的生活程度的观点,亦难得一般人的同意。以美国的情形论,有些社会学者和经济学者对于生活程度有较宽广的见解,因此和我们的意见相近,但不是完全相合。有些社会学者对于生活程度的定义如果加以扩充,可以和我们的意见接近,例如社会学教授第万恩(E. T. Devine)氏对于“标准的生活”(The Normal Life)的见解。据氏的观点,一个人从出生到老死,要能得到适当的抚养、职业、教育、宗教、娱乐等等,并要能将生活标准超过于其父亲的标准为企图。① 经济学教授斐尔德(J. A. Field)氏,对于生活程度(Standard of Living)的解释,和我们"生活的方式"(Mode of Living)的涵义,大体相似。氏所谓"发展的原素"(The Expansion Factor)实指人们于经济的需要满足之后,将他们的欲望向"卫生、生育、合作、团体关系"等方面扩充。②

和上述两意见相似,但不完全相同者,是我们的建议:我们以为人类的生活是对于环境施行三方面的调适,这三方面的调适就是生活的方式。

据本书的观点,书内各章所描写的(如上所述)是生活方式。对于这方式的形成及变迁,南洋华侨有多方面的影响。其影响的量与质,当随性质而有差异。但人们对于这种生活的方式,不一定是完全满意的,因此他们或有改善的期望。这些期望,是主观的,可以称作"生活程度":对于这种工作,本书未有系统的分析。③

我们这种尝试,既不是一般的经济学者或社会学者对于生活程度的看法,所以我们在本书里只把南洋华侨对于家乡所发生的各种影响,贡献几种事实,并提出若干应行注意的问题。在有些方面,我们的事实是不充分的,内容的分析是不完全的或不彻底的,因此我们对于本问题的研究,目下只能认作初步的工作,对于问题的整个,目下不能得着若何的结论。

---

① Edward T. Devine: *The Normal Life*(Second edition), pp. 1—8、193—194.

② J. A. Field: *Essays on Population*, XV (outline of standard of living course), p. 391.

③ D. T. Eliot: *American Standards and Planes of Living*, p. 1.

不但如此，我们的研究，对于国际的比较亦无适当的贡献，[①]因为我们注意于生活方式的形成与变迁，所以关于社会原素及社会力，有相当的分析与描写，以便探讨生活方式的组织、过程、演化与变迁，但对于生活方式的内容，未作分类或测量的尝试。本书第四章，虽对于生活费供给些测量的资料，但因消费习惯、实际工资、币制、民风等，一国之内或各国之间互有不同，因此凡欲引用此项材料作国际的比较研究者，必须格外审慎。

著者拟定研究计划之后，征求国内外对于本问题有兴趣的学者批评与建议，前后所得意见，（口头或书面）甚多，势难尽举，但其重要者如下：在国外有派克教授（Prof. R. E. Park, University of Chicago, U. S. A.）、安达姆司教授（Prof. Romanzo Adams, University of Hawaii, Honolulu, T. H.）、格立克君（Mr. Clarence Glick, University of Cincinnati, Cincinnati, U. S. A.）；在国内有陶孟和先生（社会科学研究所所长）、陈受颐教授（北京大学）、陈序经教授（南开大学）、刘士木先生（南洋问题研究者）、吴文藻教授（燕京大学）、吴景超教授（清华大学）等。

在实地调查进行时，有许多机关和个人热心赞助，特别是：广州中山大学、岭南大学、潮安中学（潮安）、就正小学（澄海樟林镇）、厦门大学、集美学校（厦门）、安溪中学（泉州安溪县）、新江小学（漳州新安乡）等。为推进调查工作的便利，岭南大学伍瑞麟教授慨允为调查团副团长，中山大学傅尚霖教授、厦门大学徐声金教

① 关于国际的比较，其方法与事实的讨论及研究，参阅：International Labor Office：Studies and Reports, Series N, No. 20, *International Comparisons of Cost of Living*, Geneva, 1934。关于国际比较的困难及问题参阅：B. Lasker and W. L. Holland (editors)：*Problems of the Pacific*, Ch. 4, London, 1934.

授为顾问。关于调查的接洽事宜及材料的供给，汕头海滨师范学校黄勖吾校长有多方面的协助。对于调查负一部分指导之责者有陈继平、陈观胜、倪因心诸君。家庭预算的调查，由郭复初君、卢明君分别指导。

著者在南洋旅行时，承蒙各方面厚待及协助，如各处政府、各处中国领事馆、华侨商会、华侨学校及许多关于本问题表同情的中外友人。

关于本书材料的整理，陈观胜君、倪因心君有长时期的帮助。当民国二十四年度至二十五年度，著者休假赴欧时，一部分材料的整理由倪君负责。在同时期，关于家庭预算各种统计材料的计算与整理，由陶孟和先生及其同仁担任，特别是郝纶先生及其助手。一部分的修正工作，由史镜涵君完成。几种食品的分析，由厦门大学刘椽教授担任。

中国太平洋学会，特别由其干事刘驭万先生；太平洋学会，特别是研究干事贺兰德先生（W. L. Holland）；对于本研究的发起与进行，自始至终有多方面的协助与鼓励。后述学会会员拉斯克先生（Bruno Lasker）对于本研究自调查至整理材料，贡献极有价值的意见与批评。拉斯克先生曾到粤东、闽南及南洋旅行；旅行时将观察及阅览所得，录入笔记；其笔记的一部散见于本书各章。本研究的英文报告，亦由拉斯克先生编辑。

清华大学由校长梅月涵先生及评议会允许著者请假一年（民国二十三年度至二十四年度）以便对于本问题负研究的责任。本研究的材料，其大部分在清华图书馆内社会学系研究室整理，得着各种便利。中文报告初稿成于民国二十六年五月一日；其后著者继续草拟英文报告，直至七月二十七日夜间，日本军轰炸北平城及其附近，工作暂停：其后整理工作，在北平市内继续进行：英文初稿于十一月一日脱稿；中文稿的修改工作，亦于前期五日完竣。

本书中文稿成后，上海商务印书馆于六月间即接受承印，并交由北平京华印书局排印。七月末，华北战事发生，印刷无从进行。俟十月末旬，北平治安渐定，京华印书局经理张雄飞先生以最敏捷的手腕，用最经济的时间，赶印本稿。著者于十一月初旬离北平时，幸能阅看本稿的初校，以便对于文字及材料略事更易；至于本书的校对，由吴文藻教授及倪因心君担任。

对于上述的机关和个人，及曾蒙合作但未经提出的机关和个人，著者一律表示极诚恳的感激与谢忱。关于本研究的各种缺点，当由著者负责。

中华民国二十六年十一月九日

陈达序于北平市

第　一　编

华侨社区:传统的生活方式及其变迁

第一章　环境

（甲）地理的影响

（一）山岭

闽南与粤东的陆路交通，向称不便。虽其邻近地点无崇山峻岭，但粤北与闽西的边界上有绵延不断的山脉（即五岭山脉），此种山脉大势由西往东，蜿蜒而行，隔断闽粤与中原的陆路交通，因此发生文化上的障碍。

以大势言，南岭山系从贵州往东即为其支系五岭山脉，盘踞于广西、广东、湖南、江西之间。五岭指大庾、骑田、都庞、萌渚、越城而言。越城岭在广西省全州与桂林之间；萌渚岭介于广西省贺县及湖南省江华县之间；都庞岭介于湖南省蓝山县及广东省连州之间；骑田岭介于湖南省郴州及广东省平石之间。大庾岭山势不高（最高峰约有3,000呎），但山脉蜿蜒，所盘踞的地域颇大，其大部分在广东省南雄州之北，江西省南安县之南：俗称梅岭。

由大庾岭往东往北，在江西、福建界上者有仙霞岭，在福建、浙江界上者有武夷山，在福建境内者有梁山、太姥山等，在浙江境内者有括苍、天台、四明诸山。四明山入海为舟山群岛。由大庾岭往南在广东界内者有罗浮山。

以历史言，凡由中原入广东者，大抵以梅岭为陆路上的主要路线。但山路崎岖，旅行不易，因此长江流域与我国南部发生种种隔膜。即至近代梅岭尚是陆路交通的孔道，例如清乾隆五十七年（1792）英使 Lord McCartney 由广东往北京，还是取道于梅岭的。

在有些区域，大庾岭、仙霞岭及其他山岭，山上尚有石级，可以行人；但山径狭窄，不便旅行，因此闽粤与长江流域间的陆路交通向来是不发达的。

（二）河流

潮汕与闽南是多山的区域，因此河流甚少，各河亦大致是急流的，往往不便航运。本区域内著名的河流，在潮汕有韩江，在厦门有龙江（或称九龙江），在泉州有晋江。

韩江上源有二：（1）梅江发源于大庾岭，在江西广东的界上俗名渡田河，其所经过的流域，即旧嘉应五属。（2）汀江发源于福建长汀县苦竹山，经上杭县峰市入大埔，与梅江合流，称韩江。韩江的支流通民船，韩江自身的航运可用小汽船。自潮安以下，韩江流入平原，成三角洲；其范围包括潮安、揭阳、潮阳、澄海等处，面积约有 600 方哩。韩江于汕头湾入海。

龙江上源有二：（1）北溪源出宁洋县大富山，南流经漳平与华安两县。（2）万安溪源出龙岩县长山，东南流经南靖县至龙溪县东南与北溪合，称龙江。东南流成三角洲，南有海澄县，东有思明县（大市为厦门），龙江于厦门湾入东海。

晋江的支流，盘绕于德化县的山谷间，西支曰双溪，源出于横古山，东南流经安溪县；东支曰罗溪，源出于大峰山，东南流经永春县，至南安县西与双溪合流，称为晋江。经晋江县南成三角洲，东流入东海处曰泉州湾。

（三）气候

闽南与粤东有温和的气候。其沿海部分，因常受海风，所以夏天不热，因有山岭，所以西北风亦不常吹，因此冬亦不冷。夏时温度除非在三角洲，鲜有超过摄氏 35 度者（或华氏 95 度），而昼夜的平均约为摄氏 30 度（或华氏 85 度）。湿度是高的，因此植物与花果可以繁殖，惟于居民的卫生不甚适宜。山中气温较低，但山岭俱不高，因此亦不能十分减轻湿度。

冬天的温度，很少降到冰度，在阳历一月约有摄氏 7 度（或华氏 45 度），例如泉州以北，或摄氏 13 度（或华氏 55 度），例如汕头以南。在离海较近的区域或在山中其温度当较低。

沿海各处多雨量，自阳历三月（或四月）至九月（或十月）每月平均得雨 3 吋，六月最多得 9 吋，每年平均雨量自 60 吋至 80 吋。

夏末的雨大致是由台风带来的。台风是回旋的大风，往往带来倾盆大雨。台风起于菲律滨群岛，由海面往西吹去，特别是夏末。夏末气温降低，回旋风因此发生，风的中心力是在气温最低的所在，约 20 哩左右，那是风力最大的区域。台风每小时行 12 哩，在海上似有一定路径，但不能预知。台风大体是海面的风，不常吹上陆地，偶尔吹上陆地如我国东南海边，那么往往发生严重的灾害。民国十一年有台风在汕头上陆，水高两丈，淹没生命与毁坏房屋无算，俗称“八二风灾”有许多居民因财产或职业的损失，受迫而离家往南洋别谋生路［详见第二章(乙)(二)(卯)］。有一位人类学家描写这次风灾的实况说：

> 台风近厦门时，有轮船一艘，重4,000吨，完全失踪；又有轮船一艘，船身整个被吹上海岛。沿海岸各处有许多尸体发现，因有许多人民是在船上过生活的。据估计，这次风灾淹死的总人数约有80,000人。①

(四)矿产

闽南的金属矿产以铁较为著名，大致产于花岗岩中。铁沙被水冲洗而出，积于河底，与沙土相混合。居民于农暇淘洗，将铁沙运往旧式炼炉，制成农具，此种炼炉往往设于富有木材的山中。铁沙产地颇广，其在本研究区域以内(或相近的处所)者，有安溪、龙岩等县。

闽南非金属矿物以煤为最盛。煤田以龙岩为中心，东至漳平、永春、安溪，西至武平，西南至永定。

> 自民国元年，南洋闽侨回国办矿者，有数十团体。其中最著者，如新加坡闽侨林文庆等所组织之资本团，拟集资二千万元，开办福建实业银行及全省路矿事业；怡保闽侨黄怡益等组织福琯路矿公司，拟集资二百万元，领办福州至琯江一带之路

① L. D. H. Buxton：*China：Land and People*，p. 308，1929.

矿;仰光闽侨杨萸安等组织龙岩路矿公司,拟集资八百万元,领办龙岩至漳州一带路矿。一时闻风兴起者不知凡几。旋以二次革命军兴,时局突变,加以群侨希望太奢,求多不遂,即偃旗息鼓,陆续去国。就中惟有李云程等所组织之义记公司,请采邵武焦煤坑之煤矿,得成事实。民国四年,林资铿领采龙岩水龙潭鸡心记煤矿,林长民等组织永德安煤铁公司,请采安溪湖上山,大礤山,五阆山等三处之煤矿,然亦因种种关系,未能实现①。

旧漳州属的龙溪县及安溪北的德化县俱出黏土,制陶瓷器,以供本地之用。但其质与量,俱不及粤东的高陂与枫溪的出品[详见本章(乙)(四)(丑)(4)]。

闽南沿海各区产盐甚富,著名盐场共八处:上四场在兴化、莆田、泉州及埕边;下四场在晋江、厦门、漳州及诏安。每年总产额约为1,000,000担。制法以日光晒为最重要。主要销路分食盐(销于民间)、渔盐(销于沿海渔户)及厘盐(运往外埠者)三种。

粤东金属矿物以钨为最重要。产地甚大,但在本研究区域以内者仅有梅县与揭阳,产量不多。矿床均为脉状,生于花岗岩中。采法均系旧式,大致由工人自行采掘,后由矿商收买转售。欧战时运销外国者其量不小,民国十九年时广东全省尚出钨砂52,401担,值国币1,200,000关两。

粤东非金属矿物首推无烟煤,产地在梅江(韩江支流)东西岸。大致用土法开采,已掘之煤由梅江用民船运至松口(凡50里),由

① 胡荣铨:《中国煤矿》,pp. 430—431,民国二十四年二月,上海商务版。

松口运至潮安（凡270里）售卖。自采地至潮安，每吨煤成本约国币12元，普通可获利1元。矿下用男工，矿面用女工。

广东沿海地面较宽，共有盐场17处。在本研究范围内者，饶平有海山与东界，潮阳有招收与河西。制法虽晒煎并用，但以晒法为最重要。广东全省每年约产盐2,000,000担，除供给本地居民消费之外，尚运往他埠销售。

（乙）人与社会环境

（一）人口移动

闽南与粤东既因山岭绵亘，陆路方面与长江流域鲜有交通的机会，因此本区域的居民，似与中原的汉族亦有分别之处。闽、粤两省的人种在历史上似已含有复杂性，例如据近人研究，闽省的人种，其主要分子有三，即掸（Shan）、黄帝后裔及蒙古；粤省的人种其主要分子有四，即掸（Shan）、黄帝后裔、蒙克（Monkhmer）及蒙古。①

上述闽粤与中原，交通虽不便利，但中原的汉族亦有向五岭以南迁移的，譬如林谞《闽中记》载："永嘉之乱，中原仕族林、黄、陈、郑四姓皆入闽。"后梁太祖封王审知（河南固始人）为闽王，审知兴学劝农，定赋敛，安民心，中原人士往闽者渐众。历史上的迁移运动，虽不在本书范围，但据我们在闽南的经验，凡世家望族，有许多是由中原迁往的，有些人家并能由家谱追述其历代迁移的概况。

① C. Li：*Formation of the Chinese People*，p. 279.

在闽南的乡村，其著名的氏族，大致是有家谱的，即自闽南迁往南洋的人家，有些亦保存此习惯。西婆罗洲坤甸市的林姓，自以为由谱系可以证明其远祖由中原迁居福建莆田。唐时有林披，字茂则，在天宝十一年（752）授临汀曹椽，子九人，俱官刺史，为闽南望族。清道光中（1821—1850），林族有人迁往西婆罗洲，现在坤甸一带，林姓为一大族。又福建漳州属龙溪县蔡坂，于清乾隆十八年（1753）中迁往爪哇，今已传至第五代，至 1936 年止，已有 183 年的历史。

前述永嘉之乱，实是酿成汉族在历史上大迁移原因之一，其影响不止福建，并及广东。大庾岭南北原是客人根据地；客人的迁移自永嘉五年（311）至清同治（1862—1874）凡五次。以现势论，客人的地理分布，以嘉应五属（梅县、兴宁、五华、蕉岭、大埔）为最多，但散布于赣南（寻邬、信丰、大庾）、闽南（宁化、长汀、上杭）、湘南（汝城、郴县）、粤南（赤溪、开平、中山）、桂东（郁林、博白、北流）及蜀东（涪陵、巴县）各处。客人与其邻居，在历史上时有冲突，因此时有迁移。清嘉庆时（1796—1820）嘉应与潮汕感受政治与社会的不安，嘉应人罗芳伯率领徒众向西婆罗洲迁移。在潮汕的华侨乡村里，我们常常听说，有些住户或因经济，或由治安，渐渐的由别处移入居住。可见粤东各处人口的压力，在历史上和近来呈显著的现象。

我们对于闽南与粤东的居民，虽不能作精细的研究，亦可以作广泛的观察如下：以现状言，大致可分三系，泉漳为一系（闽南人），潮汕为一系（福老），梅县五属为一系（客人）。以语言论，漳泉与潮汕相差无多，客人的语言较有不同。（福建全省，据说有方言一百种以上，可见人种的复杂）。以习惯论，潮汕与泉漳甚有相似之点，而客人似较有不同。三系之先祖，大致都由中原迁移去的，如上所述。不过他们到闽粤以后，经过长时间的居住，不免与本地原有的民族混血。有些民族和汉人竞争或冲突，败而退居山谷，有些民族舍陆地而船居。入山的民族散布于浙、赣、闽、粤界上，其著者如畲（介于浙闽）与猺（介于湘粤）：刀耕火种，以农猎为生。入江或入海者如疍户，聚居泉漳及潮汕的海边（及闽粤其他沿海各处），终年居于船上，以航运及捕鱼为主要职业。

（二）人类学上的特点

虽然对于汉族与其他民族的关系，我们不能有充分的讨论，但我们以为闽南与粤东的现时居民，实与我国他处的居民有些显然的区别：

（子）身体的高度：闽粤两省居民的身高，显然较低于黄河流域的居民，且亦较低于长江流域的居民如下表所列：①

	华北	华中	华南	福建	广东
男（cm）	169.2	165.1	163.0	167.6	164.6
女（cm）	158.0	154.0	151.4	156.0	153.0

（丑）身体的重量：闽粤居民的重量，不如华北居民的重量，这是很明显的，并亦大概不如华中居民的重量，如下表所示：②

① Paul H. Stevenson："Collected Anthropometric Data on the Chinese", pp. 8、22、26—31, *The China Medical Journal*, Vol. 39, No. 10, 1925.

② 同上。

	华北	华中	华南	福建	广东
男(kilogram)	59.8	52.6	50.4	52.1	49.8
女(kilogram)	50.2	47.2	46.0	49.0	45.3

此外我们以为闽南与粤东的居民，有较黄的皮肤及较宽的鼻子，这多与环境有关系，例如天气较热，阳光较烈，可以影响皮肤等。据我们的观察，凡闽南与粤东往南洋的迁民，其皮肤往往较深于家乡的居民，特别是在南洋生长的。有些南洋的中国人，与土人混血，因此皮肤变色，但热带的气候与温度，对于皮肤似亦发生相当的影响。①

(三)居民的文化特性

闽南与粤东的居民，为适应自然环境起见，在以往有许多迁民，如上所述。以往的生活，有些不见于记载，因此至今久已失传；有些虽有叙述，但因历史的演化，和今日的情形绝不相似，其中演化的过程，非有详尽的分析不能得其梗概，因此不在本章范围之内。剩余一部分的生活方式，自历史沿传下来，虽有变更之处，但大致至今尚属保存，这些就是本区域居民的特性。由特性的产生、传布与传递，我们可以知道本区域内生活竞争的过程及文化的变迁。

在各种记载中，我们可以探讨本区域居民的传统的主要职业，

① L. D. H. Buxton: *China: Land and People*, pp. 50—51; A. Thompson and L. D. H. Buxton: "Man's Nasal Index in Relation to Certain Climatic Conditions", in *Journal of Royal Anthropological Institute*, Vol. 53, pp. 92—122, 1923.

因此我们可以推测他们与环境奋斗及适合的概况。这些材料在有些方面，指示我们本区的社会演化。

所谓闽南与粤东，是指沿海部分，约有十县。我们对于这个区域的全部，并未搜集充分的材料；当然在有些乡村或市镇，其资料的量与质，较胜于他处。各县或各乡的居民，大致有不同的职业，因此有不同的民风。但即使如此，有几个共同之点，似乎是显明的：（1）闽南与粤东，在地势上多山岭，少平原，因此多数人民不能以农业为生。（2）本区域的一部分是滨海的（自东北至西北的一长条），因此以航运及捕鱼为业者，其数甚繁。（3）本区域与中国其他区域（如长江流域）因陆路交通阻塞，以往颇少文化上沟通的机会；但因地滨东海，使一部贫穷居民，特别是有志气的青年，勇于渡海，往南洋各处谋生。对于上列数层，在各种记载中，往往有局部的讨论，如下文所举各例：

（子）关于泉州

> 泉州枕山负海，有荔枝龙眼之利，鱼虾螺蛤，多于羹稻，悬岛绝屿，以网罟为耕耘。附山之民，垦辟硗确，植蔗煮糖。地狭人稠，仰粟于外，百工技业，敏而善仿，北土缇缣，西番毳罽，莫不能成。乡村妇人，芒屩负担；与男子杂作。士挟一经，俛首钵心，无所不能为。贫者教授以资俯仰；缙绅先生为盛于中原；其君子无造次办丽之智，其小人帖愿谨，自取衣食①。

① 怀荫布（纂）：《泉州府志》，第11本，第20卷（风俗），第4页，清光绪八年（1882）版。

(丑)关于海澄

商人贸迁巨舶,兴贩番货,妇人务女工,谨容止,稍有衣食者妇人不出闺门。依山务农业,滨海事舟楫,衣冠文物颇盛。寇盗出没不时,自设县后,民渐向化。①

(寅)关于厦门

厦岛田不足于耕,近山者率种番薯,近海者耕而兼渔,统计渔倍于农。海港腥鲜,贫民日渔其利,蠔埕鱼簖,蚶田蛏溆。滨海之乡,画海为界,非其界不可过而问焉。越湾以渔,争竞立起,虽死不恤,身家之计在故也。

服贾者以贩海为利薮,视汪洋巨浸为衽席,北至宁波、上海、天津、锦州。南至粤东,对海渡台湾,一岁往来数次。外至吕宋、苏禄、实力、噶喇巴,冬去夏回,一年一次。初至获利数倍至数十倍不等,故有倾产造船者,然骤富骤贫,容易起落。舵水人等藉此为活者,以万计。

造大船费数万金,船置货者曰财东,领货出洋者曰出海,司舵者曰舵工,司桅者曰斗手,亦曰亚班,司缭者曰大僚,相呼曰兄弟。

厦门土木、金、银、铜铁诸工悉自外来。船工大盛,安其业

① 沈定均(纂):《漳州府志》,第19本,第38卷(民风),第2—3页,清光绪四年(1878)版。

者多移居焉。①

（卯）关于潮州

潮民力耕，多为上农夫，余逐海洋之利，往来乍浦苏松，如履平地。女红针黹纺织，鲜抛头露面于市廛，胼手胝足于陇亩者。近山之妇多樵，滨海者兼拾海错以糊口。山乡地瘠而民蛮，水乡土沃而民猾②。君子外质而内慧，小人外谨而内诈，其风气近闽，习尚随之，不独言语相类矣③。

（四）主要职业

本章第一节已述自然环境，并略举著名的土产，如矿物；第二节对于居民的特性及传统的主要职业择要讨论，以明本地的居民在习惯上求与环境适合的努力。以下我们作进一步的研究，选出比较主要的职业数种，描写其概况，以示最近的生活情形。有些职业，实际上就是迁民在家乡时赖以维持生活的。本章所谓主要职业，是泛指全区而言（闽南与粤东）。但本书第三章［（乙）（丙）］所述，是在我们选定的华侨区与非华侨区内的职业，范围较小，分析较详，因此，第三章应与本节参照。

---

① 周凯（纂）：《厦门志》，第12本，第15卷（风俗），第5—6页，清道光十二年（1832）版。

② 周硕勋（纂）：《潮州府志》，第3本，第12卷（风俗），第3页，清光绪十九年（1893）版。

③ 同上，第4页。

在主要职业之外,我们应提出商业,那是极普通的。不过关于商业,似无特别叙述的必要,因凡勤苦耐劳的青年男子,在下等人家往往以佣工谋生,在光景较好的人家,就立志经商。按以往的情形说,乡村的商人,以经验为主,至于技术是不高的,因无长期的训练。至于往南洋经商者,对于训练稍加注意,如第三章[(丙)(一)(丑)]所述。

闽南与粤东,缺乏天然富源已如上述,因此近世工业至今尚无发展的希望。所以大规模的工业是稀有的。

(子)农业

(1)耕田概况

闽南地势崎岖,可耕地与已耕地不多(闽省已耕地占全省土地面积的12%,其邻省浙江占26.3%)。在地势较低的区域,大致是黏土、带沙土。平地种稻(米的产额占全省农产物总额的63.0%,麦占15%,豆占6%,但有些区域,番薯的产量仅次于米)。山坡有时候亦锄平为种稻之用,特别是能利用涧水灌溉之处。较高的山坡,缺乏灌溉,用作种番薯和落花生的场所。

闽南沿海一带,如漳州平原,已耕地对于土地全面积的比例似尚较低,因附近有许多小山,高度或不出300呎,但其山坡不能耕种。人口密度是高的,以耕地论,每Hectare约有十人。因全人口的十分之七是以农作物维持生命的,所以每Hectare的农产品,要养活七人,足见生存竞争的剧烈。且农场面积是小的,每人只有0.142Hectare,或2.3亩(一亩=0.06144 Hectare)。①

① F. Hung:"Land Utilization Maps of Fukien Province with Notes on the Physical Environment in Its Bearing upon Land Use and the Distribution of Population", *Science Reports of National Tsing Hua University*, Ser. C., Vol. Ⅰ, No. Ⅰ, 1936, pp. 28—29.

粤东各县已耕地面积甚小。我们所旅行过的区域，有许多居民都说，本地所出的米，不够供给当地人口之用。一般的华侨社区，其食粮大部分是靠外埠运入，因本地所产的稻，每年只能维持三个月或四个月。

自民国十年以后，粤东的耕田面积，有渐渐减低之趋势。据海关调查，粤东的耕田，特别是饶平、揭阳，在民国十一年至二十年之间，其总面积减少甚速；由 75%，减至 40%。闽南各属同时期亦有相似之趋势。[①] 耕田面积之减少，虽有各种理由，但其主因之一，实为两处的青年男子离家迁往南洋者，在不景气来临以前，有渐增的趋势。

(2)其他农业

粤东各处的甘蔗，如晋宁、潮安、揭阳、澄海、饶平，向来用旧法种植。阳历四月播种，九月至十二月收割，所用肥料以豆饼居多。蔗田两年以后，即须改种稻米或番薯，否则地力恐有用尽之虞。甘蔗分红白两种，红种径约寸余，高五尺至七尺，所含之汁味美而甜，恒作食用。白种径约寸余，高约六尺至八尺，都为制糖原料。每亩产量为 30 担，在民国十九年，总产额的 60%，入蔗寮压榨为糖，其余 40%，为未经制造的甘蔗，销于潮、梅、广州、厦门及他埠。制成之糖有白糖、黄糖、赤糖、乌糖四种，最佳者亦不能与洋糖相比。粤东糖业因方法陈旧，近来不能与洋糖竞争，因此产量逐渐减少，本时期与民国元年相比，蔗田业已减少十分之九。在民国二十年时，因沿海糖税免除，且因洋糖课税，粤东糖业渐觉活动。

漳州原来产糖甚多，但近来亦受洋糖的限制。近来虽有两个糖厂，用新法制糖，但成绩不佳。

---

① China: *Maritime Customs: Decennial Reports*, 5th Issue, Vol. 2, p. 158.

潮柑产于潮汕铁路近旁，鹳巢最多；但潮安、普宁、蕉岭、惠来多有。潮柑之著名者有五种，即凸柑、金柑、椾柑、招柑、雪柑。潮柑汁多味甘。栽法，于春天在老柑树剪出一枝，接于其他良种的干上，经过四年后即成熟，能产柑。柑树自6年至14年，产量最多，过16年以后，入衰老时期。每亩约有柑树自1,200至1,500棵，每棵产柑40斤，每亩共产52担。每担值国币7元，其成本约占半数。最普通的肥料为骨头、草灰与豆饼。产柑时期为自阳历十一月至次年三月。

其他水果有荔枝与龙眼，粤东与闽南俱盛出。荔枝亦是插枝接种。十年后产果。每亩可种300至500树，每树平均可产自100斤至150斤，每亩产自40至50担，每担值国币8元。

在厦门出口最佳的茶，产于闽南的安溪，俗称“铁观音”，大部分运往台湾。大量的茶亦由宁洋出，宁洋茶大致运往马来亚、暹罗及东印度群岛。漳州有龙井茶，但其量不大，乃数十年前由杭州移植者。泉州、厦门、漳州产乌龙茶，味清香，30年前畅销于欧美。但近年渐为台湾的乌龙茶所夺，武夷山的红茶，味浓厚，称为上品，在欧美市场，至今尚占相当位置。

闽南近山之地多种番薯。大致阳历六月种植，十一月收获，每亩约有20担或25担。薯条、薯粉与薯干为贫民的重要食粮，在有些区域，其重要仅次于米。不过以民风论，一般人轻视番薯，只有贫穷阶级依此为主要食品之一。在民国十一年至二十年间，闽南当局为维持人民食粮来源起见，禁止番薯或薯粉、薯干的出口，足见番薯与食粮的重要关系。

(丑)手工业

(1)澄海布

粤东土布最著名者，曰澄海布，大部分出于澄海，其次为潮阳与潮安。潮阳出品较粗,销于梅县五属。布是未经漂白的,每匹长约 12 码,宽约 12 吋至 13 吋,值国币 1 元。织布所用的线,是粗纱 10 支线,织布机是很粗简的。棉纱占成本十分之九,其余十分之一等于工资。潮阳县织布女工约有 30,000 人,织布大半是家庭工业。

质料较佳的土布产于澄海。织布用细纱,以 20 支线居多(间或有用 40 支线者)。每匹长 15 码,宽 18 吋至 19 吋,每匹值国币 4 元。大致是条子布,白底蓝条或红条。成本之 80% 或 85% 等于棉纱,工资等于 20% 或 15%。澄海前有织布机约 5,000 架,大部分为小资本家所有。他们开了小规模的织布厂,雇用女工织布,每匹付工资 2 角或 3 角。

在欧战期间,因布价腾贵,澄海布产量骤增。后因南洋华侨抵制日货,澄海布的出口量,又大活跃。近年来营业情形,国内、国外俱佳,其主因系澄海布物美价廉,颇适合中等及下等人家的普通需要。

(2)夏布

夏布由苧麻、大麻或菠萝的纤维织成(有时用上述两种纤维混合织之)。品质粗者,其布色黄。佳者色白。苧麻(Urtica Nivea)产于揭阳的高地或小山,凡汕头百里以南各地均有。在阳历六月,苧麻的长度约有六呎,此时最为适宜,以后到十一月及次年二月都可收割,但其质较次。纤维先漂净,漂时用本地某树燃烧所出的灰浸于水中,以其液为主要成分。苧麻漂白之后,分成经纬,加以涂浆,然后系于织机,从事编制。大麻(Cannabis)产在炮岭(属揭阳)及潮阳。长成时超过 10 呎以上,其纤维较次于苧麻。但许多农家,亦乐用之。

菠萝纤维(Bromedia ananas)自新加坡运至海口,由海口转销于粤东，大部分运至揭阳，余入潮安、潮阳及澄海，亦用以织夏布，但其资料不如大麻。

揭阳夏布出口甚多，大致销于长江各埠、日本及南洋。民国十一年因风灾，荨麻减收。是年及次年出品较劣。民国十二年又遭兵燹，各商亏本，出品大减，近年营业渐形恢复。种麻工人男子居多，织布工人女子居多。

(3)花边

前清末年，汕头的美国长老会，为介绍女教徒的工作起见，始教以织花边，运往美国销售。一部分的收入，作为女工的工资，其余留作教育经费(角石的学校分得其大部)。

从前用广州夏布作为花边的底布，近年来大致用揭阳的夏布。惟品质较佳的工作，仍采用广州夏布。此外尚有山东茧绸或哀尔兰丝光布。最近且通行钩针的编织物，所用的线是很细的，自 40 支至 70 支，那是由英国运来的。

花边的编织都由揭阳女工做的，其次是潮阳的女工。编好之后，送到潮安去刺绣，此后就可售卖。潮阳女工最精细，所出花边最佳，据估计其女工每月可赚国币一万元。盐灶女工占多数，用 60 支的细纱编织之。织物各种俱有，如桌布、床单、枕套、椅垫、手帕及刺花的衣服等。除有少数资本家雇用女工在工厂做工外，其余的女工，都是于家务之余，抽闲做活，并散居潮安、揭阳、潮阳、澄海等县。花边由汕头出口，运往香港或上海，转销于南洋及欧美。近来花边女工约有三万人。以民国十年时论，花边业总计原料及工资，值国币一百万元。①

① China: *Maritime Customs*: *Decennial Reports*, 4th Issue, Vol. 2, pp. 178—179.

（4）陶瓷业

枫溪（属潮安）与高陂（属大埔）出陶瓷器较多。枫溪在潮安南数里，所用黏土及白色的石块出于笔架山及西山（潮安城外，近意溪）。自此用铁路（潮汕铁道）或民船运至枫溪，洗清后只剩下30%的土可用作陶器的制造。一切手续俱用人力，并是旧式的。高陂与枫溪两地的人民，大多数以陶瓷业为生。制品分碗、盘、茶壶、茶杯、花瓶、烟灰缸及一切家用器皿等。高陂出品较佳，枫溪次之。此类陶瓷器，不但供给本地，并且运销于南洋各处；近年来，南洋生意因日本陶瓷器的竞争，不免受了打击。从前生意发达的时候，由枫溪一处每年的出口货，约值国币1,500,000元。

（5）冥纸

冥纸的原料是竹纸，大部分是由福建汀州来的，小部分由韩江上游运来的。冥纸的制造是在松口、庵埠及澄海属的莲阳乡为最盛。业此者仅在莲阳乡一处已不下三万人。冥纸钱分几种，如一元、一两及元宝与钞银等。

竹纸是由汀州运来的，锡是由云南运来的，胶水是由新加坡运入的，工人男女都有，女工的工资较低。一立方吋的锡，可由打锡工人打成二方呎的锡箔。竹纸切成适当的样式之后，工人就用胶水把锡箔黏于纸上，再加一薄层槐花汁，使现金黄色。槐花汁是由梅县运来的。冥纸钱的成本，80%是竹纸及锡，其余是工资及胶水与槐花汁。冥纸钱业现有70家，每年共有营业值国币300万元至400万元。冥纸钱只有十分之一是用于本地，十分之九是销售于外埠及南洋的。外埠如上海、青岛、天津及长江各埠；南洋如法属印度支那、暹罗、马来亚、荷属东印度、台湾及菲律滨群岛，凡有大量中国人的区域，都用冥纸钱。即以民国二十六年论，自正月至八月，我国共出口冥纸44，680公担（Quintals），值国币1，754，314元；就中运往南洋者（包括印度、缅甸、马来亚、东印度、暹罗及法属印度支那）计30，594公担，值国币1，354，691元①。

冥纸钱业以往在福建南台，后移至粤东黄冈，最近在莲阳。捐税重而繁，自出厂至出口，冥纸钱大概有捐税八道，等于成本的6%。

（寅）渔业及船业

闽南与粤东其沿海部分多港湾与岛屿，利于航运与渔业。自泉州湾起沿海西南，在同安东南有围头澳，澳西南有金门岛，岛西即厦门。再往西南，在漳浦县西南、云霄县东南为铜山湾，湾口往东有礼是列岛（铜山县即设其上）、诏安湾（介于闽粤之间）。在诏安县西南、潮安县东南，即柘林湾，湾口往南为南澳岛。湾西南过澄海县即汕头湾，介于潮阳及澄海之间，为韩江入海处。沿海的居民因此以航运或捕鱼为业者其数甚多。捕鱼者所用的网，普通是用荨麻或苎麻的纤维织成的，这是农家的一种副业，妇女与儿童于农闲时行之。

至于航业分内河与外海两种。从前的航运业，俱用帆船，目下帆船虽通行，但新式的小汽船逐渐增多。韩江的内河帆船有岐岭船载重120吨，行于汕头及石下坝之间；帮子船载重80吨，行于汕头与汀州之间。由汀州下水，所运之货以竹纸为多；由汕头运往他埠者有糖、水果及蔬菜等；由他埠或外洋运入汕头者有棉布及毛织品等。

航海的帆船，其船头多以颜色涂之，粤东尚红，俗称"红头船"，厦门船尚绿，俗称"青头船"。大号帆船，如由厦门开往台湾、宁波、

① China: *Maritime Customs*: *Statistical Series*, No. 8 (Monthly Returns of Foreign Trade of China), p. 194, August, 1937.

上海或南洋者，载重1,500吨，司事者30人；小号帆船载重500吨，司事者12人。此种帆船大部分以载货为主，但在轮船未通行以前，我国往南洋的迁民，即乘坐此种帆船渡海。帆船出口时所载者为闽粤物产，如茶叶、木材（如杉松等）、砂糖、陶瓷器、水果、夏布等；入口时，运销我国他埠的商品或外国货物。

（丙）心理环境

闽南与粤东的沿海居民，对于自然环境，时求适合；对于社会环境，亦时求顺应，因此在传统的习惯上，选定几种职业，如上所述。这些职业为一般人谋生的模型。历代相传，有些习惯是继续的，有些是因时势而演化的。

不过人类的生活方式，不限于自然环境及社会环境的调适，虽然这两方面是比较显然的。因为关于这两种的调适，都是可以理解的，可以预测的。人类还有一部分生活是不可以理解的或预测的，那便是心理环境。据一般乡人的观察，人生在世，不但对于温度、湿度、农业和商业，要设法调适；即在冥冥之中，似乎有许多势力，个人亦须与之调适，然后可以维持平安。

（一）信仰与生活

心理环境，是虚无缥渺的，只可以幻想的，但其所表现的势力，有时候对于人的生活，发生亲密的影响。这些势力一般人可以觉得到，但没有人能够解释。最实际的办法，对于这些势力，只能信托与依赖。闽南与粤东的乡民，对于心理环境的调适，却是依赖与信托。在传统的生活里，他们向来是崇奉鬼神的。以为敬神祀鬼，可以避祸而得福：

> 俗多信佛礼僧，葬前数日，诵经设祭，供拜忏，葬而柩行。使童子执幡鸣铙，虽缙绅或然，葬必择地。尤信阴阳公位之说，择吉土，有数十年尚未葬者。祭以四时，或春秋二仲月，或延地以冬至。清明祭于墓，妇女与焉。又俗七月，祭无祀之鬼，使浮屠主之，焚纸钱，设筵席，费不赀，所谓盂兰会也。①

至于一年中的各节令，有些完全以习惯为根据。有些含有信仰的意味。一般人对于这种节令，不知不觉的奉行，心中常常念到，以为违反了习惯，或有不祥之兆。同时他们以为依照习惯，或能降福亦未可知。这些琐屑的民风，因此实际含有对于环境调适的意味：

> 潮安元旦后五日，迎生以傩，谓之禳灾。上元妇女度桥投鬼，谓之度厄。四月八日，士女咸集寺庙，谓之浴佛。端阳汲江水贮于家，经久不败，谓之节水。七夕酒宴必用龙眼，谓之吉星。中秋玩月，剥芋食之，谓之剥鬼皮，冬至祭祀用米团或粘糕，谓之饲耗。腊月二十四日祭灶，谓之小年。除夕设火井于厅，相围而食，谓之围炉。
>
> 潮阳四月朔日，村村金鼓喧阗，谓之转龙船。清明上坟，男妇漫山遍岭，设酒肴以祭，纸钱飞夹于道。

① 沈定均（纂）：《漳州府志》，第19本，第38卷（民风），第5页。

饶平自清明至四月八日，称为闭墓日，皆可挂扫。冬至以糯米为丸，荐祖之余，家人聚食，谓之添岁。腊月二十四日，谓之交年。除夕祀祖先，击牲设宴，谓之辞岁。老幼欢饮，通夕不寝，谓之守岁。燃灯床下，谓之照虚耗。更阑人静。抱镜出门，潜听市人语，以卜来年休咎，谓之响卜。

惠来元旦戚族邻里相遇，谓之贺岁。立春日官长，鞭春毕，争取鞭，碎土牛，谓之压邪。虽得丸泥片纸，以为吉，否则，意沮气馁，故奋臂直前，拥挤杂沓，官法不能禁也。三月三日出郊修禊，谓之踏青。七夕剪纸为衣，供九子母，谓之床前母。

澄海五月五日，插彩旗于江心，而悬以银牌，听龙舟竞取，谓之夺锦标。

大埔立春前一日，胥吏以小土牛贻里社，谓之发春。正月十三日，有善歌者，自为侪伍，妆演古人陈迹，迎神街巷，琼箫画鼓，象板银星，迭奏于灯月交辉之下，谓之游春。文人学士悬谜语于通衢，射中者酬以笔墨，谓之灯猜。惊蛰日以石灰，散门庭柱础，或炒米糁之，谓之杀虫。中元日延僧为盂兰盆会，沿河放灯，谓之普度。

揭阳、普宁二邑，与海潮诸县，虽称名有异，大略相同，丰顺较为质朴，而迎春送腊，乞巧登高，又全郡俱然也。①

（二）宗教

以生活为根据，有些人以为一部分的经验，是神秘而不可解释

① 周硕勋（纂）：《潮州府志》，第 3 本，第 12 卷（风俗），第 7—8 页。

的。因此,只有崇奉神明,然后可以得着安慰:

> 照脑筋简单的人们看来,宇宙间有些信仰可以解释一切的神秘。我们如果接受斯宾塞尔及其他社会演化论者的学说,我们可以相信,凡各种初民社会都有神与鬼的信仰。由那些"万有灵魂学"及"鬼神学"的立场,凡生命蜕变现象,不论那一方面,似乎都得着了充分的解释。①

在闽南与粤东的社会里,有一部分人实际依赖信仰来和生活相调适。这些信仰对于他们的生活,特别是心理方面(实际是以抽象的幻想为根据),却发生有效的深刻的影响。从整个的文化来着眼,我们以为他们的信仰,似乎是和谐的,至少在历史上是如此的。有些信仰,既然适合于幻想环境,那便是宗教:

> 总起来说,社会的调适,有一部分是用在知识界以外的经验(生活状况)里,就所谓机遇的,或不可必的经验。
>
> 这些经验,仿佛是有灵魂的,那就是幻想环境,和人类的演化一样,是经过长时期变迁的。对于幻想环境的调适,就是宗教。如拿宗教当作一种社会制度,便包括习惯、仪式、标志、成语、圣经、设备、祭坛、庙宇、祭服等。依赖社会制度,人类的思想,可以综合起来,并能永远的保存。②

---

① W. G. Summer and A. G. Keller: *Science of Society*, Vol. 2, Ch. 21.

② W. G. Summer and A. G. Keller: *Science of Society*, Vol. 2, p. 1480.

第二章　社会变迁的原素

（甲）我国近年的社会变迁

自19世纪后半期以来，我国社会已逐渐发生显著的变迁。变迁的原动力，有自国内发生的，有自与欧化接触以后发生的，但以后者之力为大。我国旧有的典章文物，自与欧化接触之后，在好几方面格外显出其不适时代性；有些维新的思想家，因此感觉到改革的必要。以国际政治言，鸦片战争（1839—1842）和中日战争（1894—1895）都是惊醒我国迷梦最有力最沉痛的国际冲突。至于我国固有的文化，原来已在演化中，但因国际间的激刺，变迁的速度亦增加了，例如政治的改革自太平天国之役（1851—1863）至民国革命（1912）显然有极重要的变迁。这些异常的事业，当然对我国社会发生剧烈的影响。凡社会里重要的变迁，直接或间接多以他们为出发点，假如我们以我国最近几十年的变迁，来做研究的对象，我们可得概论如下：

> 近五十年来（同治十年至民国十年，即1871—1921年），中国人渐渐知道自己的不足了。这点觉悟，一面算是学问进步的原因，一面也算是学问进步的结果。

第一期，先从器物上感觉不足。这种感觉，从鸦片战争后渐渐发动，到同治年间借了外国兵来平内乱，于是曾国藩、李鸿章一班人，很觉得外国的船坚炮利，确是我们所不及，对于这方面的事项，觉得有舍己从人的必要，于是福建船政学堂、上海制造局等等，渐次设立起来。但这一期内，思想界受的影响很少；其中最可纪念的，是制造局里头译出几部科学书。这些书现在看起来虽然很陈旧很肤浅，但那群翻译的人，有几位颇忠实于学问，他们在那个时代，能够有这样的作品，其实是亏他们。因为那时读书人都不会说外国话，说外国话的都不读书，所以这几部译本书，实在是替那第二期"不懂外国话的西学家"，开出一条血路了。

第二期，是从制度上感觉不足。自从和日本打了一个败仗下来，国内有心人，真像睡梦中着了一个霹雳，因想到堂堂中国为什么衰败到这田地？都为的是政制不良，所以拿"变法维新"做一面大旗，在社会上开始运动，那先锋就是康有为、梁启超一班人。这班人中国学问是有底子的，外国文却一字不懂。他们不能告诉人："外国学问是什么？应该怎样学法？"只会日日大声疾呼，说："中国旧东西是不够的，外国人许多好处是要学的。"这些话虽然像是囫囵，在当时却发生很大的效力。他们的政治运动，是完全失败，只剩下前文说的废科举那件事，算是成功了；这件事，的确能够替后来打开一个新局面，国内许多学堂，外国许多留学生，在这期内蓬蓬勃勃发生，第三期新运动的种子，也可以说是从这一期播殖下来。这一期学问上最有价值的出品，要推严复翻译的几部书，算是把十九世纪主要思潮的一部分介绍进来，可惜国里的人能够领略的太少了。

第三期，便是从文化根本上感觉不足。第二期所经过时间，比较的很长——从甲午战役起到民国六七年间止(1895—1918)，约二十年的中间，政治界虽变迁很大，思想界只能算同一个色彩。简单说：这二十年间，都是觉得我们政治法律等等，远不如人，恨不得把人家的组织形式，一件件搬进来，以为但能够这样，万事都有办法了。革命成功将近十年，所希望的件件都落空，渐渐有点废然思返。觉得社会文化是整套的，要拿旧心理运用新制度，决计不可能，渐渐要求全人格的觉悟。恰值欧洲大战告终，全世界思潮都添许多活气。新近回国的留学生，又很出了几位人物，鼓起勇气做全部解放的运动。所以最近两三年间，算是划出一个新时期来了。①

如上所述，我国的社会，近来实在演化的过程中。约而言之，前述三期的社会变迁，每一期里多有新思想或新制度的介绍。不过社会演化是盲目的，有时候把社会或个人的精力耗费在不重要的问题上，以致社会得不着有用的改良。表面上社会有了变动，实际上所有的改革以浮泛的居多；基本工作反被忽略，进步因此迟缓了：

且夫中国知西法之当师，不自甲午战事败衄之后始也。海禁大开以还，所兴发者亦不少矣！译署一也；同文馆二也；船政三也；出洋肄业局四也；轮船招商五也；制造六也；海军七

① 梁启超：《饮冰室文集》(乙丑重编)，卷67，第20—21面("五十年中国进化概论")。

也;海署八也;洋操九也;学堂十也;出使十一也;矿务十二也;电邮十三也;铁路十四也;拉什数之,盖不止一二十事,此中大半皆西洋以富以强之基,而自吾人行之,则淮橘为枳,若存若亡,不能实收其效者则又何也?苏子瞻曰:"天下之祸,莫大于上作而下不应;上作而下不应,则上亦将穷而自止。"①

前段所述"上作而下不应"实是我国社会缺乏进步的主因之一。我们的零星模仿,即使成功亦不能在社会上发生伟大或整个的势力。据严复氏的意思,补救的办法,要注重(1)鼓民力(如禁鸦片及缠足是),(2)开民智(如崇尚欧西科学及废八股是),(3)新民德(如设议院、提倡爱国、鼓励法治精神是)。

甲午之战,我国见败于日本,于是朝野上下觉得非真正变法自强无以自救,革命先进孙文氏于光绪甲午年(1894)上书李鸿章说:

窃尝深维欧洲富强之本,不尽在于船坚炮利垒固兵强,而在于"人能尽其才,地能尽其利,物能尽其用,货能畅其流"。此四事者富强之大经,治国之大本也。我国家欲恢扩宏图,勤求远略,仿行西法以筹自强,而不急于此四者,徒惟坚船利炮之是务,是舍本而图末也。②

上面数段足以表示我国近来社会变迁的起源,及变迁中所发生的各种社会问题。至于社会变迁的原素,其数甚繁,不胜枚举。

① 严复:《侯官严氏丛刻》,第三册,第18—19面("原强")。

② 胡汉民编:《总理全集》(第三集),上海民智书局,民国十九年。

但其荦荦大者，如上所云，不外欧化东侵及由东西文化接触后，我国固有的文化所发生的反应，即所谓新文化的产生。新文化包括新习惯与新思想等，内中重要原素之一，即我国政府与人民，对于迁民的态度。

（乙）社会变迁的主要趋势

（一）对于国内的

综计以上所述，自中西交通以来，我国社会变迁的主要途径有三：（1）属于政体改革者，如立宪运动及民国革命等。（2）属于物质建设者，如机械的运用、制造的提倡、邮电铁路的建设等。（3）属于思想的解放及社会改良者，如设学校、派留学生、立医院等。这些新事业在我国各地随时相机进行，内中有些特别在闽粤两省开始，或在闽粤特别有些成绩，因此我们特别注意闽粤的社会变迁，以明其在我国整个社会的演化之中，所占的地位。

上述第一项实是我国社会的整个变迁，内容复杂，势难列举。关于第二项及第三项，就其与闽粤有关者，可以择要述之如下：

（子）物质的建设：闽粤两省，在以往的时候，因地势偏于海隅，交通阻塞，对于我国上古及中古时代似乎关系不大，[①]但自欧化东

① “广东一地在中国史上，可谓无丝毫之价值者也。自百年以前，未尝出一非常之人物以为一国之轻重。未尝有人焉，以其地为主动，使全国生出绝大之影响。崎岖岭表，朝廷以羁縻视之；而广东亦若自外于国中。”梁启超：《饮冰室文集》（乙丑重编）第35册，第61面（“世界史上广东之位置”）。

渐，对于思想的输入，实有重要的贡献。中外通商最早的口岸，在广东有广州（道光二十二年，公历 1842 年）及汕头（咸丰八年，公历 1858 年），在福建省有福州（道光二十二年，公历 1842 年）及厦门（道光二十二年，公历 1842 年），其中的汕头及厦门为本书研究调查范围以内的重要市镇。鸦片战争以后，我国举行的新政，有许多往往是先在闽粤尝试的。例如同治五年（1866）闽浙总督左宗棠创立造船局于福州的马尾，后左移任陕甘，即举沈葆桢以自代，计自同治八年（1869）至光绪三十三年（1907）共成兵商轮船 40 号，其航线南至新加坡，北达天津、秦皇岛等处。

物质文明里一个重要部分是交通的改进。以铁路言，闽粤两省亦很早就有忠实的努力，潮汕铁路于光绪二十九年（1903）动工，距我国最早的铁路（吴淞铁路，1876）不过 27 年，闽南的漳厦铁路亦于光绪三十一年（1905）起始。且这两路的资本，大部分都由两省的南洋侨胞担任，如后所述。

（丑）思想的解放及社会的改良：广东对于我国的教育与社会改良，可谓得风气之先：光绪五年（1879）广东就有女塾的设立，光绪二十二年（1896）康有为在广州创办不缠足会。光绪二十九年（1903）粤绅张振勋君报效学堂经费 20 万两，那时候认为创举。对于这些事业，当然有些外国籍的传教士亦有相当的努力，譬如英国长老会（Presbyterian）在同治二年（1863）就在汕头开始医学的工作（Wm Gauld），四年以后即在该地成立医院，[①]并把《新约》译成汕头语以便传教。在同治九年（1870），荷兰改良教会（Dutch Reformed

① K. S. Latourette：*A History of Christian Missions in China*, p. 561.

Church）在厦门设立女学，十年以后移至鼓浪屿。[1] 至于近年来的教育情形，当然愈见发达。即以汕头及厦门的小学校论，公立学校与教会的教育都有相当发展，如下表所示：

第 1 表　厦门、汕头两市小学校增进的趋势

时期	厦市每年小学增进之数	汕市每年小学增进之数	时期	厦市每年小学增进之数	汕市每年小学增进之数
1912	1	0	1924	1	2
1913	0	0	1925	3	1
1914	1	0	1926	0	3
1915	1	0	1927	2	0
1916	0	0	1928	2	0
1917	0	0	1929	1	3
1918	0	0	1930	1	1
1919	2	1	1931	1	3
1920	2	0	1932	0	2
1921	0	2	1933	1	2
1922	3	0	1934	1	1
1923	2	3			
学校总数				25	24

据上表所示民国二十三年时，厦门市共 25 小学校，民元之前该市仅有 12 小学校（内有教会小学校 3 校）。25 校都在民国以后成立。自民国八年至民国二十三年，差不多每年都有学校设立。汕头市也是同样情形，民元之前仅 4 校（内有教会学校 2 校），民元以后凡 24 校。且自民国八年起至二十三年我们调查时止，皆在逐渐增进的过程之中。

① K. S. Latourette：*A History of Christian Missions in China*，p. 450.

就中学校而论，情形亦是如此。厦门共有中等学校 10 所，内 5 所是由民国九年以后设立的。规模宏大的厦门大学及集美中学，也在民国时代成立。前者创于民国九年，后者始于民国六年（指中学而言）。汕头共计中学 10 所，尽在民国元年以后产生，除民国四年设立一个中学之外，余均由民国十三年起才渐渐增进。

以学生的数量说，同样是一年增加一年。集美学校小学部诞生于民国二年一月二十七日，学生共计 135 人。但民国二十四年春，据著者的调查，该校（共计 7 校）共有学生 1373 人，可见学生增进的一般情形。

（二）对于国际的

在我国近来的社会变迁，有一件事惹起我们的特别注意，就是在维新变法的运动里，一般贤明之士联想到我国对于海外侨胞应取的态度，国家对于他们应有的政策。这种态度与政策的改换，以历史的眼光言，实由于社会变迁里产生出来，但海外的侨胞对于祖国（特别是家乡——大部分是闽粤），跟着发生多方面的影响。这些影响又为我国社会——特别是闽粤的一部分——近年来发生变迁的一个主因。

满清建国之初，对于迁民抱严厉取缔的政策，在普通情形之下禁止人民离国，或有违法迁出者禁止其返国。这种政策大概根据于三个基本理由：（1）有许多爱国志士，往往在明末离国，以便继续反抗满清的工作，如郑成功窃据台湾，或天地会的党徒盘踞婆罗洲等。（2）清初，我国的海防渐紧；沿海省份如浙、闽、粤，常有海盗出没。且海禁开后，海防问题并涉及国际关系。（3）我国的民风向来安土重迁，人民非至必不得已时，不肯轻易抛弃家乡，远适异国，俗有“出门一里不如在家里”之谚语。

因此清律对于“私出外境及违禁下海者”定有专刑，其重者死，轻者监禁或笞杖不等。例如：

> 凡官员兵民私自出海贸易，及迁移海岛居住耕种者，俱以通贼论处斩，州县同谋故纵处斩，失察者革职，永不叙用，道府降三级调用，总辖文武之总督降二级留任，不管兵马之巡抚降一级留任，拿获者均免议。拿获别省出界奸民十名以上纪录一次，百名以上加一级。如知情隐匿，守口官革职，提问道府，降三级调用，总督降二级留任，巡抚降一级留任，出界晒盐者亦照此例议处。其船只经过，及买卖货物之地方官故纵，均革职。①

康熙五十一年（1712）上谕关于禁止南洋贸易一案，经九卿议决“凡出洋久留者行文外国解回正法。”此类法令实际虽难实行，但清廷对于取缔私行离国的臣民，其严厉态度，可见一斑。

但因台湾乱事平定，及中外通商以后，我国的海禁渐开，政府对于迁民的回国，亦不如历史上的严酷，例如：

> 凡在番居住闽人，实系在康熙五十六年（1717）以前出洋者，令各船户，出具保结，准其搭船回籍，交地方官给伊亲族领

① 《大清律例全纂》卷20《兵律关津》，“私出外境及违禁下海”节，第1页。

回，取具保结存案。①

不过这种宽大的政策，应用不久，即复旧辙。例如雍正五年（1727）的上谕说：

朕思此等贸易外洋者多系不安本分之人，若听其去来任意，不论年月久远，伊等益无顾忌，轻去其乡而飘流外国者益众矣，嗣后应定限期，若逾限不回，是其人甘心流移外方，无可悯惜，朕意不许令其复回内地。

乾隆十四年（1749）对于巴达威（当时称噶罗巴）充当甲必丹的陈怡老"严加惩治，货物入官"，可算满清政府苛待回国侨民的一个显例。

（子）迁民政策的改变

但自鸦片战争结局（1842），我国与各国所订商约，往往有允许订约国人民互相旅行及居住之权，譬如对于英国则《江宁和约》（1842）第一条有"华英人民各住他国者，必受该国保佑身家的安全"等语。

海通以后，我国沿海居民，特别是闽粤两省，往往向国外迁移，尤其是贫穷人等，以便出外佣工或经营小商业，以改善其经济状况及提高其社会地位。同时欧洲有些国家对于发展殖民地，亦正需要大量的工人，因此往往向我国招募佣工。在（1859）英国属地圭阿那需要大量工人，派员来华招募。那时候我国与英国正在战争

① 《大清律例全纂》卷20《兵律关津》，"私出外境及违禁下海"节，第11页。

之中（Arrow War，1858—1861），广东巡抚柏贵（1852—1859）及其继任者劳崇光（1859）目睹闭关自守的政策不能维持，乃以明令给予广东人民向海外迁移的自由。①

上面所述，是我国地方大员允许人民自由迁移海外的先例。至于我国政府允许海外迁移的自由，实起于中英《天津条约》（1858）的续约（1860），该续约第五款说：

> 戊午年（1858）定约互换以后，大清大皇帝允于即日降谕各省督抚大吏，以凡有华民情甘出口或在英国所属各处，或在外洋别地承工，俱准与英民立约为凭。无论单身或愿携带家属，一并赴通商各口，下英国船只，毫无禁阻。该省大吏，亦宜时与大英钦差大臣查照各口地方情形会定章程，为保全前项华工之意。②

根据前述第五款的规定，英、法与我国政府于1866年3月5日签一移民公约，共计22款，内中允许英与法籍人民可在我国招募契约工人，其契约载明：（1）工人所往地点及契约有效时期；（2）回国川资并家属的川资（如带家眷者）；（3）每日工作时间及每年做工日数；（4）工资、衣食住及其他待遇；（5）医药费；（6）养家费。在此公约未签字以前，我国附以声明三项：（1）中国政府对于自由移民不加阻挠，如我国人民自愿向海外迁移，并自己担任旅费者。但其他不遵守本公约的各种移民方式皆禁止执行，违者如经查出按

① H. F. MacNair：*The Chinese Abroad*，pp. 14—16.

② 《中外条约汇编》（商务版），《中英天津条约》续约第五款，第12面。

法严办。(2)凡贩运“猪仔”之人,即将我国人民,施用暴力或诳骗私运出洋者,查出后处以死罪。(3)本公约允许在通商口岸设立招工局,以接济海外的劳力供给。招工时须得我国政府派员及会同外国领事监督,凡不能监督之处不准招工。当时英、法诸国因许多殖民地需要工人甚急,派人在我国招工,并未得英、法政府和我国政府的许可,显然与上列声明不符,因此英、法政府对于本公约拒绝签字。① 在1867年末,英、法政府提出23条款,名曰“Projet de Règlement International d'Émigration”,拟以替代本公约,因其内容有与我不利者,我国政府未曾签字。同时本公约已于1866年3月1日由我国政府签字,作为对于海外迁民的法律。

但我国因与外国的关系,其复杂性与时俱增,所以对于海外的迁民不能不增加其自由。这一层当时贤明的大吏,特别是海防及外交官员都能看透。譬如光绪元年(1875)闽督沈葆桢因将台湾后山地面,设法开辟旷土,亟须招垦,一切规则自宜因时变通,奏请将所有从前“不准内地民人渡台各例禁,着悉与开除”。②

我国驻英使臣薛福成于光绪十九年(1893)奏云:

> 臣于光绪十七年,奏派道员黄遵宪为新加坡总领事官,属令到任后,详察流寓华民情形,核实禀报。兹据称南洋各岛华民,不下百余万人。约计沿海贸易,落地产业,所有利权,欧洲、阿剌伯、亚来由人,各居十之一,而华人乃占十之七。华人

① 荷兰虽于1873年签字,但我国往东印度的迁民,自1888年以后,并未按此公约的规定。(Van Sandick:*Chineezen buiten China*,p. 19.)

② 《东华续录》,光绪朝第1卷,第14面。

中如广、琼、惠、嘉各籍,约居七之二,粤之潮州、闽之漳泉乃占七之五。粤人多来往自如,潮人则去留各半,闽人最称殷富,惟土著多而流寓少,皆置田园长子孙。虽居外洋已百余年,正朔服色,仍守华风,婚丧宾祭,亦沿旧俗。近年各省筹赈筹防,多捐巨款,竞邀封衔翎顶,以志荣幸;观其拳拳本国之心,知圣泽之浃洽者深矣。惟筹及归计,则皆蹙额相告;以为官长之查究,胥吏之侵扰,宗党邻里之讹索,种种贻累,不可胜言。凡挟资回国之人,有指为逋盗者,有斥为通番者,有谓为偷运军火接济海盗者,有谓其贩卖猪仔要结洋匪者,有强取其箱箧肆行瓜分者,有拆毁其屋宇不许建造者,有伪造积年契券藉索逋欠者。海外羁氓,孤行孑立,一遭诬陷,控诉无门,因是不欲回国。间有以商贾至者,不称英人,则称荷人,反倚势挟威,干犯法纪,地方有司,莫敢谁何。今欲扫除积弊,必当大张晓谕,申明旧例既停,新章早定,俾民间耳目一新,庶有裨益。盖黄遵宪体察既深,见闻较熟,故言之详切如此。

臣窃惟保富之法,肇于《周官》;怀远之谟,陈于管子,民性何常?惟能安彼身家者,是趋是附。中国出洋之民数百万,粤人以佣工为较多,其俗虽贱视之,尚能听其自便,衣食之外,颇积余财。至今滨海郡县,稍称殷阜,未始不藉乎此。闽人多富商巨贾,其俗则待之甚苛;拒之过峻,往往拥资百万,羁栖海外,十无一还;而华民非无依恋故土之思也,国家亦本非行驱禁之政也,特以约章初立之时,未及广布明文,家喻户晓,遂使累朝深仁厚意,泽不下究,化不远被,奸胥劣绅,且得窥其罅以滋扰累:为渊驱鱼,为丛驱爵,甚非计也。夫英、荷诸国,招致华民,辟荒岛为巨埠,是彼能借资于我也;华民擅干才,操利

> 柄，不思联为指臂，又从而摈绝之，是我不能借资于彼也。及今而早为之图，尚可收桑榆之效，及今而不为之计，必至忧杼柚之空。①

上述华侨对于英、荷的利益，及其可以和中国发生感情，并对于中国有利之处，非审知国外大势及我国海外迁民的实际情形者不能申说。因此清廷大为感动，取消从前严禁海外迁移的苛罚，及回国侨民的种种虐政，此实满清改变移民政策的一个重要转机。

此后清廷对于驻外使臣及领事，往往有保护侨民的训令，虽事实上不发生大效，但对于海外的迁民却逐渐加以注意。不但如此，朝廷亦偶尔派遣专使出洋考查并慰问，例如光绪十三年（1887）广东提督王荣和出使南洋，光绪三十年（1904）农工商部侍郎杨士琦慰问英、法及荷属殖民地的华侨等。我国的官吏与人民，对于海外侨胞，亦渐有好感，因此侨胞回国者渐众，祖国与侨胞的感情亦渐趋浓厚。

光绪三十三年（1907）荷属东印度拟将境内的中国人，促进其同化，其同化的条件包括：（1）能说荷兰语，（2）有若干财产，（3）儿与女有均分遗产权。有些条件是中国人所不愿接受的，如财产的分配，要使他们抛弃历代相沿的旧习惯而采纳荷兰的新法律；又如教育一层，要使他们和其他的中国人，显然分成有区别的社会阶级，因此发生感情上的隔膜。他们虽然愿意得着与欧洲人同一种法律（民律），但因上述理由，他们亦拒绝同化。却巧那几年满清的腐化渐趋极端，革命党人常在海外旅行，因此有些华侨暗中和革命

① 薛福成：《出使奏疏》卷下，第6—8页。

党魁多方联络。以国际关系言，那时荷属东印度正与我国交涉解决关于在东印度生长的中国人问题，其结果这些人（俗称侨生）照我国宣统元年（1909）的国籍法被认为中国人，因其父或母是中国人，因我国是采用血统主义的（Jus sanguinis）；荷兰亦颁布国籍法，认他们为荷兰籍民，因荷兰是采用地域主义的（Jus soli）。后来两国交换外交文件，得到最后的结论：在属地时"侨生"为荷兰籍民，回到中国时即是中国人；如果他们居住于第三国时，由本人自择国籍。

对于1911年的革命，海外华侨有相当的贡献，特别是经济的接济，如孙中山氏屡次的宣言。他们对于实际革命运动的参加，如言论的鼓吹亦有长时期的努力。民国成立，为承认侨胞对于革命的牺牲，并期望赓续的努力，故于《临时约法》（1912年8月10日）规定海外侨胞可选参议员6人（参议员总数共274人），参加国事的讨论。近年来国民党开大会时，该党海外支部大致必有代表到会，以资研究党务。欧战期间，英、法因需要大量工人，在后防从事各项的工作，向我国招工。我国政府设立侨工事务局管理其事，因此，本次华工在外国所受的待遇，在好几方面，都较优于从前出洋的迁民。自国民政府成立，华侨回国者渐众，我国与华侨的关系亦日加亲密；且自世界不景气以来，华侨问题更形复杂，我国政府因于民国二十一年四月十六日成立侨务委员会，以处理各种侨务。

（丑）我国南洋迁民的法律地位

自中国政府允许自由移民以后，各国在通商口岸或设招工局，或外国公司指派招工经理人，驻在通商口岸招募工人，签订契约。后来有些契约工人，关于招募、运送及剥削都受残忍的待遇，仿佛是奴隶一般,因此契约制度逐渐废除。[1] 以南洋论,菲律滨群岛自隶属于美国后,适用美国的移民律,禁止华工入境。近年来,我国侨民虽有违法偷移入菲者但究属少数,其余入境者俱是从前久住于菲者或其家属人等。[2] 马来亚向无移民律,仅欧战期间因各种关系限制中国人入境。欧战以后,因世界不景气的来临,限制渐严,如1928年的《移民限制条例》(*Immigrant Restriction Ordinance*),及1932年的《外籍人民条例》(*Aliens Bill*),后者定为每外侨于入境时,如居住满二星期者须有入境执照(收照费新加坡币五元),如拟作长期居住者须有居留证(收费新加坡币五元),其证每两年更换一次。

荷属东印度从前曾用大量的契约工人,特别是苏门答拉东部的烟草园。自1880年起,荷印政府颁布《苦力条例》(*Coolie Ordinance*),规定工人的招募、工资、工作时间、医药费等。该条例自颁布以来,业经几次修改,近年来契约工人用途缩小,半因国际间舆论反对半奴隶式的劳工制,半因网甲岛及万里洞岛的锡矿渐用大量的机器。近两年来网甲锡矿尚每月雇用契约工人约200人,由香港招募(因中国政府不许外国人在中国境内招募契约工人)。荷属东印度限制入境的法律繁而严,入境的中国迁民每人须纳荷币150盾,因此我国的普通迁民,因经济困难,不能入境。[3]

暹罗向无移民律,但近年来亦限制中国的迁民,特别是佛历B.

① 我国于工人出国的现行法律,其重要者如下:(甲)《工人出国条例》(民国二十四年十月二十一日国民政府公布),(乙)《出国工人雇佣契约纲要》(民国二十五年十一月六日侨务委员会公布)。(丙)《募工承揽人取缔规则》(民国二十五年十一月六日侨务委员会公布),见实业部劳工司《劳工法规汇编》,第173—179面,民国二十六年三月,南京。

② Ta Chen:*Chinese Migrations*, Appendix VII.

③ H. F. MacNair:*The Chinese Abroad*, pp. 222—226.

E. 2474 年(即 1933)的移民律,凡入境者必须有护照,如无护照者于入境时,可请发身份证(收费暹币 10 元)。凡愿在暹居留者必须有居留证(收费暹币 30 元)。法属印度支那向来有各种法律,限制我国的迁民,虽《中法条约》明白规定对于中国给予“最惠国”的待遇,在法国印度支那的中国迁民,从前对于不平等待遇感觉痛苦,近来对于征收重税,时有怨言。① 及至 1935 年《中越条约》成,原则上对于移民问题虽把不平等待遇取消,但实际如何,要待后来事实证明。②

(寅)我国南洋迁民的航渡方法

至于渡海的方法,在轮船未通行以前,大致用帆船(在汕头俗称“红头船”,在闽南俗称“青头船”),浙、闽、粤沿海各区都有制造的。航海时的驾驶人员,概是本地有经验的航海家。蒸汽机发明以后,改用汽船,大部分由外商经营。以大体论,不论帆船与汽船,我国的迁民于渡海时往往尝受危险与虐待;直至近年船中的卫生才比较的有了进步。关于帆船及汽船的航运情形,下面引语可示梗概;有些老年人尚能记忆“红头船”的概况。如潮州附近有一位 84 岁的回国侨民说:

---

① 南洋华侨对于苛税常有烦言。据说在法属印度支那,中国人的税比同等的土人要高出 7 倍;在荷属东印度的中国人,其所纳的税要比同等的土人高出 13 倍。E. Dennery: *Asia's Teeming Millions*, p. 132; T. E. Ennis: *French Policy and Developments in Indo-China*, pp. 136—137.

② 中法关于越南的条约虽于民国十九年五月十六日签字,但因所附税律表两个未曾订妥,以致该条约未经中法两国政府批准。民国二十四年三月五日,税律议妥后,两国政府已将该约批准。其第五款云:关于在越南的中国人民,凡居住旅行及经营工商业,各权与他国人民享同等的待遇。

我小的时候,记得村内有红头船八艘开往南北洋的,北到天津、上海,南往曼谷。北往时载潮柑,南行时运豆、茶、丝等货。最大的船可坐二百余人。自汕头开船,差不多过一个月才到暹罗。普通的"过番客"只带一个本地磁的水罐、两身衣服、一个笠帽、一条草席。下船以后,只可听天由命了!

汕头某村有一位绅士,其曾祖尝和暹罗通商。有一次其"红头船"遭遇极大的危险,一日某绅以其曾祖的"像赞"示著者,内有一段说:

曾祖考讳仆字仁灼,前朝敕授儒林郎,六品封典,祖即高祖峰之五公子也。自少习庭训,长兴航业,中道遭飓风,漂流琉球百岛;船及货物均为岛民吞没。祖只身背神像渡海,得达山东,行乞以归,已一年矣。当时家人开船漂落无踪,意谓沉没,即居丧如礼,庆归服除。祖至是一身之外,别无长物,再向亲友借贷造船,航往南北两洋,惜所运仅木材树皮诸贱物,不能获利,晏如也。会星洲烟土跌价,勉办多少,回国运往上海。船次崖门,门吏以此船向运贱货,免查挥去,抵上海烟土获利甚丰;惊识广东烧烟起衅,崖门不查,化祸为福,迨天赐欤?遂捐资修黄河决口,使臣嘉许,达部册封。

闽南各处,如海澄,很早就有人往南洋去。三都殖民尤早,据某绅未刻的笔记,凡"青头船"及汽船时代的旅行,其概况可于下节见之。交中所云轮船,俗名"漳福建",据说是我国迁民自己经营往南洋最早的轮船:

三都移民海外,可分数时期:唐宋以来,既不可考,惟新安族谱载元末明初邱毛德通番事,则是时荷兰、葡萄牙海舶间有至者。又载明嘉靖六年,邱某客死马来半岛,隆庆间有赴吕宋,万历间有往交趾经商者。据海澄县志所载,明时澳头设太监衙,遣一阉驻之,征收内外商船税。然则,有明一代,都人之附番舶及乘舟浮海冒险往游南洋者,已踵相接矣!观于今日槟榔屿俗民所操言语,悉附近澳头诸社之土腔,可知都人在槟所占之势力由来已久。

清初郑成功屯兵全厦,占据台湾。斯时地方不靖,居民相率由高浦附舟渡台投军垦荒,各社族谱所载,约略有可考。乾嘉间(1736—1820)海禁綦严,都人结队陆行至澳门,附番舶出洋经商者,据私家所存之旧账簿,记某站乘轿宿店,费若干钱,殖民行踪犹斑斑可考也!光绪三年(1877),小刀会谋反,居民附者甚多,事败,逃往南洋,于是都人侨居南洋群岛,经营商业,娶妇成家者,日益众。今日南洋有所谓家园者,大抵祖宗于此时期,本其奋斗建设之精神,树立鸿业,故其子孙袭之,享着不尽。

咸同之际,英人蚕食缅甸,法人并吞安南,借助都人实多!盖海禁既开,内地居民,尽数出洋,势力澎涨,晋用楚材,彼等又乌知所谓国家主义者!

光绪初年(1875—1884),新安邱忠波购汽船数艘,通航槟榔屿、新加坡、香港、汕头、厦门,铁轮转动无患。石尤慕富之徒咸附以往南洋,荒地忽变繁区。然斯时行者,犹有衣锦还乡之思想,洋客归来,亦所时有,都中景况,不亚于农业时期。迨至光绪末年(1899—1908),国政日非,民俗日下,携眷旅居南洋群岛者,势如奔涛,不可复遏。

及改革以来,潢池盗弄,烽火频年,旅外富人,闻风却顾,不敢言归。且又狃于目前之计,有法律之保护,优乐不思蜀。间有返棹者,非贫病无聊之辈,即作奸被逐之徒。昔时出洋,必泣辞尊长,今日一言出洋,举欣欣有喜色,于此可以悟人情,觇世变矣!

(卯)南洋迁民离国的主因

前节已把闽粤利于迁民的两个基本理由择要叙述,即(1)地理的,(2)历史的。汕头与厦门俱是海口,当然便于航海。且以我国历史言,沿海的人民很早就有人渡海经商,虽本书对于历史上的迁民运动,不作系统的叙述。自中外通商以后,我国政府与人民,对于迁民采取宽容的态度,所以渡海的人数比前增加,直至欧美各国颁行移民律,才限制或禁止我国的迁民。

此外关于人民迁移的原因,当然甚繁,然一般的讨论大致以演绎为主。本书对于闽粤人民离国的理由,曾用直接访问的尝试,因为我们的汕头附近的一个华侨区,曾由访问员调查过905个华侨家庭:因为每家有人往南洋的,因此对于离国的理由知道比较清楚。虽然他们有些答案未免太简,有些未免含混,但以大体论,这些答案是比较正确的。综合言之,其结果如下表:

第2表　南洋迁民离国的主因

类　别	家　数	百分数
(1)经济压迫	633	69.95%

续表

类　别	家　数	百分数
(2)南洋的关系	176	19.45%
(3)天灾	31	3.43%
(4)企图事业的发展	26	2.87%
(5)行为不检	17	1.88%
(6)地面的不靖	7	0.77%
(7)家庭不睦	7	0.77%
(8)其他	8	0.88%
总　计	905	100.00%

综观以上各理由,第一与第二显然占最重要的位置。所谓“经济压迫”可以大别为个人与家庭两方面。个人因无业或失业,以致难以谋生,因此冒险出洋。在905家中有353家(或70%)属于此类情形。家庭方面的经济压迫,包括财产缺乏,收入微细,人口众多等。在905家中,有280家属于此项。但以概况言之,个人与家庭的经济压迫,实际可以并入一类;这是华侨区内的环境,逼迫许多人家迁移海外的一种重要的原动力。

在另一方面看来,南洋亦时常吸引许多人到那边去,譬如有些人家,在南洋已有生意,特别是由父亲或祖父传下来的(在905家中有55家);有些人家虽自己没有生意,但在南洋已有亲戚,朋友或同乡,从事于各种业务(在905家中有121家)。大概言之,在南洋有生意的人,多少有些资本,其经济状况较佳,至于其他的戚友,多数是从业员。这些人有时候回国,有时候在家信中说明南洋谋生的机会,引起家乡的有志青年,对于迁移南洋的欲望。在905家中,有176家(或20%)是属于此类的。

在我们所调查的华侨区里，近年来有一件极大的社会惨剧，即1922年的“八二风灾”。那一次受灾很重的人家，有许多渡往南洋谋生，在905家中有31家（或3.4%）是属于此类的。

但也有一部分人，或经营商业，或从事于自由职业，资本比较宽裕，教育比较有根底，愿意往南洋去得些经验，或发展事业。在905家中有26家（或2.9%）是属于此类的。

在历史上，凡出洋的人往往被鄙弃为行为不正者，如政治犯或匪类等，如上所述。但近来的迁民中，像这样的人是不多的。凡因吸食鸦片、赌博而迁出者在905家中仅17家（或1.9%）；但关于这一类的案子，其隐瞒不免较多。

所谓地面不靖是指盗匪，兵灾等，所谓家庭不睦是指和家中人发生感情上的冲突愤而出走者。这两项的事情是不多的，各占7家（或0.8%）。

上面的理由不是绝对可靠的，第（1）因容易说得过火，（5）（6）（7）都有报告不充分之嫌。

（辰）南洋中国人的分布及其主要职业

第3表　中国人在南洋的地理分布

地　别	人口总数	中国人口（1933）	
（1）英属马来亚①	4,385,346	1,709,392	
（2）荷属东印度②	60,727,233（1930）	1,233,214	男:750,000 女:450,000

① C. A. Vlieland: British Malaya: *A Report on the* 1931 *Census and Certain Problems of Vital Statistics*, pp. 120—121.

② Volkstelling 1930; Deel VII: *Chineezen en andere Vreemde Oosterlingen in Nederlandsch-Indie*, Batavia, 1935, p. 48.

续表

地　别	人口总数	中国人口(1933)
(3)菲律滨①	13,055,220(1934)	150,000
(4)暹罗②	11,506,207(1929)	558,324
(5)法属印度支那③	20,491,000(1930)	402,000
总　数	110,165,006	4,052,930

表内所列中国人口，是指(1)由我国直接移出者谓之“迁民”及(2)在南洋生长者，俗称“侨生”，“迁民”与“侨生”合称“中国人”或称“华侨”。迁民的人数以闽南及粤东居多数：闽南包括泉州、漳州，粤东包括梅县(及旧嘉应州)及潮、汕。此外尚有广州、海南及广西(容县、郁林等处)但其人数较少。以外交言，“迁民”受驻外的中国领事管辖，“侨生”受居留地政府管辖。

“侨生”的父或祖亦是由中国迁出的，但本人是在本地生的，其母亲往往是土人妇，其少数是在南洋生长的中国女子。居留地政府视“侨生”为本国籍民，大致已和本国同化。“侨生”在南洋各处有特别名称，在菲律滨曰 Mestizo，在法属印度支那曰 Minh-Huong，在东印度曰 Peranakan，在马来亚曰 Baba 等。

表中所列关于暹罗的中国人口，是根据于该国政府的最近调查，是专指中国迁民而言，不包括侨生的人数。有一位暹罗政府的

---

① International Labor Office：*Opium and Labor*：*Studies and Reports*, Series B, No. 22, Geneva, 1935, p. 43.

② International Labor Office：*Opium and Labor*：*Studies and Reports*, Series B, No. 22, Geneva, 1935, p. 33.

③ International Labor Office：*Opium and Labor*：*Studies and Reports*, Series B, No. 22, Geneva, 1935, p. 34.

高级职员和著者说：

> 暹罗人与中国人结婚者甚多，现在国内有许多著名人物是混血者。其实有时候连我们自己也说不清楚：谁是暹罗人谁是混血人！

若以中国迁民及暹罗混血人合计之，其数将近 2,500,000 人，或等于暹罗总人口的四分之一。①

关于中国人在南洋的地理分布，有两点惹起我们的特别注意：(1)同乡聚居一处，(2)同乡加入一业。这两点足以表示迁民运动的自然趋势，因迁民出国的路线，往往依照在南洋的同族或同乡的经验与协助。这些迁民前辈，对于后来者大致有血统、友谊或邻居的关系，或广义的同乡关系。以概况论，在南洋的迁民前辈，遇有适当的机会，援引家中人，或亲戚，或朋友，或邻居，前往南洋，因此后去的迁民，大致跟着迁民前辈所住的地域及所选的职业。经时既久，这就变成一般迁民的习惯；因此我们对于南洋中国人的地理分布及职业的选择，可以按照迁民的家乡来划分的。

在菲律滨的中国人，以闽南人为最多，如泉州及漳州各县。南安、晋江、同安、海澄，多有往小吕宋及附近各市者。此外尚有厦门、金门两岛。以大体论，中国人操菲岛的商业之权，特别是零售商，据说中国人在菲岛总人口的 33% 是业商的。② 菲岛零售商的

① Lin Yu："Two Loyalties in Siam"，*Pacific Affairs*，Vol. IX，No. 2，June 1936，p. 191.

② Ta Chen：*Chinese Migrations*，pp. 104—108.

80%在中国人的手中；国际贸易如米、糖、烟草、木材、椰子等，中国人亦占有重要位置。近年来，菲律滨的独立运动发展之后，民族性逐渐伸张，菲人不断的排华，因此中国人的商业活动，受多方面的打击，如簿记法及限制中国商铺、减少中国雇员、增加菲人雇员的法律是。自中国人因东三省事变抵制日货以后，日本零售商逐渐增设于菲岛，因此侵夺中国人的一部分生意。除商业外，中国人亦有从事于手工业及工业者如建筑、石工、木工、鞋匠、成衣等。

关于中国人在菲律滨的经济势力，据某专家说：

> 在菲律滨的中国迁民恐有125,000人，此外侨生者恐有750,000人。这些人占有70%至80%的零售商，及大部分的各岛间的商业。近来他们的人数及势力有迅速的增加……四分之三的商业信用是在他们的手中。在主要产米区内，靠他们的金融来经营米业：磨米与运销是他们的职业。在各海岛中，木材业的零售大致是他们的企业：40%的木材是由他们制成的。……他们的投资总数，有人估计为美金100,000,000元，或等于美国在华投资总额的一半。①

我国往东印度的迁民当推闽人为最早，其次为客人（大概住于梅县即前嘉应州）、潮州人及广州人。闽南人何时开始迁移，现无确实证据；其见于我国史传者甚多，但是否常在东印度居住是一问题。目下巴达威、三宝陇与泗水，有中国大家族如蔡、韩、简数姓，

① R. Hayden: "China, Japan and the Phillipines", in *Foreign Affairs*, Vol. 11, No. 4, July 1933, pp. 711—715.

在彼处居住都已数代（蔡姓已传至第五代，其始祖于1753年由漳州蔡坂迁往爪哇，至1936年为183年）。在1740年与1745年之间，客人开始移殖于西婆罗洲，继之者即为潮州人。起初他们是农业工人如胶园、椒园、烟草园之类。当19世纪后半期，农业与矿业起始发展之后，客人与潮州人逐渐分布于网甲岛、万里洞岛及苏门答拉岛的东部。

东印度的闽南人约有550,000人。在爪哇及马杜拉及东印度群岛的东部，他们要占据中国人全体的一半。在苏门答拉（除西部及Bengkalis，在Bengkalis有许多闽南人是从事于渔业者）及西婆罗洲闽南人不如客人及潮州人之多。

以东印度各岛论，客人较多于潮州人。在东印度的客人（除西婆罗洲）约有200,000人。西婆罗洲共有中国人43,000人，其大半亦是客人；网甲与万里洞有客人45,000；苏门答拉东部有客人14,000；爪哇西部有客人65,000。

广州人亦较多于潮州人，在东印度各处，恐有135,000人之谱。他们大致是平均分散于各区，但在苏门答拉东部及南部、网甲、东婆罗洲及西里伯岛比较多些。

闽南人与西婆罗洲的客人，其大部分是在东印度生长的，这可由男女的性比例，及年龄的分配看出来的。① 闽南人的一半是商人，但在苏门答拉与西爪哇，他们经营农业与渔业。在爪哇及马杜

① 东印度的中国人，大致男多于女，惟在爪哇，则性比例近于常态，因在爪哇侨生者人数较多（在爪哇中国人总人口之20%是在东印度以外生的，如在外省，则百分比提高至51）。在爪哇中国人每男子1,000人有女子820人；在外省每男子1,000人仅有女子515人。W. J. Cator：*The Economic Position of the Chinese in Netherlands Indies*, p. 100.

拉的客人也有许多商人，其次是工业从业员。在苏门答拉的客人经营矿业，在西婆罗洲的客人经营农业（但在罗芳伯指导下，最初是在东万律〔Mandor〕邻近开金矿的，约在 1750 年，或清乾隆十五年）。

潮州人的主要职业是农与菜园。在苏门答拉的东部，他们大半是烟草工人；在西婆罗洲除业农外他们亦有经商的。在东印度别处的潮州人也有经商的，虽然少数是在工业界谋生的。

广州人成年男子的五分之二是工业从业员，他们的职业和其他的中国人有显然的区别。在苏门答拉有许多广州人从事于农业及菜园业；在网甲他们是锡矿工人，在巨港（有时称旧港）及东婆罗洲他们从事于石油业。

在广州人里，由中国迁出者其数较大于在东印度生长者。他们大致多有精良的手艺，如桌椅的制造。这种技艺到了第二代有许多人家是遗失了，因第二代的人往往谋生机会较多，不必拘守于父老辈的技艺。

新近往东印度的迁民是广西人（例如容县、贵县等），但人数尚不多。他们大致有健康的身体、耐劳的精神，在网甲岛的锡矿工人里，算是后起之秀。荷兰某工程师说：

> 新由温带迁出的工人，身体强健，工作勤谨，监工者是比较省事的。侨生的健康较次，怠惰性亦增加，谅是受热带的环境影响。

英属马来亚的中国人，据 1921 年及 1931 年的人口清查，分配如下①：

第4表　马来亚的中国人

年　度	1931	1921
福建人	540,736	380,656
广州人	418,298	332,307
客　人	218,739	318,139
潮州人	209,004	130,231
海南人	97,894	68,393
广西人	46,129	998
福州人	31,971	13,821
福甲人(Hok Chhia)	15,303	4,058
其　他	31,318	26,174
总　数	1,709,392	1,174,777

按前表五个团体的中国人在1931年占中国人总数的92.7%，在1921年占96.2%，其最大的变动是因为这数年之间广西人的增加。

如以地域论，上列五个团体的分布如下：

第5表　五个团体的中国人在马来亚的地理分布

人　别	海峡殖民地	马来联邦	柔　佛	Kedah
福建人	287,125	143,429	73,270	21,984
广州人	141,975	226,181	29,585	13,079
客　人	52,369	211,906	33,588	17,718
潮州人	115,123	33,040	35,935	23,045
海南人	35,679	30,107	25,539	2,760

在海峡殖民地，福建人最多，其数超过于广州人及客人。柔佛

① C. A. Vlieland: *British Malaya*, pp. 77—82.

因近新加坡亦以福建人首屈一指。在马来联邦广州人与客人俱较福建人为多，Kedah 以潮州人为最多。以职业论，福建人除业农外，都从事于商业如零售商铺之类，因此集居于市镇。新加坡一市有福建人 133,473 人，在柔佛的中国人三分之一是福建人。在马来联邦，他们聚居于大市如吉隆坡、太平与怡保。他们的性比例在中国人中要算是最富有平常性的，每 1,000 男子中有女子 620 人。这可以表示福建人移住于马来亚历史较远，他们常住于马来亚，即侨生者亦以福建人占多数。

广州人是喜欢居于市镇的，在新加坡、槟榔屿马六甲共有 125,189 人（在海峡殖民地共有 141,975 人）。但他们最长于适合环境，因在马来联邦，他们虽亦居于大市，但同时他们是中国人里最多的人，特别是矿业及树胶业。广州人的性比例是每男子 1,000 人有女子 581 人。

客人嗜农业：在马来联邦他们的人数略小于广州人，但在海峡殖民地，他们仅等于广州人或福建人的四分之一。海峡殖民地有客人 52,369 人，但在新加坡者仅 14,735 人。在马来联邦广州人与客人是矿业工人的主要来源。近年来客人的增加女子较多于男子，因此性比例逐渐趋于常态；每男子 1,000 人有女子 526 人。

潮州人在海峡殖民地者较多于他处，虽然在 Kedah 他们人数不多，但在中国人中却占第一位置。在马来联邦，他们集中于 Kinta、Krian 与吉隆坡。在柔佛他们较多于客人及广州人。潮州人的性比例是：每男子 1,000 人有女子 472 人。

海南人自 1921 年以来，增加不多，在 1921 年等于中国人的 5.8%，在 1931 年等于 5.7%（虽然实数是略有增加的）。在这十年里边，女子增加五倍，男子仅有微细的增加，但自 1921 年至 1931 年由65,883加至85,058。海南人居于市镇者常为欧洲人的仆役,其次便是零售商。乡间的职业是树胶,特别是在柔佛,海南人的四分之一是在那处居住的。在1921年以前,海南女子因不愿离家,往往不随丈夫迁居南洋,因此在那一年只有2,510海南妇女(恐怕不完全是海南妇女,内有广州及其他中国妇女)。近来海南女子可以入境,因此在1931年已有海南女子12,836人;因此每男子1,000人有女子151人。不过世界不景气来临以后,有一部分妇女已逐渐返海南岛。

在法属印度支那,中国人以商业为主,但亦有业农者如稻米、渔业、菜园、椒园等。这些俱是旧有的农业,因中国的迁民在彼处多年,对于本地的农业当然有些基础。近年来新式的农业渐被介绍如树胶、棉花、咖啡、茶及棕油。这些新事业,特别是树胶园等,中国人几乎是没有势力的。殖民地政府近年来渐设法减少中国人的经济势力,例如由法国银行,贷款于土人,以避免中国人以高利借款于农民的积弊。殖民地的政策,是用中国人作一种中间人——站在统治阶级与土人之间——但是不愿意中国人得着任何势力:

> 在法国人与中国人之间,友谊的机会是不多的:他们没有意见的交换,没有社交,连谈话的机会都是稀少的。政府有时施行粗简的政治手腕,徒使中国人格外显示他们的抱怨,增加他们的竞争心。比较好一点的政策,是防止中国人得着越优的地位,特别是在印度支那有几个区域里。殖民地政府虽仍然可以承认中国人是必须存在的,但可以不让他们变成殖民

地繁荣的必要条件。[1]

在暹罗的中国人，虽有海南、广州、梅县及闽南人，但以潮汕人居多，特别是澄海、饶平、揭阳、普宁、潮阳、潮安各县。

在暹罗中国人的主要职业为商业，自零售商至批发商都有。后者数目虽小，但势力颇大。大部分的零售铺，亦多是中国人开的。他们富于冒险性，小贩子常深入“山吧”与土人互市。资本大的商人，在市镇里经营各种商务。中国人业农的数目不大，但磨米与运米，都是他们的企业。有一位华侨说：

> 暹罗和外国的贸易，米是大宗，种稻者是暹罗人，但关于米业的经营如磨米或国内与国外的运销等，都由华侨担任。

有几种重要的工业，亦在中国人的势力范围，暹罗人只有在几种较微细的工业里活动而已。中国人所经营的工业与手工业有鞋业、成衣业、木匠业、铁匠业、锡匠业、马车业、砖瓦业等。[2]

---

① E. Dennery：*Asia's Teeming Millions*, p. 160.

② W. A. Graham：Siam, Vol. 2, p. 2.

第　二　编

社会变迁的一个原素：移民的影响

第三章　生计

（甲）生计的模型

如果我们要分析某社区的生活方式，我们的初步工作是要对于下问题找寻适当的答案：多数的居民是靠什么来维持生活的？多数人的谋生方法仿佛是一种模范，旁人要在可能范围内仿效的，因此每一个社区的生活方式就得了它的特性。这个特性以技术与经济活动为原动力，以社会影响为最后归宿，因居民必须运用技术，然后才能得着入款以维持生活。由谋生的方法影响到一般人的习惯、思想、信仰及一切行为。因此，简单说起来，生计的模型是经济的现象，生活的方式是社会的现象。

至于居民如何选定某种职业，另有地理、风俗等等关系，不在本章范围之内讨论。我们所要注意的是：一个社区因为有了某种职业便有了某项入款的来源，由此便演化出某种的生计模型。例如我们所研究的，在华南有华侨社区及非华侨社区；在南洋有华侨社区；这三种社区有不同的主要职业，就演变出来不同的生计模型，但本书注重华侨家乡社区的分析，其余两种社区，只在可能范围内作比较，以明南洋华侨究竟对于家乡的人们，在他们的生活里，发生了什么影响。

(一)非华侨社区

距华侨社区(丙)西北约60里,就是我们选定的非华侨社区,因天然地理的关系,这个区域成了华南的普通农村。农既是主要的职业,全年生计的主要来源,自然是农作物了。在春夏两季,男女都从事于耕种。再加之以副业如养鸭,养鹅及种水果树等。秋深了,农事完结,中下家庭的女子,还上饶平挑炭赚钱;非华侨社区的成年男女,一年之内所忙碌的,就是耕种、耘耙、收割、家庭副业和上市销售自家所得的农产物。本区生活的中心,表现出华南的农村社会的概况,因此,无须赘述。

(二)华侨社区

本区的生计模型,与前段所述,显有不同。非华侨社区内的生活,是依靠农业的;但本区的生活,大部分是依靠南洋的批款(汇款)。这不是说华侨社区内的人们尽是不从事生产的,许多人也有职业,不过入款微细,不能单独恃此来维持家庭的生活。华侨社区的生命线,大概是寄托于南洋的批款。所以南洋如遇经济恐慌,家乡就直接要受影响。

据我们在粤东及闽南实地考查的经验,中等以上的华侨的家庭,大概没有生产的职业。每月生活费,尽预算在南洋的汇款里面。但下等与贫等的家庭多少都有农业(如种稻)及副业(如养猪养鸭之类)。这种情形在闽南华侨社区尤其显然。那里有一位医士提醒我们:“经济较优的华侨的家庭,子女们只知穿吃度日,终日享乐，假如南洋生意一旦破产，他们非讨饭不可！”这段话虽然说得过火，但大体可以映出华侨社区的生计模型了。

至于华侨社区里的非华侨家庭，因家内无人在南洋谋生，因此得不着南洋的汇款，来补助家庭的各种用费。这些人家，大致靠各人的职业入款来维持生计，和我国他处的农村家庭有相似的生计模型，以经济状况言，他们大概较次于同区的华侨家庭。

（三）南洋的华侨社区

南洋的华侨，有从事于经商的，有从事于劳工的，有从事于农业的。但生活的中心，多在生意上面。光景很穷的工人，愿意每天辛苦，赚低微的工资。但他们竭力节省，陆续的储蓄，希望将来有一日，遇着好运气，能开一个小店铺。光景较好的人们，在儿童时代，由父母供给入学费，希望读书之后，能算能写，将来成一个有技能的商人。多数成年的男子，总把希望和光明，搁在商业里。所以南洋华侨生活的中心，是在经商。

在东印度的中国人，以能生产的人计算，商人最多：以1930年的人口清查为根据，东印度的中国人，能生产者共469,935人，内有商人171,979人，商人占生产者总数的36.6%。因此我们知道中国人的经济势力对于东印度的社会实甚重要，特别因为他们处于联络各社会阶级的地位：一面联络内地的小生产者及内地的小消费者，一面联络国际贸易商人。中国人从事于工业者人数较少（共93,988），他们大致是中间阶级,初由中国去的迁民,大致是普通的工人。①

我们于1935年游历爪哇时,有一位侨生领袖,告诉我们:"不论在进口与出口业,中间人以中国人占大多数(包括中国的迁民及侨生),以爪哇论,中国人的成年男子几乎十分之九是经商的。零售商从前几乎完全是中国人,自近年来中国商人禁卖日本货之后,日本人逐渐在爪哇开设零售铺。"

在南洋各处,中国人经商者是很多的,特别是零售商:例如在菲律滨群岛,华侨经商者占全岛华侨总人口的33.0%,在各民族中得到最高的比例。

其他如马来亚、暹罗与法属印度支那,其情形大致相似,惟在菲律滨,美国移民律禁止中国工人入境,因此在菲律滨的中国人,除自然增加外,人口不能有很速的增加。在南洋其他各区,中国工人可以有条件的入境,但自不景气以来,移民律逐渐加严。中国人入境的机会,因此比从前更加减少。

据一般人的观察,凡在南洋成家立业的中国人,通常经过三个或四个阶段,即工人、行贩(或雇员)、小摊主和大商家。光景很穷的人,在生活奋斗场中,当由工人开始,依次递升。小有资本的人,可不经工人一级,直接由行贩起始,特别身体强健,勇于冒险,愿意入深山或远乡兜售商品者(经济状况较好者,如遇亲友开店,亦可入店为低级职员)。稍有积蓄以后,他们便在街旁或巷里摆摊;用固定的场所,经售多样的货物。由此往上,可以入各种资本较大的

① Volkstelling 1930, Deel Ⅶ, *Chineezen En Andere Vreemde Ooster lingen In Nederlandsch-Indie*, p. 159.

商业，如制造、批发或零售等，以便在商业繁盛之区，作各种的经营。厦门禾山地方有一位菲律滨的华侨，今年（1935）已是86岁了。少时在困难中奋斗，老来光景富裕，可以代表一般的成功者。其同时的回国侨民略述此人的生活状况说：

M君在16岁时，在家乡替人做些粗浅的小工，每天工资80文（饭资在内）。17岁跟随同乡到小吕宋去，就在同乡开的铺内学徒，每天做些打扫洗濯的劳作。因作事谨慎，行为端正，很蒙主人的信托。

空闲时候，在账房先生下面，练字学算；夜间人静的时候，就只身独坐，温习自修，天天不断。七八年以后，写账和算账的两种技术，他都学会了。那时怡郎埠（Iloibo）有一处支店，缺乏一位司账，店主就请M君前往担任。年薪120元（菲币）。M君接任以后，生意日日兴旺。对于西人（西班牙人）及土人的交易，也一天熟悉一天。到31岁，就独立开设一铺，规模很小，仿佛是摊铺而已。但因经营得道，每年所获，约有一千余元。

几年后，从前的主人再三敦请M君回小吕宋担任经理的职务，年薪2,000元，因情厚难却，M君仍回小吕宋担任经理之职。因M君的见识和计划，生意茂盛，财运亨通，于是更获主人的信服。但M君的志气很高，以为寄人篱下，终非善策，于是辞去经理，企图独立经营。后来得力西人资助，每年可获利20,000元。

55岁时，因用人不慎，生意几乎完全失败。后来因奋力支掌，才将生意恢复。

M君已回国，国外业务，已全交于儿孙手中，据说积有资财拾余万元。

在南洋的中国人，对于商业的经营已有悠久的历史，且有适当的成绩。“中国人是太平洋区的犹太人，因这两民族的经济活动与社会地位是相似的。他们所以致富，不仅因为能够赚钱，并因为能够节省费用。”中国人所以能够经商，能够致富，其原因当然复杂，但不外本能、训练、健康与环境四个主要原素。有些人对于商业有天然的本能，再加以训练，再加以强健的身体，无论处于顺利或拂逆的环境之下，他们必能发展其事业。关于个人的本能、训练与勤劳的精神，我们对于一般的迁民，加以适当的注意。

南洋的环境利于经商，这是无庸赘言的，特别是中介商。中国人既富冒险性，往往深入山里和土人贸易。但尚有拂逆的环境，仿佛逼迫中国人走入商业之路，这一层往往为一般人所忽略。譬如殖民地政府，对于容纳中国人为政府职员，至今还是有限制的，除书记及其余低级职员外，很少有人能超过法律或习惯而得上升的机会。南洋有些区域，对于土地所有权或租借权是有限制的，例如在法属印度支那“红”土是不能为外国人所有的，因此中国人很少从事于树胶园的企业。除椒园、菜园及稻田以外（大致在柬埔寨及交趾支那），中国人很少经营农业的。①

在荷属东印度，据1870年的土地法，外国人不能买土地或耕种土地，普通荷兰人当然不会离本国到热带来耕地，因此受法律制裁者当以东方外国人（Vreemde Oosterlingen）为最直接；但因中国人比

---

① E. Dennery：*Asia's Teeming Millions*，pp. 135—138.

较最多(占东方外国人90%以上),所以实际受此种法律的制裁者为中国人。

在马来亚,中国人可以用劳力开垦荒地,种植橡树,可以逐渐把橡树园收为己有,因此中国人有一部分变成地主。

在南洋的中国人,以经商为主要职业,已如上述。他们的经济活动,不仅限于南洋,且推及于中国,经营中国与南洋间的商务。由中国运往南洋的出口货,其主要消费者可分两大类:(1)南洋的消费者是中国人,(2)南洋的消费者非中国人。关于第二类的出口货,我国要作多方面的鼓励,因其显然于国家及人民有极大的经济利益。凡国货出口,对于出口商、入口商及南洋的零售商,各有相当的利益;并且这些商人大多数是中国人,因为消费者非中国人,所以有时候运往南洋的货物即非中国货亦不可目为不爱国。此层理由,南洋商界领袖,屡次和著者讨论,著者以为他们的观点是合理的,特别是近年南洋抵制日货之后,致使日本人在南洋逐渐开设零售铺,抢夺中国零售商人的地位。

如果南洋的消费者是中国人,那么以经济的立场言实无大宗利益。南洋的市场犹之乎国内的市场一样:中国货(或非中国货)卖给中国人,除经手人得些微利外并无新财富的产生。由社会学的观点看来,南洋中国人仍买中国货,可以表示他们仍旧保存旧习惯,对于新社会的同化程度显然不高。不过迁民对于祖国,因习惯的关系,当然是喜欢采用本国货的。我国由汕头及厦门运往南洋的货品,种类繁多,价值亦大,据我国海关报告,由我国运往南洋的货品,其重要者如下:鲜蛋、冻蛋、松花、火腿、猪油、鱿鱼、墨鱼、咸鱼、干鱼、绿豆、赤豆、麦粉、豆腐皮、鲜果、干果、罐头水果(荔枝、龙眼、橘、梨等)、桂皮、茯苓、人参、甘草、大黄、冥纸等。由南洋运往我国的货品，其重要者如下：亚麻、苎麻、火麻绳、缆、苘麻袋、锡锭、锡块、海菜、海带、鲍鱼、海参、干贝、鱿鱼、鱼翅、咖啡、米、砂仁、豆蔻、槟榔、胡椒、糖、烟草、煤油、重木、檀香、藤器、橡皮等。

（乙）非华侨社区的生活概况

非华侨社区的（丑）村，有725户（此725户包括西都、东皋、意溪三村），共计人口4309人。大部分是有职业的，其重要职业如下：

（一）主要职业

（子）稻作业

稻作业是本地的重要职业，全村十分之九的人口，都从事于稻作生活。或于725户中从事稻作业者占650户，计自耕农130家，半自耕农280家，佃农240家。[①] 佃农的制度，此地最普通是对分制，就是每一亩产量由田主和佃农对分，如每一亩产4石谷内可收获谷子，田主得2石，佃农得2石。在平常的情况之下，（丑）村每一年谷子10,000石，或白米4,000石至5,000石，约可供给全村九个月的消费，其余三个月的粮食，只能另找出路。

农家所耕种的田亩，大小是不一律的。普通可分为三类：即大农户，平均耕种15亩；中农户，平均耕种8至10亩；小农户平均耕

① 所耕种的田，一部分是自家的，一部分向人家租来的。

种3亩或4亩。

每亩的田价，也是不相同的。根据价格，也可以分为三等：即上等的田每亩计值250至300元；中等田每亩值200元；下等的田价，更无标准了。因为有些田，容易遭水灾，如遇多雨的年岁，可以子粒无收；有些田，因地势太高，灌溉不便，如时雨不调，往往田禾枯死，得不偿失。所以此类田亩，就卖不上价了。普通卖价由20元至100元不等。因田价上下不同，每亩产量也因此而异。在平常的年岁，上等田每亩可收谷子五石至六石（每年二次收获的总数）；中等田四石左右；下等田二石。

（子）村与（丑）村共有725家，就中经我们调查者572家。据统计所示，自十六岁以上男子共计978人。女子1,035人。自15岁以下的孩童，共计1,145人。平均每户5.52人。这些成年的男女和稍长的孩童，多以农业为生活的中心，以木业、香枝业、工业等等为副业。一年三百六十日中，除大节和神会之外，大大小小，多整日忙在工作之中。今将实地调查之572家的主要职业分类如下：（1）农业366户，（2）商业93户，（3）工业81户，（4）未明32户。

本社区的邻近村庄，是南洋华侨的家乡。本社区离华侨社区（丙）仅60里，为什么本区出洋的人口极少呢？[①] 关于这个问题，曾经问过许多的本地人，他们的答案，可以拿一位老年的农人来代表："这里的人民，只要不懒惰，并如果愿意耕种或做工，总有饭可

① 本区725家，内有650家是从事稻作的。其余75家中，每家有一位或二位出洋，大概多不发达；在南洋稍有积蓄者，仅四五家而已。

吃的，何必到外洋去呢？”所以，在本区，虽然生活程度很低，[①]但稻作、木业等等，是足够本社区男女们的工作了。

（丑）木材业

非华侨社区内，经营木材买卖的杉木行（规模较大，注重批发）与杉木铺（规模较小，注重零售）很多，前者约有20家。这20家木行，各有人在韩江上流各县，采办杉木。杉木从山中采下之时，当即把杉皮刮去，到了相当干燥之后，就编成木簰（误写作排），利用韩江水力，航流到非华侨社区（子）村。

杉木编成簰之后，长短不一。有的木簰是三节或五节的，有的是六节或七节，流在水上，仿佛是流水游龙，蜿蜒蠕动。

每一簰上，有一簰头，是一张簰上的主脑，簰上的伙计，都由簰头负责；雇用、解约和发工资，都是簰头的事，木行只知与簰头接洽，别的就不管了。平均计算，簰工每日的工资，大约四毛至五毛钱；簰头的工资就不一定，有时能赚壹元以上，平均每日大约七八毛左右。因为木行是将木材包给簰头，说明木簰航运到（子）村，共付运费若干，所费多少，是以途径的长短为转移。有时雨水调匀，江流平顺，航行省时，簰头就有钱可赚了。

每簰节数不等，簰工多少，也不一律。普通在夏天每簰平均五六节，约有簰工四五人。每人执竹竿一枝，竿杪装一铁柄，柄旁有一铁钩，簰工立在簰上，用力撑着竹竿，使木簰往前航行，满水时期簰工稍可省力，但浅水时期，簰工就费力了。冬时江水极浅，航行停止。

簰到（子）村，簰头交货，此后就是起卸工人的事务。起卸工人

---

① 见本书第四章，关于非华侨家庭的讨论。

将木簰拆开，将杉木运到堤岸，叠成如山，木行将此种杉木批给杉铺，零购的买主，就随时与杉铺交易。

本社区在木材工作中生活者，共约 2,000 人，本处居民占 300 余。此外，农闲时节，农夫们也随时加入木材工作，因人数无定，估计也难，但木材工作对于本社区生计之影响，可以想见一斑。（子）村是一个小村，村中成年男子的半数是以木材业为入款的主要来源。

本社区的主要职业尚有铅匠 20 人、石灰工匠 20 人、泥水匠 50 人。他们是精技工人，平常在本村工作，但有时亦往邻村做活。工资不定，普通每日由四毛至六毛。

（寅）香枝业

香枝业，对于本社区的生计问题，也极有影响。香枝的原料是竹，如韩江上流的梅县、丰顺、大浦等县，都是产香枝竹的所在。竹从山中采下，即在江边编成竹筏，如木簰一样，就韩江顺流而下，航达非华侨社区（子）村。（子）村有竹行，叫做竹馆，专经营竹的买卖。普通多由竹馆派人往韩江上流采办竹料，但也有竹商自行采办。竹筏航到本村，即由起卸工人，将竹筏解开，将竹枝起到堤岸堆好，香枝铺就各自向竹馆购买香枝原料。

香枝铺把竹枝依香枝规定的长度截成数段，做香枝的女工，往铺内领取香枝材料，带回家中，就开始削香枝的工作。

香枝是这样削成的：女工们先把竹掰成竹条，再把竹条掰为三层，外层带绿色的，应送回铺中，中层即做香枝之用，内层无用，女工即以此为火柴。竹条中层削成香枝之后，大约四五斤捆成一把，平均每天每人可削成四五把，可获工资二三十枚（按本地金融，28 枚等于一毛）。女工随时将削好的香枝送到香枝铺，铺主就依把数的多少，与距离女工家路途的远近，分别付给工资和脚费。普通削成香枝一把，可得工资五枚。如自取材料，香枝削成后又亲自送往铺中，可另得脚费若干；如路途近，每把津贴一枚，远的二枚。所以工资与脚费一起，每把可获铜元六七枚。

香枝铺还要将削好的香枝，渐渐晒干；干燥后，就捆成大把，每一把计重十一二斤。工作有精粗之分，粗者每把计十三四枚，精者二十余枚。这些香枝，多输运到潮安城内去卖，卖价也不一等，要看香枝的长短和质料的优劣为转移。长度由九吋起到一呎零四吋止，价值每把由三毛起到五毛五分止。

本社区共计香枝铺五十家，内有男工二百余人，平均每日工资五毛。本区女子赖此作副业者，大约有三百五十余人。

（二）副业

除以上三种职业外，还有各项副业，此项经济的收入，实于一年的生计补助非浅。谷子收割后（年共两次），有些农家，还加上种麦一次，补助全年的粮食。此项食粮，（丑）村每年约产七百石左右，平常市价，每石计值七元五毛。这些多给（丑）村消费的。

有些农家，特别挑选若干田地，专种蔬菜之用，蔬菜长成后，挑往邻村运销，所入也不少。甘蔗也培植的，长成后，当作水果销卖。鸡、鸭、猪和鹅，平均每家多少都养的。对于鹅，有些农人很大批的培养，长肥后，平均每只可售大洋四元。

妇女和姑娘们，在闲空的时候，是从事于绣花的工作，例如手绢、桌布之类，此种工艺在潮、汕一带很普遍，每年在汕头出口甚多，运销上海及外洋。若是贫下阶级的妇女们，往往上山做挑炭的买卖,炭烧好后,即挑往潮安去卖,计一来一往,共需两天,平均每天可赚二角与二角五分。这里的女子们与男子一样,耕田挑草等粗工多会做的。

(丙)华侨社区的生活概况

(一)主要职业

华侨社区生计的维持,是依靠两种来源:第一是外洋汇入的侨款;第二是本区主要的职业。今先述职业,而后述侨款。

(子)农业

华侨社区(丙)的人口总数,据区公所的调查,共计4,973户,25,303人。内农户有2,500家,约占本社区总户50%。农家的职业,本来就不是单纯的,往往除农事之外,兼营商业、手工艺等等,华侨社区的情形也是如此,所以这2,500农家除农业外,是有别种生活的。

2,500户农家,共计耕种9,000亩田,平均每户耕种3.6亩。分析言之,大农户平均每家耕种10亩;中农户平均耕种七八亩;小农户平均耕种一二亩。[①] 一般的农户,多是佃农性质,据本社区的估计,自耕农占总农户之1%;半自耕农占5%;余者都是佃农。故以华侨社区(丙)而言,就是一个小佃农的社区。

---

① 其中有耕种沙田者,最大的耕户每家有数十亩,但全社区中,仅两乡有少数的沙田耕户。

每亩稻作的产量，要视其年岁丰歉而异。平常年份，如无水旱灾，每亩田平均年可二获，早冬的谷二石余，晚冬的谷三石余。[①] 田亩的价格视其田亩地位之如何，如地位高则易旱，地位低则易患水，以地位之不同分为三级：上等田平均价格二百元；中等田一百五六十元；下等田一百一二十元。至于山园价值就不同了，有一二十元一亩的，也有三四十元一亩的。

据我们调查所得，在顺利的年岁，全区可产谷40,000石左右，足供全区四个月之消费，其余八个月食粮，就须依赖外埠的供给。每年外米的输入，总在一万包以上。[②] 大多是芜湖米，其余为暹罗、安南、缅甸之米，有时福建之诏安及邻县之揭阳也有米输入，但其数不多。

田亩税，是由田主负担。据民国二十三年的情形，每亩纳钱粮二角外，并缴附加税十分之四，共计每亩应纳税二毛八分。自民国二十四年起，将改为田价百分之一征税，譬如田一亩，而田价为一百元，则应纳税一元整。

田亩租，平常多采花租制度。因本区地势低洼，水旱无定，所以田亩产粮也不一定，租额也难预先规定了。因此本地采行花租制度，即稻作成熟之时，田主和佃农同往田中视察，面议租谷，每亩租谷大约等于产量40%至50%。但也有预先议定的，平均每亩租谷是：上等田租每冬一石二斗[③]；中等田一石；下等田八九斗。

从人口与粮食看来，本区人口过剩，是不用说了，不但人口过

① 一石计116斤（16两为斤）。
② 每包计170斤。（一万包以上，是由米铺所估计。）
③ 按收成说，一年共二冬，即早冬与晚冬是也。

剩而已，差不多整个的食品问题是依藉他埠来供给，假如一旦外粮断绝，本区人民就要感觉食粮不足的恐慌了。

（丑）商业

商业对于本区的生计，是有很大的供献，其影响力之大，不亚于本区的农业。本区因华侨数量渐渐增加，富侨也慢慢增多，人口就渐渐膨涨，所需的消费，无论种类与质量，也随时而增进了。因此本社区的一部，就渐渐成为商业的中心，这一部分就成为樟林镇。本区一部分人的生计，就赖此解决了。究竟有多少人依此镇谋生呢？因为无实地精密的调查，不能予以肯定的答案，但据区公所的估计，本区人民赖商业以为生的，大小合计总在2,500人，约计总人口十分之一。如出洋华侨计算在内，总计7,000人，约占总人口十分之三。

本社区因华侨的势力，商业的空气弥漫于民间。无论老幼，如提到生计的出路问题，视线的焦点，立刻集中在商业上头。有一位经济力属于下等的华侨的妻子以为"如要赚钱，如要赚大钱，就应做生意去，往南洋做买卖去"，这是本区一般的信心和观念。所以在黎明的当儿，大街小巷之内，三五成群的幼童，各自提着一个小筐，用着尖高的嗓子，用劲嚷着："酱豆干！油条！油石果！"实际上，每人每晨，平均不过赚了铜元五六枚。原来母亲们的注意点不在五六枚铜元上面，她们注意的焦点是在商业的训练，希望她们的儿子们，从小就得到经商的习惯，使他们长成以后，对于经商有了适当的准备。

在华侨社区（丙），我们选出侨民若干人，研究他们的职业（即出洋前和出洋后的职业）。由出洋前的职业分析，我们可以明了迁民的本能、兴趣及准备；由出洋后的职业分析，我们可以探讨南洋的经验,对于改变职业的各种影响。向我们作职业报告者,有些人是出洋前与出洋后同是一人,有些人当我们作研究时尚在南洋,由他们子弟们代答的。以概况论,我们由这些例子里,可以看出他们在出洋前和出洋后的谋生情形。

第6表指出1084人在出洋前的职业。我们如果把店员(206)、行贩(139)、经商者(47)、商店徒弟(7)合计之,得339人,或占总数的三分之一强。这些职业可以总称之曰商业。次于商业者为佣工(182),又次为赋闲者(158),又次为农业者(152)。简单言之,商业者大概是天性近于经商的,再加以父母的训练如上节所述,或学校的训练,如本书第七章所述;那么他们到南洋之后,大部分自然的向商业场中去找生活;至于大量赋闲的人,有些也要顺着南洋的环境在商界中服务无疑。

第6表　迁民出国前的职业(1934—1935)

(1)店员	206	(8)失学者	23
(2)工人	182	(9)渔业者	13
(3)赋闲者	158	(10)教员	8
(4)农夫	152	(11)商店徒弟	7
(5)行贩	139	(12)中医生	1
(6)入学者	129	(13)不详	19
(7)经商者	47	总计	1084人

迁民出国以后,因各种理由,对于职业要发生变化。我们细察上表,知道有许多人对于商业有相当的兴趣与准备,所以到南洋以后必然经商。但在南洋久住以后,或因各种理由返国,这些人的职业也有变迁如第7表所示。我们把店员(333)、商店主(108)、行贩(76)合计之,并总称为商业,那么商业者共得517人,几占总数的

二分之一(总数为1,071人),与第6表相比显有增加。南洋重商的习惯,由南洋华侨的职业和归国华侨的职业都能反映出来。不但如此,经商的资本已有增加,经商的技术与方法亦有变更,这是一般人的观察。工人仍占第二位置(315),代表奋斗比较失败的人;失业者占第三位置(111),显示不景气的影响。至于农业者(13)比前大为减少,当亦受南洋经商的影响无疑。

关于职业的改变,当有复杂的因素。近汕头的某村,有一家因南洋的经验,由农改商,述其改业的概况如下:

父亲幼时在家乡种田。他是种租田的,在大熟年岁,除了租谷以外,自己还剩下些谷子;遇到荒年,有时候可以子粒无收。种田是辛苦的工作,报酬亦是微细,生活的维持是很艰难的。

姑丈在实叻开杂货店,因生意兴盛,有一次约父亲去帮忙。父亲往南洋后,各事顺利,不久即自己开店,并渐渐有了积蓄。父亲有时候开导我们,"种田赚死钱,经商赚活钱!如有亲友帮忙,或自己交到好运,靠生意来养家,比较希望大些"。

五年前父亲因年老返家乡,让我们兄弟两人,各经营粮食店一所,一在本村,一在汕头。现在家内人口增多,费用较大,但经济状况比种田的时候要好得多啦。

第7表　回国侨民的职业(1934—1935)

(1)店员	333	(3)失业者	111
(2)工人	315	(4)店主	108

(5)行贩	76	(9)医生	3
(6)农人	13	(10)公务员	2
(7)渔业者	6	(11)不详	98
(8)教育事业者	6	总计	1071 人

(二)副业

华侨社区的女子,大致从事于手工如钩花瓣、刺绣、织网和刷金纸等。[①] 青年女子及中年妇女们,大多数在操作钩花瓣及刺花布;老妇人们大多操作织网及刷金纸等工作。此项女工的总数,总在四千人口左右。刺绣花布及钩花瓣者,每天平均可得工资二毛左右。织网和刷金纸,平均每天可得工资铜元十枚左右。如能在织布厂和缝衣店做工,每日平均得工资三四毛不等。但自民国二十三年以来,手工艺如织布、刺花布、钩花瓣等,多因市场凋敝,销路就渐渐减少,原来从事此项手工艺者,大多数改作织网,平均每日尚可赚铜元十余枚。钩花瓣、刺花布诸手工,现在每天至多不过获得七八枚而已。织布厂有好几家是倒闭了,缝衣店也少生意,一切女工,都转做织网。近来(民国二十四年)南洋群岛多畅销潮网,销卖潮网的,多获厚利,因此本区织网工艺,正在兴旺之时。据本地估计,本区每年网工艺总产量,计值 12 万元。运往南洋群岛者占 10 万元。本国销卖 2 万元。

网的原料是麻,除本地所出不够供给外,大部分由下列各处输入:(1)汉口,汉口的麻先运到汕头,由汕头再转运到本区。麻到本

① 刷金纸即冥纸,祭祀时用之。

区后,用人工制成麻线。主持网业的人们就以此种麻线分给女工,织成麻网,是谓麻线网。每年输入汉口的麻,平均约计八百余把。每把计 50 余斤,价洋 18 元,故每年汉口麻的输入,总值约 15,000 元左右。(2)上海,由上海来的原料,叫做上海纱,运到本地后,再制成线,然后织成网,是谓纱线网。上海纱的输入,每年平均总值约计 30,000 元。(3)庵埠[①],汉口麻到了庵埠,纺结成线;庵埠就将这种已成的线,沿着鮀江运到樟林,就可以此原料直接制网了。平均每年庵埠麻线的输入,总值三四万元。

(三)其他职业

除以上三类职业之外,华侨社区(丙)的成年男子尚有其他职业 12 种如下:1. 教育(75 人),2. 政界(15 人),3. 船工(11 人),4. 木工(110 人),5. 石工(40 人),6. 泥水工(50 人),7. 挑工(146 人),8. 起卸工人(267 人),9. 理发工人(132 人),10. 建筑业(55 人),11. 渔业(68 人),12. 小贩(62 人),共计 1,030 人。内有一部分人,如挑工和起卸工人,除本区之外,尚在邻村工作,因该村临海为本区进出的要道。凡外地运往本区的货物,多先由该村卸船,而后用人工运入本区(华侨社区〔丙〕)。故挑工及起卸工人两项,就有 413 人之多。

据以上情形,华侨社区(丙)的主要职业为农与商,业农者有 2,500家。占全区家数的二分之一(全区共 4,973 家),业商者有 2,500人,约占全区总人口的十分之一(全区共 25,303 人),此外都

① 地在潮汕铁路沿线。

是副业，因从事于主要职业的人们，有些同时兼有副业。副业中有女工，约4,000人，占全区人口约十分之二，有从事其他职业者（共12种）计1,030人。虽然有职业的人数是多的，但是入款是微细的，大致不能维持自身及其家庭的生活。本社区里有些家庭（约占总数五分之一强），因为有人在南洋，所以依赖南洋的汇款，为他们的主要收入，详情在下节讨论。

（四）批款

（子）汇款概况：华侨的汇款，有复杂的内容。我们如果欲作分析的尝试，必须对于下列各问题，找寻适当的答案：南洋华侨的入款，其增减是受什么影响？汇款回国，其增减是受什么影响？汇款的方法如何？汇款者大致是什么人？汇款的用途如何？

从历史上看来，南洋华侨的进款，有多寡的不同。从前南洋土产销路旺盛的时期，如橡皮、锡米或椰子，小地主即可获厚利。从前在南洋进口的中国商品，可以贬价售卖，使他国的同业者竞争失败；而自己尚能获利。有些华侨，以高利贷款于土人，也可赚大钱。往昔劳力的供给缺乏，工资大致是高的。有许多中国商店，因伙计们时常要求增加工资，觉得把这些伙计们升做股主，合股开店，比付他们工资还容易赚钱。不过这些好的机会，已是渐渐的过去了。近来移民律逐渐加严，特别是世界不景气来临以后。华南的工人要想到南洋去是不容易入境的了；同时在南洋的中国人如小商人及工人，生活比较安定，因同胞的竞争减少，因此可以把家眷逐渐带到南洋去帮忙。

至于商业中的赢余，历年更有极大的变动。变动的原因很多：

例如银价的高下,华南政治的不稳,通货规则的骤变,各国的关税政策,特别是日本,这些都是使投资者不知何去何从的主因。近四五年以来,经商的华侨,对于赚钱或赔钱往往自己在事前没有把握,况且有些商人喜欢买空卖空,更是冒营业上的危险,因此,对于汇款回国常有多寡的不定。

汇款回国,汇兑率是很重要的。汇兑于华侨有利,他们可以多汇,否则少汇。同时,汇入汕头或厦门的款项多了,也可以影响那边的金融市场:

> 暹罗与海峡殖民地的华侨汇款对于汕头的钱市是有很大的影响。本地银元与香港银元的汇兑率,每港银1,000元可换975至1,205元。本地银元与上海关两的汇兑率为本地银元每1,000元可换上海关两自675至745两。汇中外银币的汇兑率常以上海钱市为标准。

同时,银元与法币的汇兑率,据华南银行界人的观察,有一部分亦以华侨汇款为原因及结果。

有 ·位银行家说:

> 华南各口岸的银子的汇出与汇入可以表示好几种情形。银条大概是华侨汇款;所以汇入的理由,或因利率较高,或预备作投资的资本。汇出的银子,或是因政治不稳,或因土匪,或由华侨进口货的付款,或因进口货维持外洋商场的信用。
>
> 因各种的理由,沿海各埠有不同的汇兑率,常有银子的运入与运出。至于运入或运出的动机是不单纯的。每埠的货币

汇兑率与银价大约可以指示沿海的大概情形并受其影响。

汕头的硬银与纸币的上落，在三个月内相差有14%。在如此不稳状态之下，对内与对外的交易似乎成了赌博，除有些货物，能谋重利之外，其余的贸易是很难进行的。各种贸易都变了汇兑率的投机事业。1934年8月的禁银出口，在有一个时期产生混乱，并且对于生活费有提高的影响，不过最使人注意的是贸易。虽然本市的银业发行有许多种类的货币，有些纸币是不值钱的。

对于政治的不稳，有好几位被访者表示同样的意见：

（1）开明的官吏："暹罗、印度支那及马来亚华侨的汇款，比较美洲或海洋洲华侨汇款，其汇款的平均数量是要小些。其原因是南洋华侨常常汇来（上列各处的华侨是不常汇款的）。且近年来他们已受不景气的影响。至于其大原因乃由于近年来闽广的政治陷于不安的状态。他们为什么要汇款回家？为什么建筑公路、开设工厂或改良农庄？这些是应该研究的问题。有许多的村庄是在绥靖区域之内，目下驻有许多军队以资镇压土匪。实际上南洋华侨有许多是富的，不过他们不敢显出有钱的样子，有许多已经是别国的籍民，他们回祖国来不过作短时间的游历。"

（2）有经验的银行家："厦门发展现代式的市镇，不过几年前的事。因战争及劳力与商品的需要，南洋华侨在此有大量的投资。那时候，房产的利息往往在周年一分或一分二厘。现在（1934年冬）虽然有些房屋还在建筑中，但在商情兴盛时代买进的地基，而有许多地主以能得周年三厘为满足。因此，在最近没有人愿意对于房产作大规模的新投资。除非南洋的商务有了起色，或者一部分华侨能将储蓄用于比较能生利的企业里，他们不能汇款回来。”

(3)回国的华侨：在厦门与北婆罗洲有些产业的华侨，表示下列的意见：

> 本村目下很少有人买产业，因外洋的汇款太小了。银钱在他国比较稳当些，现在本国没有吸引大宗的汇款向国内汇寄的能力了。有许多华侨以海外的商业视为主要入款，他们有钱的时候就扩充那面的商店。他们以为家乡的投资因为政府没有保护，是缺乏稳固性的。

厦门邻近有一小学教员发表与上段相似的言论。说他的父亲是菲律滨西步市(Cebu)的商人，每年汇归菲币3,000或4,000供给同族20人的各种费用。全村除一小学校外，别无新的建筑。但村内三四百户人家都由仰光、菲律滨、新加坡、安南等处的汇款维持生活。这是一个有历史的村庄。著者在马六甲见过好几块匾，说是开山祖师中有三人是由这个村里而去的。

据厦门一位外国领事的估计，厦门的邻近有80%的家庭，依赖华侨汇款维持生活的一部。虽然在1933年，厦门的批馆有三分之一因汇款减少而停寄。在1930年虽然银价狂跌，然而海外华侨并不因此增加其汇款。“海峡殖民地与别处，因商情凋敝，特别有几种职业影响中国工人的谋生。同时因内地的不安使得他们不能拿生活费的剩余，寄回家乡来生利，照现状论，厦门的银行，因存款太多不知怎样用法。”

与以上的意见相符的，是厦门某商业领袖。据说在人民政府初成立时，厦门的住户大起恐慌。于一星期之内，由厦门及鼓浪屿汇出的银元将近国币 7,000,000 之谱。

海外的商情当然影响到华侨经济状况，因此影响到汇款。马来亚的树胶跌价及徙民入口的限制使得那面华侨的汇款减少（譬如 1930 年）；但在同时候，东印度与菲岛尚感觉不到不景气的影响，因此两处的华侨汇款反比从前增加。在 1929 年厦门区自上述各处汇归的款项高于 1928 年，因 1928 年的数目据说还小于 1927 年。因此我们可以看出华侨汇款回国有好几个原素：海外的营业情形、国内的治安与投资的机会和海外的华侨人数等。

银行家或华侨经济研究者对于华侨汇款不肯轻易作估计，因问题内容复杂，不易得一可靠的结果。华侨汇款与华侨贸易有密切的关系：这两件事不能绝对的分开。

南洋华侨向香港的汇款，向来是一个复杂问题，他们的汇款应该视作海外的投资呢？还是视作暂时的存款，预备向国内投资呢？华侨汇款到香港往往以银行比较可靠，因此香港虽是英国属地，实际与上海或鼓浪屿的外国银行相似（或租界地内的中国银行），其存款大致较为安全，存款的一部分分明是作为将来的投资。这种存款的数量是很难估计的。

因以上种种理由，我们对于华侨汇款的总数，以为难得可靠的数字。我们对于总数虽无确切的估计，但对于汇款的趋势，比较可以测知。有一位中国银行家，以为 80% 的汇款，由香港汇入。近两年来，这种汇款大约减少三分之二。这是他的意见，以多年在香港的经验为根据。同时他未曾分析汇款减低的原因，例如：（1）华南国际贸易的转变，（2）华侨采用别种投资的方式，（3）华侨的海外营业有了较小的赢余等。

（丑）汇款的方法：批信局或批馆是华侨汇款回国最重要的机

关，这种制度可以简述如下：四五十年前华侨往往托亲戚或朋友于返国之便带些银钱回家，后来有些人以为这是有利可图，便以汇寄银钱为职业，他们专为旅外侨商寄钱回国，取一笔手续费，这些人同时做些生意，把国货运往南洋去卖，或把南洋土货运回国内销售，他们就叫“水客”，有时或称南洋客。

因为往南洋的人渐多起来，经理汇款渐渐变成有钱可赚的职业，于是批信局（批馆）就产生了。批馆大致是钱庄的一部分，其金融的周转及信用胜于寻常水客。大概言之，一个大规模的批馆有总馆及分馆，总馆设于南洋，分馆设在汕头或厦门，或其他市镇，大概是华侨家乡的相近地点。华侨汇款的手续大致如下：汇款者如在马来亚先到新加坡某批馆，缴款，批馆即将款折成华币，一面付给汇款者收据一纸，汇款者留下家信一封（如不识字，可请批馆代笔），信内叙述家事并声明汇款，封面上批明汇款数目，所以俗称“批款”。此信背面贴有长二吋宽一吋之薄白纸信封，外印有该批馆图章及批信号码，此小信封内备有三吋宽五吋长之白纸一张，预备收款人写回信之用。批信到了汕头，入该批馆的分馆，由该分馆着人分送，此人俗称“派批”。汇款者在新加坡，汇款时，批馆即时登记此人姓名、住址、职业及故乡的住址，并将此编号入簿，批馆即把副张送到汕头的分馆，以便“派批”对号送款。收款人接款后，即将小信封写回信一封（如不识字；由“派批”代笔），此信在批馆视为收据，在南洋汇款人视为回信，俗称“回批”。回批仍由新加坡批馆对号送给汇款人，同时取回汇款时所付的收据。

汇款人于汇款时略付手续费，但其数甚微，往时且有不取汇费者；批馆不注意汇费，乃注意汇兑率，其率往往有利于批馆，不利于汇款人，此实为批馆的主要入款。不但如此，批馆将零星批款陆续收入，俟积有大宗款项然后汇到中国，其中经过的时间所生的利息亦归批馆。此外，自新加坡至汕头，有时候并无现款汇归，因总馆与分馆，既经营银钱业或进出口货业，彼此可以划账。或有时候由新加坡批馆利用收入的批款买成南洋商品（例如米）运到汕头售卖以资获利。汕头分馆虽未接南洋总馆的现款，但亦按照“批信”中所述的数目，由“派批”分送各汇款的家庭。

批馆数目甚多，举其规模大者在厦门有 153 家，福建其他各处 32 家，共 185 家。在汕头有 66 家，广东其他各处 27 家，共 93 家。

新加坡批馆收集各信后，从前是将各信汇束封成总包，交邮政局转寄，按照邮包总量，收取信函类国际邮资。近以总包办法，与国际邮政公约有抵触①，就于民国十六年起美属菲律滨、荷属东印度、法属印度支那等处，先后取消总包办法。按国际邮费资例，逐封黏贴邮票，再行汇总交寄。自十九年四月一日起，吉隆坡邮局将所有批馆寄交我国内地的信件每封每重一英两，收取邮费新加坡币 6 分（当时约合我国币 1 角 2 分），即其国际邮票 1 角 2 分之半数。我国亦自同年五月一日起，按我国当时国际邮费 25 金生丁（Centime）折合国币 1 角之数，减半收数，即每重 20 公分，收国币 5 分，后以金价迭涨征收每封国币 1 角 2 分半（即 25 金生丁，折合国币 2 角 5 分之半数）。

闽南与潮汕每年寄往南洋各处的批信，迄今尚无确实的调查。在民国十八年八月，厦门批信局，于半月之内发往南洋的批信共计 40,000 件。据汕头邮政局报告，民国十九年十二月份，由汕头寄往

① 伦敦国际公约第 33 条第 4 节：“信函内不得装有书信交收信人以外何人，或与收信人同居何人之信函字样，或他项实具个人书信性质之文件。”

南洋的批信共108,392封。但近年南洋为不景气所笼罩,华侨回国者渐多,批信亦因之减少。据民国二十一年的报告,汕头于该年寄往南洋的批信已降为831,709封,比从前每年约减三分之一。但广东与福建尚有他埠如琼山、番禺、嘉积、北海、闽侯等处民局,亦有少数寄往南洋的批信,尚不在内。①

(寅)汇款者:复次,再论"汇款者是什么人?"以大体言,凡工人小商人等,将其入款除自己的生活费外,所有积蓄的一部分寄回家中,作父母及妻儿的生活补助费或儿女教育费的一部。因此寄款的人与家乡比较有关系,有联络,有感情。他们大概是离国不久的人,平常与家乡照常通信,自己亦偶尔回家。此外尚有比较富有的商人,他们或需要到中国办货,或需向中国运货,或在中国开有联号或代理处,这些人因商业上与中国有关系,亦偶尔汇款回国,或是买货,或将南洋商店一部分的赢余,汇给中国的联号。他们的自族或朋友有些人在中国经商,或是他们因与中国时通音信,熟于国内商情,汇寄款项,投资于商业。最后南洋有少数的富侨,将一部分赢余或资本运回中国存储(如香港、厦门、上海的外国银行),以便保存或等待投资的机会。

按以上所说,有些在南洋的中国人是不汇款到中国来的,例如离国很久,和中国没有接触的人,或本人生在南洋,或家住南洋已经几代。这些人在家乡大致已无亲族,对于家乡或祖国感情淡薄,或亦无经济上的关系,他们大致是不汇款回来的。但是他们在南洋,因为年代悠久,比较有雄厚的经济势力。他们既无汇款,我们

① 交通部致著者函,民国二十四年五月十八日。

的假定是，以往对于华侨汇款的估计似乎失之过高，[1]因为在南洋各处的“侨生”人数，约超过于中国人总数的一半以上：他们大概是没有汇款到中国来的。

（卯）汇款估计的困难：汇款可由两方面来估计，（一）汇款机关（如近代银行、批馆、邮局），（二）华侨家庭。但都有困难，因一笔汇款可以由批馆经邮局汇出，或由银行汇出，因此作估计时，难免重复。且批馆、银行与邮局其营业范围不是确定的。以簿记论，有些银行对于华侨汇款并不单独列出，所以很难得正确的统计。某银行家说：“我们的账簿上对于华侨汇款，并无正当的分类。并且我们不知道，近代式的银行，对于华侨汇款占总数的百分之几。至于旧式的批馆，往往不肯将营业的实际情形，告诉旁人。”

本调查对于汇款的数量问题，亦作局部的尝试：在家庭访问的表格里，我们列有几个关于汇款数量问题。依我们对于数千户侨民访问的经验，到华侨家庭里去调查他们的汇款，通常是得不到确实的答案。只有贫户及下户，对于访问者多少含有希望援助的心理（经济或其他），比较愿意据实告诉。关于这些人家，即使所答不实，可用旁证法来更正，因他们的汇款不多，且他项的入款亦很少的。至于中等及上等家庭，知识较高，猜忌较深（如对于纳税的恐惧心等），大概不愿意把汇款的实数告诉别人。

此外我们还采用拣样法，如附录第C表所示，表内所示各等级及各家的汇款数目，其可靠性比较高些，因调查员是20年以上的本地住户，对于被调查者的进款，知之甚详。即使对于有些人家，

① C. F. Remer：*Foreign Trade of China*，p. 221，Shanghai，1928. 中国银行：《中行月刊》。

不知底细，可以用间接访问法，探悉其入款来源与入款数目，不必到每家去直接盘问入款。但是附录第C表只能指示华侨家庭依赖汇款到什么程度来维持生活（参阅生计的模型），但不能供给我们估计那一区在那一年所得汇款的总数。

南洋华侨汇款的总数，虽因种种困难，不易确实估计已如上述。但汇款实为华侨社区的生活费的主要来源确无疑义。例如华侨社区（丙）有半数的人家是业农的，但所产的食粮总额只能供给区内人口四个月的消费。区内其余住户的职业入款，种类虽多已如上述，但数量甚微，于家庭经济无大量的帮助。因此华侨社区（丙）的华侨家庭，必需依赖汇款为主要的入款。凡熟悉华侨社区情形者，对于上述意见，都能贡献有力的证据。澄海县商会某君说：

> 日常需用的货物，往往一批一批的向华侨社区（丙）运入，以供消费。但该区向无大宗商品运往外埠去销售的。近年来只有鱼网的运出对于贫户多少有经济上的帮助，但原料的大部不是该区出的。该区如果没有南洋华侨的汇款，有许多人家恐有不能维持生活的危险。

（辰）汇款的主要用途：南洋华侨对于闽粤的社会生活，有两种重要贡献如上所述，即新思想（或新习惯）的介绍与汇款的寄回。平心而论，这两种实是华侨社区近年来发生变迁的主要原动力。当然我们不能把思想与汇款视作两种各不相干的原动力，汇款人所以愿意出资建筑公路，即有改良家乡交通的思想。同时，闽粤生活方式的变迁，其主动力不是完全发轫于华侨，前已述之。本书的目标仅将南洋华侨当作闽粤社会变迁的一个主要原素，并拟作系统的分析。

本书的主要任务，不在研究汇款的总数，而在对于汇款的用途，作一种尝试的分析。以大体论，本书第二编，即以此为主要目的。在华侨的家乡，凡家庭的生活费，以及教育、卫生、信仰的各种费用，当然不全依赖汇款，但汇款却占一个极重要的位置。凡华侨家乡的商业或实业，如交通运输等，有些是由华侨发起的，有些是由他们维持其全部或一部的。如果我们对于这些项目，加以分析，我们可以知道南洋华侨对于家乡，因为思想的介绍，及汇款的寄回，对于家乡生活发生多方面的极有意义的影响。

第四章 衣食住

（甲）华侨家庭与非华侨家庭的拣样调查

按上章所述，华侨家庭的生计大部分依靠华侨的汇款。本章为要明了汇款的用途起见，作拣样的研究。依某种条件（如下所述），于华侨家庭及非华侨家庭各选 100 户，以便对于入款及出款（后者包括衣食住的用费）作比较详细的分析。

我们于华侨社区（丙）选出华侨家庭 100 户，依经济状况及社会地位分成上、中、下、贫四等：计上等 13 户，中等 21 户，下等 49 户，贫等 17 户。我们指派久住于本地的调查员一人及助手二人按时调查，历一年之久。每隔十日，调查员往每家访问一次，询问的项目包括入款及出款，每项又分细目，将答案录入"家庭预算表"中。我们又将离本区西北约 60 里的地方选定非华侨家庭 100 户，也派本地调查员一人作同样的调查。当时选定该区的标准包括下列各点：（1）以地理言，该区离华侨社区不远，因此自然环境及经济与社会情形（除迁民外）有相似之点，可资比较。（2）在非华侨社区里，居民往南洋者其数理应不多，因此可以研究形成该现象的原因。非华侨家庭 100 户，共 492 人，计上等 9 户，中等 16 户，下等 23 户，贫等 52 户。华侨家庭的调查期间为自民国二十三年十月至民国二十四年九月；非华侨家庭自民国二十四年三月至民国二十五年二月。

华侨家庭100户，共626人，内中150人是侨民。当我们调查时，有许多侨民尚旅居南洋，有些是已经回乡了。侨民150人在南洋的地理分布如下：暹罗101人（或占总数的67.33%）；新加坡27人（或18.00%）；安南21人（或14.00%）；坤甸1人（或0.67%）。据此暹罗的华侨占大多数，因为我们所选的华侨社区，其往暹罗者在最近一百年之间向来是多的。侨民150人的职业，可以总括如下：商人81人（包括店主25人，记账员21人，行贩14人，商店司理13人，廊头主5人，鱼廊办事员3人），工人58人及无职业者11人。

本章对于华侨家庭与非华侨家庭的日常消费分节讨论，但特别注意于前者，因本书的重要目标，是研究南洋华侨对于家乡所发生的影响。关于非华侨家庭，只就其值得注意之点，择要提出以作比较。至于华侨家庭与非华侨家庭的统计材料，其主要部分入本书附录可作参考。本章内容，以叙述及描写为主。关于衣食住的消费，本章试作系统的分析，但对于杂项则略而不论，因本书第二编（第七、第八、第九各章）实际是就杂项中举出几个重要项目，作比较详细的讨论。

（乙）家庭入款

关于家庭的入款，我们可以提出几个要点，以作比较的研究：

(一)入款的来源与数量

非华侨家庭的入款有各种来源,如第B表所示(见附录第B表),但以农业的收入为最大,此外尚有各种副业的入款。以大体言,这些复杂的入款,可以表示我国南部农村社会的情形。至于华侨家庭的入款,其主要来源是由于南洋华侨的汇款,平均每家每月得国币53.9元(或占总收入的81.4%);至于本地的收入,平均每家每月仅有国币12.3元(或占总收入的18.6%)。华侨家庭的生活费,其大部分实际依赖南洋华侨的汇款,虽然汇款的数目,在上、中、下、贫四等家庭中各有不同(见附录第C表)。

入款的数量,亦有显著的区别。华侨家庭的平均入款,每家每月为国币66.2元:贫等为国币15.1元,下等为31.9元,中等为86元,上等为228.9元。非华侨家庭的平均入款,每家每月为国币19.25元:贫等为10.90元,下等为18.14元,中等为28.06元,上等为54.68元。华侨区与非华侨区,相距仅60里,两处家庭的平均入款相差不止三倍:显然表示华侨家庭有较优的经济地位。

汇款的侨民,如以职业分,以商人及工人为最多。以拣样调查的一百户侨民家庭论,在一年之内商人汇款回家者有51人(包括小贩、商店记账、商店司理及商店主),工人则有38人,其详情见附录第D表。

(二)盈余与亏负

华侨家庭的房屋,除九家外,俱是自有的,所以大多数不出房租。非华侨家庭的房屋，全数是自有的，所以全体不出房租；此外非华侨家庭蔬菜的一部是自种的，燃料的一部是自检的。凡上列诸项，对于计算盈亏时，都不列入。如此，我们可得比较如下：华侨家庭每家每月平均赢余为国币 11.76 元（上等得 47.70 元，中等得 12.12 元，下等得 6.08 元，贫等得 0.22 元）。非华侨家庭，虽然亦有赢余，但其数甚小，平均每家每月得国币 2.30 元（上等得 21.40 元，中等得 4.06 元，下等得 0.69 元，贫等不敷 0.83 元）。非华侨家庭的平均赢余，非但小于华侨家庭，贫等家庭且每月亏负约有国币一元之谱。由盈亏的研究，我们亦可看出华侨家庭有较优的经济状况（见附录第 E 及 F 表）。关于消费方面，其情形较为复杂，因分节简论如下。

（丙）家庭用费

（一）衣服

（子）华侨家庭的服饰：以调查员的报告为根据，我们可以对于华侨家庭的服饰，举例叙述如下：

（Ⅰ）第 3 号：

家内各人的衣服，其材料都属上等的丝羽及新鲜的棉织品；其颜色除家主夫妇两人年逾五十，多用乌色、白色及蓝色外，其女儿及其幼男则多趋时尚，花样翻新，色泽不一，平素皆着花布衣衫。其裁制的式样，尚是半新半旧。遇赛会、游神、观剧、做客时所穿的衣服，无论男女长幼，均按寒暑气候所宜，将其平素所制而储留以为喜庆时之用者检出穿着。家主夫妇因系老成均用旧式，其女儿等则穿新式的旗袍，幼男则用西装式的美丽衫裤。衣服质料以丝绸为多，布类次之。家中各人有皮鞋、布鞋及树胶鞋，式样新旧皆有；老年人喜用旧式，少年人喜用新式。袜皆用纱织者；衣鞋袜各件，此家全是由购买而来，不是自做。一子在暹罗，年 23 岁，喜服西装。

（Ⅱ）第 11 号：

家主妇一人全用旧式的本国丝棉罗苎等料为衣服，余人则用新式衣装，其颜色亦都用适宜者。遇过节或神会之时，其媳与妾均穿华美的新衣裳，女孙则穿旗袍；女姑的服饰如尼姑，闻系吃素不嫁夫者。家主妇与女姑二人用布鞋，余人均有布鞋及皮鞋。袜则皆用纱质料者，衣鞋袜等物皆是买来，惟衣服则大半系买布回家自缝制的。

（Ⅲ）第 72 号：

多用土织布料，媳妇与女两人常用花布，余人皆用本色。亦惟女与媳妇稍有用新式衣，其他各人都是旧式，逢年节神会时所穿者，皆为自己最新之衣服；但皆是土布质料，无丝质者。家主夫妇皆有布鞋、树胶鞋各一双，乌、白袜各二双；常时少着鞋袜，逢神会方穿用。子有树胶鞋一双，媳有花色鞋一双，有色袜二双，皆纱织料。女二人皆各有花色鞋一双，色袜一双，平常皆穿木屐，遇看戏神会时方穿着鞋袜。惟衣服的裁缝皆是自己动手，其他的着物是买现成的。

（Ⅳ）第 79 号：

暑天以苎婆萝麻为衣料，寒天以棉布为衣料。普通颜色为黑、白二色，有时其两媳穿用花布杂色布，其式样多属旧式，遇年节神会时,家主妇则只有半旧的衣服可穿。两媳则穿其所有之新者,此新衣系平时制成,即藏留以待时节及游神、赛会之日穿者。鞋则家主妇只有自做之布鞋一双,黑粗袜一双,两媳妇则均有布鞋及树胶鞋各一双,袜则皆有二双,平时皆不穿着,男孙则仅着木屐,而无鞋袜。

(丑)衣服的种类

衣料可大别为三类:(a)本地织成的,(b)国内运入的,(c)外洋输入的。本地有织布厂,利用已嫁妇及少年女子为织工及学徒,编织各种土布。近年因生意减色,各家织布厂很难维持。有些人家于农闲,由妇女们在家内络线和织布,但其产量很小。土布中有乌绒布一种,销路颇广,布色黑,故俗称"乌"。布的里面织成绒毛,所以取暖,乃冬季用布。大机织成者每匹长 7 丈 5 尺,宽 1 尺 9 寸;小机织成者每匹长 3 丈 6 尺,宽 1 尺 6 寸。

国货中由他埠运入的衣料,以丝类及布类为大宗。香山与顺德出一种黑色丝绸,质地单薄,于夏季最适宜,男女皆用之。有一位中年妇人说:"我最爱穿香绸衫裤,特别是乌绸,因很凉爽,且不用常洗。"

由上海运来的有山东绸、杭州纺、南京缎等。用山东绸做夏季的西服,用杭纺做夏季的中式衫或旗袍,用宁缎做冬季的衣服。外面运入的布类,其量远超过于丝绸类,各种布类多有,例如苎布、印花布、澄海布、爱国布等。中等户及自中等以下的人家,不论老幼男女,其衣料以布类为主。

外洋运入的衣料,种类甚杂,且式样亦常有变更。"羽布"向来是大宗的由英、法、德、日诸国运来;生羽宜于暑天,熟羽用于寒天。据说羽布是禽类之毛(如鸡、鹅、鸭),用机器织成布。好的羽布,价比丝绸还贵;但“冲”羽布价值便宜,穿用的人多些。“竹纱布”以英、日两国的出品为最多,本国近年虽有织出者,但其量不多,其质不如外货的细腻。竹纱布的原料为棉纱,因其质料匀静,织工巧妙,花样美洁,上流社会的人们,都用为夏季的衣料。“竹纱衣”(即用竹纱布做成者)五年以前极端流行,近来因纺绸价值便宜,竹纱布的销路大为减少,因此竹纱衣就不常见。各种呢布以洋货居多,大致作为西式服装之用。

(寅)衣服与式样

以大体论,各种服装还是我国传统的式样,特别是老年人的,不过华侨社区里也有他国服装的影响,这大致是回国侨民所传入的。

戴帽的习惯,有复杂的影响。路上所遇着的,有些人用的是暹罗式的头巾,有些是马来式的绒帽,有些是欧美式的呢帽。本地最常见的是工人或农夫用的箬帽,形圆而大,晴天遮太阳,雨天避雨。其次是绅士们所戴的瓜皮小帽,然而这是很稀有的。

有一次我们在小学校里和九位教员相谈,见他们每人都穿西装。年长者一位作如下的解释:

> 在工作的时候,西装胜于中装。我们以为中装比较舒服,西装提得起精神。我们在南洋时,遇见一位旅行的同胞。远远看见他所着的中国长衫,随风飘动,如杆上的旗似的,觉得甚不雅观。

喜着西服的时风,在一部分的青年是极盛的,特别是学生或与外洋有过接触的人。某华侨子弟,年约十八,一日举一套白色佛兰绒西装相示，价值比类似的中装要大三倍。著者问："在乡村何必着西装？"其答案是："和我年纪相似的朋友们都喜欢用西式服装。"

比西服简单些，但于工作上得到方便的是"中山服"，这是比较经济的服装，例如领结不用常洗，衬衫亦可随便些。在华侨社区里，凡中年以上的男子，曾经到过外洋的，往往喜欢穿着。在南洋的华侨，中山服亦较西装为通行。

妇女是比较守旧些。在南洋的时候，中等阶级以下的妇女们大致用马来装。但他们回到故乡，大致都改换习惯式的中装。某华侨的母以为马来妇女的服饰不雅："遇风一吹，可以露体"。我们在潮汕与闽南的乡村旅行，未曾遇见一个马来装的中国妇女。

有些时髦的妇女们，目下改用旗袍，这是由上海传入的，俗称"上海装"。闽粤因天气炎热，妇女们喜用短裤，特别是乡间。现渐改用旗袍，于妇女的服饰亦是一种重要的变化。

早晨和晚间，街上的屐声嘈杂，因为中等以下的人们不论男女老幼，平常都着木屐，着木屐的人们是不用袜的。贫穷的孩童，粗工和农夫，有时候赤足。平时用鞋袜的大概是上等人，但逢到迎神赛会，即普通人亦往往穿袜着鞋。遇着天雨，一般的农夫是赤足的，但近年来他们改穿树胶套鞋："我们要多谢陈嘉庚先生，因为树胶鞋，既便宜又合用。"富裕的人家，或比较有知识的人们，近来逐渐采用皮鞋，因皮鞋"可以经久，并且走路的时候，觉得可以省力"。

（卯）南洋中国人的服装

在南洋的中国人，其服装各有不同。大概言之，受教育的男女用西服，然其人数是很少的。生长于南洋者，女子大概用马来装，男子或用中山服，或黑色香绸衫裤。初由中国去的男女以用中国服式者为多。近年来女子采用旗袍(俗称"上海装"者)逐渐加多,各处有同样的趋势。在东印度,特别是建源公司所经营的国货展览会(泗水与三宝陇)以后,"上海装"逐渐的普遍。关于爪哇的中国服装,有人简述其情形如下:

> 中国人的混血者,他们出街时的服装用白色,即普通热带的衣服。工作时所穿的衣服因职业而异。苦力穿很少的衣服,家具铺的工人,有时候上身一丝不挂。妇女大概已是马来化,上身用短衫(kabaja),下身用围布(sarong)。自1岁至6岁的男孩,上身用短衫(kabaja),下身用裤,或上身用衫(badjoe keki),下身用裤;女孩上身用短衫(kabaja),下身用围布(sarong)。
>
> 自14岁至20岁的女子,在家内穿短衫(kabaja)及围布(sarong),出门时穿欧式衣衫。短衫(kabaja)大致是有色的,如果出门穿短衫(kabaja)那是白色,但用颜色布镶边。同年龄的女子如上坟时,穿衫(badjoe keki),或在保存旧习惯的家庭里,新年向尊长拜年时亦穿此装。
>
> 真正中国式的服装,不论男女都是黑短衫与黑裤,纽扣大概是金的。中国鞋如欧式的拖鞋,鞋面是用黑绒制成,鞋底是平的,不用后根的。
>
> 妇女喜带金属饰物:耳环、颈链、发簪、戒指、腰带(饰以钻石),及其他宝石,老年的妇女不用颈链。①

① J. Moerman, Jr: *In en om de Chineesche Kamp*: pp. 178—180 (Quoted in B. Lasker's Unpublished notes).

上面的描写难以代表南洋各地的中国人。著者在槟榔时，适逢阴历元宵（1935），夜间各家的妇女，盛装出街，游行及观灯。

> 这是最能表示旧节气的一夜，妇女佩戴各样首饰。光景较差的，有时候还向人家借了来戴。有许多女子就在那一夜被少年看中了，少年就挽出朋友来做媒。

普通说来，妇女们很少用玉为装饰品。其余的首饰，有些是中国运去的，有些是本地的中国人制的，其手艺大致是精的。

（辰）非华侨家庭的服装

据附录第G表，非华侨家庭的衣服消费，每家每月平均为国币1.27元，或占生活费总数的7.49%；据附录第H表华侨家庭的衣服消费为2.86元，或占生活费总数的5.26%。华侨家庭对于衣服有较大的费用，同时我们应该注意家庭人口的性质，因华侨家庭常有老妇及儿童，他们对于衣服都比较随便些。老妇因常在家，用不着讲究的衣服，儿童们大致不用很贵的材料做衣服。

非华侨家庭对于衣服虽费用较小，但其费用对于生活费所占的位置却较大，因此对于衣服的费用显然是不充足的，特别是家内除老妇及儿童外，尚有其他各人如长成的男女。衣服费较小的主因在：（a）多用布料，少用绸料，（b）多用本地货，少用外国货，（c）多用老式样，少用新式样。

所谓式样包括各种服装，最显著的例是呢帽与皮鞋的缺乏，这显然表示外界势力很少侵入，因此对于服装，尚能保存农村的朴素。

粤东与闽南因气候温和，人民对于衣服的消费自然要比较小些，因此不能与我国他处同阶级的家庭相比。（因同样理由，灯油与燃料亦不能作适当的比较。）①

（二）食品

（子）食品的分析

我们对于华侨家庭的食品，不愿分等级，但愿得一概念，可参阅下表。100 家华侨中，不论贫富关于他们的主要食品，在冬季选出一个月（民国二十四年一月），在夏季亦选出一个月（民国二十四年七月），以示其食品消费的概况。主要食品，以用户的数目为标准。表内所列每类食品，其用户至少在 25 家以上。

第 8 表　100 家华侨家庭的主要食品

（1）民国二十四年一月

谷　类	用　户	蔬　菜	用　户	鱼　肉	用　户
本地米	67	白　菜	99	猪　肉	68
小绞米（A）	39	格兰菜	87	大头鱼	57
福建米	35	飞龙菜	84	江口鱼	50

---

① 我国关于生活费的调查，近年来逐渐加多，但因各种理由，缺乏比较性。本研究与他处最大的区别如下：（1）住房自有，（2）气候温和，对于衣服饮食及灯油燃料的影响。关于我国各地工人阶级的生活费，其百分比如下：（1）衣服 7.5%；（2）食品 57.5%；（3）房租 7.5%；（4）灯油燃料 10.0%；（5）杂项 17.5%。（L. K. Tao: *Standard of Living among Chinese Workers*, p. 9.）

关于福建连江县农户的生活费（人口的性质与本研究比较相近），其百分比如下：（1）衣服 12.8%；（2）食品 52.9%；（3）房租 5.2%；（4）灯油燃料 8.2%；（5）杂项 20.9%。（J. L. Buck: *Chinese Farm Economy*, p. 386.）

续表

谷　类	用　户	蔬　菜	用　户	鱼　肉	用　户
大绞米(B)	31	蒜	82	江　鱼	37
		豆　芽	56	沙　鱼	37
		豆　干	27	草　鱼	29
				萡只鱼	26

(2)民国二十四年七月

谷　类	用　户	蔬　菜	用　户	鱼　肉	用　户
本地米	65	应　菜	95	猪　肉	73
安南米	35	格兰菜	85	串　鱼	57
福建米	25	白　菜	65	壳　肉	44
		粉　豆	59	虾　仔	43
		竹　笋	57	鲈　鱼	42
		韭菜花	53	草　鱼	39
		豆　芽	51	沙　虾	37
				江　鱼	31
				熟　肉	28

本地米指广东米而言，但不是完全由本乡出的，因本乡所出的米，不够本地人口的消费。乡人喜食广东米，如有不足，则以福建米、安南米或暹罗米、芜湖米补之。火砻俗称“米绞”，所记大绞米与小绞米实指火砻的规模而言，这些大概是由南洋运入的米。“飞龙菜”即菠菜，寒天方有，但近来菜园工人往往早种，于初冬就上市售卖。格兰菜，叶圆而大，柄甚长，冬季旺出，夏季亦有，但菜身细小。咸菜用芥菜腌成，潮州几乎每家都有。自已吃了有余，运销外埠及南洋。据有些人的估计，每年由潮州运出的咸菜可得百万元。

榄豈(音务)由黑色橄榄做成。黑榄不可生食,腌后可以当菜。黑榄形似青榄,惟色黑,大小相等。黑榄腌熟后,乡人往往把它切成两半,称为榄豈;以便装入小筐,运往外埠售卖。核仁同时取出,可作香纯的糕饼。应菜是荇菜的一种,叶三角形,柄稍长,暑天旺出,常繁殖于浅水中。此菜与西洋菜为暑天常用的蔬菜。熟肉是酒饭馆里煮成的肉,凡俭朴的人家,不愿自煮,常买熟肉,且可零星的买。鲈鱼江河与海皆有,惟鱼身有大小的不同。黄鱼亦名金陵鱼,相传明太祖都金陵时最盛出。汕头的海滨居民常用大小帆船十余艘入海捕鱼。用网入海,帆船围住,然后各帆船中擂鼓,声浪震动海水,鱼即投网,俗称"打束拘";冬天最多,夏天亦有。红口鱼因嘴红得名,身细小,产于海中。沙虾为海虾之一,出产甚多。薄壳,为海中小贝类,秋季最盛,价亦便宜。虾仔淡水产,味佳。猪膀系猪肉及猪肠所有的脂肪,用以熬油,富裕的人家当作煎熬各菜之用,贫户往往以花生油代之。

(丑)华侨家庭的食品

我们对于华侨家庭的食品消费情形,可将拣样调查中,选出数家,述其概况于下:

(Ⅰ)第11号:

以本地米为主要食粮,这是由自己田产收租谷得来的。主要菜蔬除家庭内应时积蓄之自制咸类如榄豈、咸柑榄、咸芥菜、咸豆腐、豆酱、萝卜干等物,以为每餐之用外,其余就四时所出多之菜与鱼而买食。牲畜肉与猪肉则少买。每餐只求足以助饭,不拘样数。当年节赛会时,则所食必有牲畜鱼虾等肉,比平日必加多几样,盖因将祭祖与拜神之物烹而食之也。遇请客时如系自烹之菜,则必稍拘样数,至少须四盘一碗汤或二碗汤、四碗汤,皆就其客之敬意厚薄而定。如遇喜庆丧葬等事，请客则必须菜馆办菜，无有自烹调者。请神之牲礼则必自备，有时亦有到熟肉店买其烹熟者。祭祖有时亦请客，如请客亦必向菜馆办席，即用其席以为祭物，祭好之后，除家中所自办之物收为家人自食外，其菜馆所办之物，即由菜馆之厨夫，在祠堂或祖厅中调煮以饷客。客去尚须将所祭之糕粿或饼类等物分送四块或六块以谢之。

（Ⅱ）第 71 号：

以本地糙米为主要食粮，有时配食番薯，皆是买的，不是自种的。主要菜蔬，四时皆是买市上之多而便宜者，每食不限几色，只取足以一饱，有时且求饱而有所为难。当年节祭祖与神会拜神，方得稍有肉味，然亦无多，必将各物节省留用，不敢在一二日之内，即为食完。全年不敢请客，有时逢至戚之人来，亦多坐谈之后即回去，且多有以食物相惠者。

（Ⅲ）第 44 号：

主要食粮是米，系买的。主要菜蔬，四时所出之便宜者。每日三餐，所食不拘定几盘碟，皆是就本日所买之鱼菜酌量以应三餐之用。且潮属之人惟上中两级之人家及商店，每日午晚两餐吃饭，早餐吃稀饭。若下户及贫户，则三餐皆吃稀饭。本户即是三餐稀饭，既吃稀饭，可以免汤送饭，亦可以免用煮炒而可吃咸菜熟鱼等。如此，不但所吃简单，且可以节省柴炭。逢过节及神会时，则必有一天或两天吃饭，亦稍有牲肉及稍好之鱼肉可吃，此盖买以祭祖及拜神之用者。祭祖之年节必不请客，神会时或请客，亦不过就拜神所有之牲品烹调以作请客之菜而已。来做客者以家主系女人主家，且非富厚者，纵以省俭之礼敬客，客亦不之怪也。

（Ⅳ）第79号：

主要食粮为米，是买的。日间所食之菜蔬，都是买零碎便宜之物，不能选择合时的各菜。过节时稍增加肉味，遇神会如不拜神即不加添菜蔬。全年无特别重大事故，未尝请客。祭祖亦不过买一斤二斤余之猪肉，及多加三数样之鱼与菜，烹煮为祭品而已。

上列第11号代表上户，第71号代表中户，第44号代表下户，第79号代表贫户。以食品的习惯论，上户与中户有时候相差无几，惟上户用品较多，烹饪时往往用仆人；中户用品较少，常由家中妇女自任烹饪之职。贫户往往每日吃粥三次，一则可以省米，一则可以省菜，因吃粥可用咸菜，或到饭铺里买些现成的菜蔬。下户之贫者，亦有上述的习惯。上户与中户普通都是早晨吃粥，午餐与晚餐用饭。

（寅）非华侨家庭的食品

据附录第G表，非华侨家庭对于食品每月用国币11.04元，或占生活费总数的65.13%。又据附录第Ⅰ表，华侨家庭每月用32.67元，或占60.09%。以钱数言，华侨家庭的食品消费，高出于非华侨家庭不止两倍半。但食品的费用在生活费总数中却占较低的位置，这表示华侨家庭对于生活费其他项目有较多的费用（例如杂项），因此华侨家庭似占较高的社会地位。

以食品的种类言，华侨家庭有较多的食品，如本章（丙）节（二）项（丑）下所示。不但如此，华侨家庭的食物品质亦较优。非华侨家庭，对于食品一项，于量于质，比较俱有逊色。我们研究附录的第G表与第Ⅰ表，即可断定华侨家庭对于食品的消费，比非华侨家庭量既较多，质亦较优。

（卯）南洋中国人的食品

在南洋生长的中国人，其食品颇受欧化的影响，特别是光景较好的人家。食品的质料有许多还是保存中国的习惯,例如米与猪肉;但饮食的方法,以模仿欧式者居多,例如刀叉的运用。但与欧人的主要的分别是中国人除刀叉之外又常用大号的调羹,那分明是因为便于吃饭之故。初由中国迁出的人们,大致用筷子,食品中除青菜自种外,往往购中国运往的咸货和罐头食物,或当地的中国式食物。关于爪哇的中国人,有人描写其食品习惯说:

> 大多数的中国家庭每日三餐,有些只用两餐。虽然他们的吃饭时间,不如欧人的准确,但开饭时间大概在早晨七时、正午与晚七时;如每日两餐,其时间为上午八时半与下午五时半。以大体论,中国人喜欢吃美味的食物,虽然有些食品不是欧洲人所羡慕的。
>
> 在东印度的中国人,其主要食料为大米饭。“新客”家中常用稀饭。调味和小菜,其样数和花样要看家庭的经济状况与烹饪法而断定。猪肉是最普通,腰子、心、肝、内肠也常用的。其他的肉类有鸡、鸭、兔、鱼(新鲜与腌好的)及鱼翅。
>
> 中国人喜欢吃青菜。和主要食物相比,青菜占重要部分。如果他们自己不种青菜,他们就到土人的园圃里去买,那往往是不好的。
>
> 有许多菜里用韭菜来调味。其他的菜有“bahmi”,那是一种“杂碎”,其成分有猪肉、鸡蛋、虾、青菜、葱、豆等。中国人最喜欢吃“chapignons”,这一样菜也有许多欧洲人的主顾。“kimlo”也作汤喝。由中国运入的有鱼干、松花、田鸡干、虾干等。
>
> 人数较多的家庭里,男人先吃,女子与小孩在后。当吃饭时,平常是不谈话的。

吃饭时饮茶，茶内不加糖与牛奶，男子有饮“arak”的。饮茶用中国式的茶碗，有盖无拓。有些人用欧式的玻璃杯，作为盛茶之用。

有许多人家每餐的菜都是现煮的。巴达威有些人家，早晨煮饭一次作为全日之用：这习惯一般人视作懒惰的。①

南洋的中国人有一种很显著的食品习惯，就是喜欢用冷的饮料，例如冰咖啡、冰茶、冰鲜果水、汽水、冰其凌等。在中国，特别是乡下，一般人不喜欢吃冷的食物和喝冷的饮料，以为冷的食品容易伤身体。其实问题的关键不在冷与热而在清洁与否，与细菌的存在与否。在南洋的中国人，普通不喝热茶，大概因为南洋天气炎热，且因食品比较洁净，冷饮料亦于卫生无害，因此中国人把传统的习惯都改变了。不但如此。有许多侨民也把冷饮料设法介绍到国内，如刨冰、汽水、冰其凌、冰咖啡等。目下在国内的许多市镇及有华侨的乡村等，这些冷饮料也逐渐通行起来。

（辰）食品习惯的变迁

有些食品的习惯，潮汕是与他处不同的：其主因是本地的民风及南洋的影响：

柑蔗蕉子，童叟俱嗜；蒌叶槟榔，无时释口。亲朋往来，不具酒茗，勿以为嫌；不设槟榔，便称简慢！所食大半取于海

① J. Moerman, Jr: *In en om de Chineesche Kamp*, pp. 123—124 (Quoted in B. Lasker's Unpublished Notes).

族，故蚝生鱼生虾之类，辄为至味；然烹鱼不去血，食蛙兼啖皮。①

南洋土人嚼槟榔子②，犹之乎他处人啮烟草，同是消闲的习惯，但据土人的传说，槟榔子有健胃、利尿、强齿之效。土人因嚼槟榔，口腔呈鲜红色，齿呈黑色。把槟榔子切碎，包以蒌叶③，以便嚼啮。蒌蒿，一名青葙，名见神农《本草经》，此虽潮汕的本地植物，但因槟榔的传入，却增加了新的用处。粤东与闽南沿用槟榔的习惯，虽是普通，但“无时释口”，未免形容太甚。上节所述他项食品，足以指示本地情形的一部。

近年来有些华侨社区的食品，渐呈显著的变迁。菜蔬里面喜欢用辣椒，分明是南洋的习惯。辣椒常用，并常用大量的，此外辣酱油亦比较普通。社会地位较高的人家，不但用餐时饮咖啡，即在平常时间，亦以咖啡款客，往往用以代茶。清晨未起床的时候，常常听见小孩们叫卖咖啡之声，因有许多人用早餐时，就喝一杯咖啡，再加饼干一类的食品。不但如此，在汕头和厦门，有许多回国的华侨，往往于用餐时带食水果，所以食品的习惯，有显然的变迁。按我国的普通习惯，特别是乡下，把水果视作消闲用的，除非是酒席上的配盘；普通人家，很少在用餐的时候，拿水果当作食品的。

---

① 周硕勋（纂）：《潮州府志》：第3本，第12卷（风俗），第6页，清光绪十九年（1893）版。

② 槟榔（*Areca catechu*），棕榈科，木本，高三丈许，叶为羽状复叶。小叶的上端，其形状宛如啮向断之者。干似椰子而细，每一干三四穗，每一穗上结实三四百颗。槟榔东印度原产。

③ 蒌蒿（*Celosia argentea*）苋科，鸡冠属，一年草，野生，高一二丈，花淡红色，长椭圆形的穗状花序。以其花叶似鸡冠，嫩苗似苋，故又有“野鸡冠”“鸡冠苋”等名。

有一位55岁的回国华侨，曾经对我们说：

> 我有三个儿子在南洋谋生。他们常时在信中劝我喝牛奶，据说牛奶可以使我增进健康。他们又劝我在早晨喝咖啡，据说这是可以提精神的。我就照办，真觉得他们所说的话是有道理的。

社会改良者，不但注意食品的变迁，并提出食品与人体发育的关系：

> 公众卫生是此地（汕头）最切要的社会问题。人民的食品必须要改良：贫民所吃的不够身体的需要，富户吃的量虽多，但质亦不够营养。中国今日的弱，以营养缺乏为其主因。

以营养缺乏为我国致弱的主因，我们以为似乎说得过火。但对于指出食品与个人及公众卫生的关系，我们完全赞同。

（三）住宅

（子）华侨家庭的住宅

下举各例第9号，第3号可以代表上户，第2号代表中户，第72号代表下户，第79号代表贫户之优者。

（Ⅰ）第9号：

此家在暹罗经商获利，在家乡购买新屋凡三次，其第二次所买的住屋（民国二十年）择要描写于下：此屋的大厝中座有四厅六房，两从厝有二厅十房。此外尚有新式洋楼一座，内有二厅四房。合计共有八厅二十房。此屋的建筑，可谓新旧参半，建筑的质料全用灰、石、杉、瓦砖等；不用士敏土，屋的四围有空地及园地，然皆不宽。屋顶高度不一，因各厅高矮不齐，最低者约一丈二尺，最高者三丈余。光线比较充足，空气亦干燥。屋内陈设大致整齐清洁。

（Ⅱ）第3号：

此家住屋系旧式，屋甚大无楼，有三厅四房。屋脊高约二丈二尺。大厅两旁有大房各一，有棚可以堆物。厅内光线尚好，房内光线不足，湿气亦盛。家主信风水理气之说，不敢将其房间多开窗户，致漏屋内的“灵气”。建筑的质料用贝壳类的灰沙筑墙，杉木作椽桷。椽桷之上铺瓦。地上则铺红砖及石条；企柱亦有用石者。四围与邻人的住屋相比连，无园地及空地，惟屋前有一宽埕为出入的门路。

（Ⅲ）第2号：

住屋为三层楼，系新式。三层楼上有天台，以便游息养花及藏物。占地约半亩，屋前有空埕，屋后有余地为园。最低层为客厅，后库有房。二楼有厅一房二，三楼与二楼同。建筑的质料，柱基棚面俱用三合土与铁条凝成，余用贝壳灰，木料极少用。屋之两旁，与邻居相毗连。屋内的光线与空气均合卫生。

（Ⅳ）第72号：

此家开豆腐干铺。住屋楼下为豆腐场所，楼上有厅一房二，为家人住所。一房为家主夫妇所住，一房为儿及儿媳所住，厅做藏物及两女卧房。屋高两丈余，光线与空气均欠适宜。屋的三面与人比邻，一面为店铺前门，无园地及空地。建筑的质料用贝壳灰，与砂等构成墙壁，用杉木构成楼棚，及椽桷。屋上覆瓦，地下铺红砖。

（V）第79号：

住屋系矮小旧漏的小巷厝，计一厅二房。家主妇住厅，两儿媳各住一房。长儿在安南，次儿在暹罗。屋高约一丈半。建筑的质料用灰夹砂、杉木、瓦砖等物。屋内甚暗，且潮湿。家具除吃饭桌外，尚有木凳三，竹榻一，墙壁无挂物。

（丑）建筑原料的利用

华侨对于住屋的建筑，颇能利用本地出品，作为建房的原料。例如泉州一带产石甚多，那面华侨家庭用石铺地，甚至于窗中的柱亦有用石者。潮汕一带产大量的杉木，屋中用木的机会因此加多。潮汕与闽南的华侨社区，地多近海，产贝类。一般人很早就利用贝壳灰来建筑房屋，譬如覆瓦时用作黏料，或用贝壳灰铺地及修路等。有一种改良的贝壳灰，俗名"三合土"，这是很坚实的黏料，在士敏土未流入以前，普通人家都用三合土。所谓三合土者即士敏土一斗、沙二斗、碎石四斗的混合物。三种混合之后，再加以水成为黏土，于建筑房屋时用作为柱为埕为条块之类。在三合土未经采用以前，贝壳灰和沙土的混和物，是流行的：

> 民居辄用蜃灰和沙土筑墙，地亦如之，坚如金石，即遇飓风催仆，烈火焚余而墙垣卓立无崩塌者。①

上述蜃灰与沙土的混合物，亦表示地方人士能充分利用土产的一例。至于坚固的程度未免言过其实：因当民国十一年"八二风灾"时有许多房屋，因飓风及海潮受损而倒，虽然那一次的风灾实

① 周硕勋（纂）：《潮州府志》：第3本，第12卷（风俗），第7页。

是罕有的。经过那次风灾之后，光景较好的人家，采取士敏土为建房之用，因此士敏土逐渐通行，把贝壳灰慢慢的挤出于市场之外（近年来贝壳灰的市价大跌，国币一元可买灰 180 斤）。

（寅）住宅与荣耀

我国古语说："富贵而不归故乡，如衣锦夜行。"华侨的光景富裕者，往往以归故乡为荣。炫耀乡里最直接了当的方法，是住屋的建筑。某老绅士说：

> 我们村内的华侨，凡富有之家，都愿意建大厝、祠堂、书斋、坟墓，然后方谓完成人生的大事。倘此四样不全，即不得称为"全福"。因大屋住人，祠堂崇祭，书斋设教，坟墓敬祖，都是光前裕后的意思。

华侨在海外有了储蓄，往往汇款回家建筑或购买新屋；譬如上述第 9 号的家庭，其在南洋发达的事实，可简述如下：

民国初年，家主妇的夫和夫叔，同往暹罗做苦工。夫叔后与暹罗王府的一位长官相识，由他介绍在王府内做买卖，后又承办暹罗某处的酒税。获利渐多，十年之内，据说积得国币约 200,000 元。于是和家主的夫开设当铺一，杂货店一，同时与他人合伙开设金店及火砻。民国十八年夫叔死，财产分析。夫与先夫叔各得国币 250,000 元。家主的夫另有兄弟两人，每人各得国币 100,000 元。在暹罗的生意照旧，近年因不景气，火砻无利可图，其余尚属稍有赢余。因此时常汇款回家，其主要用途在购置住房及田地。据说民国十二年购屋一座，价银国币 15,000 元，购田的银数相同。民国二十年购屋一座，价约国币 13,000 元，置田亦值 10,000 元以上。

从前在民国十三年亦买房一所,值银 13,500 元,因系旧屋,需加修饰费约国币 12,000 元,添置家具费约国币 3,000 元。购置田产费亦有万余元之数。

此外在我们所选出的华侨中,有类似的情形者其例尚多,譬如第 14 号的家庭:

清宣统三年(1911),家主因光景艰难,往暹罗在族人店中任事。五年之后,略有积蓄,遂脱离此店与人合伙,设一京果店。民国十年时,此京果店获利甚多,及与分析赢余,计得国币 30,000 元。家主回乡,并将全数带归买田产及修理房屋。京果店由伙友管理,凡二年,无赢余。家主于二年后再往暹罗任经理,后将赢余的一部寄回家中。其妇在乡主理家政颇佳,食用亦省。乃有余款助儿女入学,修理祠堂坟墓等。民国二十一年家主再回乡,同时长儿到暹经理店务。家主回乡后,将款项的一部建新屋一座,于民国二十三年冬完工,约值国币 8,000 元。因家中已有住房,乃将新房出租。家主说:

> 买房还比存款可靠些,因在银行或商号存款,有时候连本钱都被人侵蚀了!但房屋是永远摆在那里,人人看得见,拿不动的。

因为房屋是"人人看得见的",所以亲友与邻居都可以发生羡慕之心,房主可以借此表示在南洋发财的虚荣。因为房屋是"拿不动的",所以在治安有问题的区域,他种投资有较大的危险性而房产是比较安稳的。

以房屋夸耀于乡里,却是民风的一部;归国的华侨实是尽量发扬这一种民风的。闽南与粤东，在有些乡村旅行时，遇见新屋大厦，或“洋楼”较多的，一望而知为华侨社区无疑。

上等人家的住房，往往有书斋。书斋是一间幽雅的屋子，平常当作藏文具书画与美术品之用。文雅的客人，有时候在此接见，儿女们有时候亦在此补习功课。书斋的外面，在院内往往有假山，有金鱼缸，此外尚有盆花或果木树。我们假如说有些富有的华侨，会想沾染书香的风味，那么书斋实是他们模仿儒雅的象征。

上述建屋往往与立祠堂、筑坟墓、设书斋，在可能范围内同时举行，这亦是富有历史性的民风：

> 望族营造屋庐，必建立家庙，尤加壮丽。其村坊市集虽多茅舍竹篱，而城郭中强半皆高闬闳厚墙垣者。三阳及澄、饶、惠、普七邑，闾阎饶裕，虽市镇亦多鸟革翚飞。家有千金者必构书斋，雕梁画栋，缀以池沼竹树。①

前述华侨汇款的主要用处，是要促成“全福”的实现；因此本节关于住宅的讨论，应与第五章（家庭）第七章（教育）及第九章（信仰）互相参照，然后可以明了南洋华侨对于家乡多方面的影响。

（卯）风水与治安

上面第3号住宅的家主，因相信风水，不肯多开窗户，免得“灵气”由屋内走出。这是华侨社区里比较普遍的意见，所以有许多人家的窗子，关于数目、形式及地位，都由阴阳家决定。大概言之，窗子数目太少，所以屋内阳光不足，空气欠流通。形式有很特别的，

① 周硕勋（纂）：《潮州府志》：第3本，第12卷（风俗），第7页。

例如某家的窗子,形长而甚窄,长约一尺四寸,宽不过四寸。至于窗子的地位亦很有讲究,但不注重阳光或空气,所以屋内有时候有很大的地位,往往没有窗子;而屋子的角上或墙壁近转弯处反有窗子。当然这一点对于屋内的防卫也有关系。(某处有一富户因房后开窗,强盗曾经站在房外窗边,执手枪内向,逼迫主人开门。)

教育如果逐渐普及,风水的势力当然可以减缩。有些华侨社区里,学校与医院比较多些:他们慢慢地发生良善的影响。闽南有一个华侨社区,护士与社会服务者,为提倡卫生起见,劝住户多开窗户,据说近来某年度有极好的成绩:“我们于一年当中,劝村内各住户多开了五百个窗子!”

但建造房屋,其地点、式样、高度及动工与完工日期,在有些人看来都与风水有关。因此一族的起盖新屋,往往经过审慎的讨论,有时候因风水关系即起争执,旅菲某侨商致在乡宗亲书说:

当此民国约法,阻挡之例不成问题。惟我国风俗嗜风水邪说殊深,而欲受民国约法幸福,尤以武力为依归而实现。返(反)念我房虽有建筑之人,其迟迟未能实现者,惟此恶习之阻挠耳。甲房乙房既约彼此无论起盖各不丁(相)丁,视此良机,实千载不可失之机。于是经诸宗亲多方讨论,及庚君新厝左畔园地,即乙君耕种之园。盖争风水时机地皮,应诸亲召集公议赞成是切,按地为二落三间双护厝及埕花,向系要筑洋楼。其地既能足敷,苟此些小多少自可裁。然时乎不可再失,乃议决公推辛壬二君为负责起盖(人),经诸宗人公请而认可。惟种种进行又须积极与后花园及后落同时举行。请先向乡团声明及乙君接办,若非(趁)此时机进行,否则他日彼方建筑落成后，自必难以办理，况亦表示咱房非无其人，而咱房之名誉，亦有荣光。

有些光景好的人家，一入街门就是一个大天井，顶上覆以大铁条盖，上达最高层，旁近四面的屋檐。使得盗匪除由街门外无法可以进屋。街门于木头门外，富有之家亦普通加上铁栅栏或铁门一道，因此屋内关于防盗的设备是比较严密的。

（辰）房屋的装饰

华侨的住宅，在外观与屋内的装饰，往往有外洋的影响。所谓"洋楼"在建筑上即是模仿欧美式的房屋，但往往不是深刻的模仿，其最显明的是与环境不融和。譬如有一家的房屋外表是西式，房内有新式的游泳池、新式无线电、新式家具。但游泳池的水就由小河灌入，河内牲畜有时洗浴，秽物有时倾入。本宅的墙有一部分与邻居相接，邻居的房屋是完全旧式的。

关于屋内装饰，凡属于旧有的美术品及家具的陈设，尚足以证明屋主有鉴别的能力，并赏识的精神（如"卫生与娱乐"章〔丁〕节第〔3〕项）；至于采用外洋的装饰，有时候殊觉不称。有一家的庭栋屋梁，画有山水。大厅有门六扇，每门画有《三国志》里的故事。街门顶上塑有花鸟，再用五色的窑瓷碎片镶嵌。此种匠艺，虽不是最精的技术，然亦可以代表我国营造美术的一部分。但同时在一间屋内，我们看到西洋的粗俗油画，或西洋的广告画片，悬挂壁上，这是显然的不称。又譬如整齐的西式客房，其门与窗不用铁纱，因此门窗开后，苍蝇与蚊虫可以自由出入。又譬如墙壁的一边，挂有我国前任国务总理的题字，致谢家主对于某次水灾的捐款及服务的热忱；另一边镜框里是一封英文信，发信者是英属婆罗洲某英人借用家主的汽车，因此表示谢忱。凡此种种足以表示屋主模仿外洋的习惯，有时候是没有领悟到真实的意义。

（巳）非华侨区的住宅

本章对于生活费的讨论，不包括房租，因华侨家庭与非华侨家庭，大多数都是住自己的房屋，不出房租的（华侨社区内有九家租房住的）。我们如果对于他们的房屋，估定房价，以周年三厘起利，当作房租；那么，在非华侨家庭每月为1.57元，占生活费总数的7.70%，华侨家庭的房租每月为10.31元，占生活费总数的15.94%。华侨家庭的房屋，大致是宽敞而美丽，远胜于非华侨家庭的房屋。

非华侨家庭的住宅，如以中等者为例，可以简述如下：建筑用物是本地货，例如砖瓦与木料。平房用泥地（无地板）。房屋有一大厅，两小厢，一卧房，一厨房。屋中陈设有粗简的木器，如桌椅及凳。墙上无挂物，院中有井，为饮水的来源。

以大体论，华侨家庭的房屋，较胜于非华侨家庭的房屋，已如上述。我们如果把房屋分成上、中、下、贫四等，虽然这四等不能和住户的地位完全相符，而将每种房屋加以估计，则华侨社区与非华侨社区显有不同的情形：

第9表　华侨社区与非华侨社区房屋的分类及估价（单位：元）

	华侨社区	非华侨社区
贫	1,000以下	250以下
下	1,000—3,999	250—499
中	4,000—9,999	500—999
上	10,000以上	1,000以上

据上表，华侨家庭的住宅其价值超过于非华侨家庭的住宅，这

是实情。但尚有一个重要理由是房价的不同：华侨在家乡的投资，往往是不动产，如田地及房产，因此把不动产的市价，常时比非华侨社区同样的产业提高数倍。因此我们对于上表的解释，应注意房产市价的不同。非华侨社区有一家其房产估价为一万元，华侨社区有一家其房产估价为五万元，这是两区内最讲究的房屋，可称例外，其余各类房屋的市价见于前表。

第五章　家庭与婚姻

(甲)家庭的组织及其功用

华侨社区的家庭组织,有些部分依据历代相传的习惯,毫无更动。有些部分因时代的潮流及南洋的影响,起了变化。关于家庭的组织,今举三例以示概况。

第一例是上等的家庭。丈夫今年(1934)61 岁。幼时,家境极寒,当 17 岁时,就冒险往暹罗去,在一家华侨的店铺中充学徒,工资每月 5 元。后来自己在曼谷开店,经营米、京果、杂货等。四十余年中,经过了挫折、失败、伤心、失意、挣扎,到现在成了资产一百余万的华侨。此户采用“两头家”制度:发妻及妾一人住于家乡,妻作家长;丈夫在曼谷与妾三人同居,丈夫作家长。

家中各人,如在家乡与在暹者合计之,连丈夫共有 22 人,内有妻 1 人,妾 4 人,儿 6 人,女 7 人,媳 2 人,男孙 1 人,女孙 1 人,如下谱所示。此家尚有已嫁女两人,因不与家中人同居及过共同的生活,故不计在内。此外尚有婢女 3 人,虽在家中,亦不当作家人计算。

第二例是中等的家庭。家内除出嫁者外,共 18 人,家长是侨民的妻,夫与夫弟二人都在新加坡当米店店员,民国二十三年(1934)

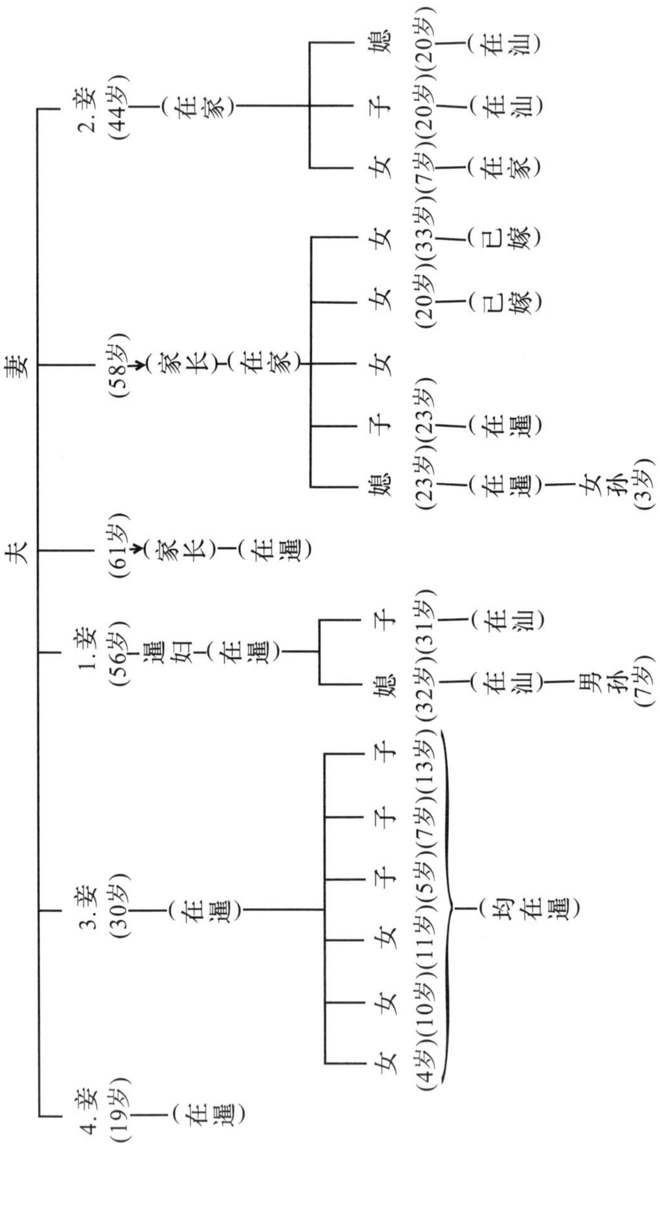

夫
(61岁)(家长)(在暹)
妻
(58岁)(家长)(在家)
媳 (23岁)(在暹) 女孙 (3岁)
子 (23岁)(在暹)
女
女 (20岁)(已嫁)
女 (33岁)(已嫁)
1.妾
(56岁)暹妇(在暹)
媳 (32岁)(在汕) 男孙 (7岁)
子 (31岁)(在汕)
2.妾
(44岁)(在家)
女 (7岁)(在家)
子 (20岁)(在汕)
媳 (20岁)(在汕)
3.妾
(30岁)(在暹)
女 (4岁)
女 (10岁)
女 (11岁)
子 (5岁)
子 (7岁)
子 (13岁)
(均在暹)
4.妾
(19岁)(在暹)

时家庭的结构，图列如下：

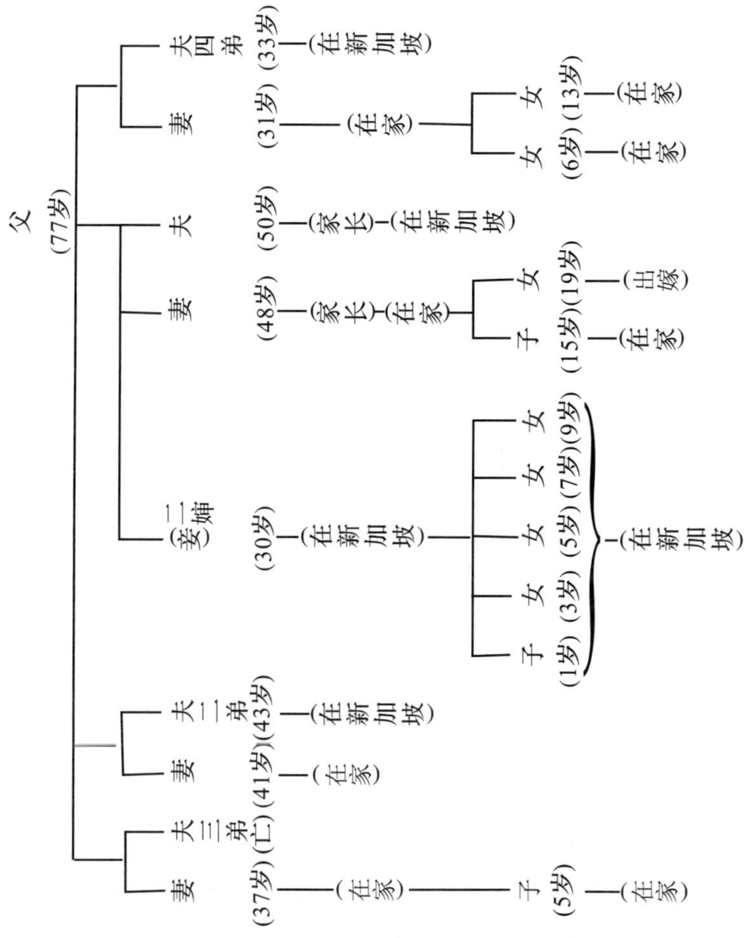

第三例是下等的家庭。全家除出嫁者外共计 10 人，家长是侨民的妻，夫与子均在暹罗，夫任管账员，子现失业在暹。其家庭结构如下：

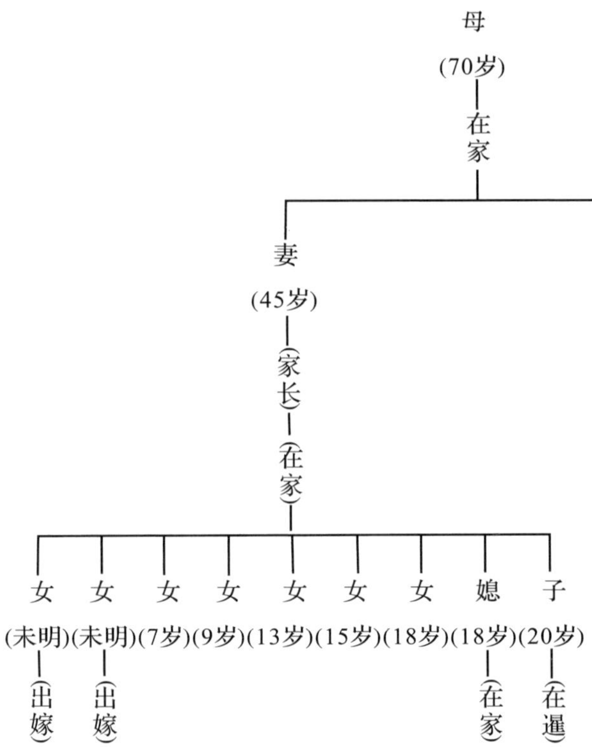

上举三例，可以代表华侨社区的家庭制度，内中应行注意之点列下：

（一）习惯上的大家庭制度，大礼还是通行的。除夫妇及其儿女以外，家庭里尚有他人同居，如伯叔、儿媳及孙等。

（二）大家庭内各人非特同居，且维持共同的经济生活，因此华侨汇款回家，不仅供给妻室及儿女的生活费或教育费（全部或一部），并供给家庭内他人的生活费或教育费（全部或一部），其详情见本书第三章及第七章。

（三）男当家人如旅居南洋，年长的妇女如在乡即做家主，处理一切家务如上面第一例所示。凡女子当家者在华侨社区是常见之事,这于家庭的组织显然的起了变迁。女子当家以后,凡家庭经济、儿女训诲、社交及家长所应负的责任,都付托于她,因此女权的伸张是必然的趋势。丈夫在南洋,亦组织家庭,因此产生所谓"两头家"的制度(详见本章〔庚〕节)。

家庭的结构,已略如上述;家庭的功用亦应简叙,以明南洋华侨的影响。

(一)祖先的崇拜

华南侨民的社区中,对于祖先的崇奉是十分显然的,对于耀祖荣宗认为是人生最体面的事业之一。他们一方面相信去世的先祖,有操纵后代子孙祸福之权;一方面又相信做子孙者对于祖宗有祭祀的义务。结果,家庙的建造、坟墓的修筑及祭祀的典礼,在富裕的人家,往往耗费巨金。"招赘女婿"和"买子"承继等等风气,大部分由于要祖宗的祭祀能永久维持,香火永久不息的意思。有一次,在某村调查的时候,我们问一位四十余岁的妇人:"为什么要崇拜祖宗?"她说:

> 因为祖先能保佑我们,不拜祖宗,家庭就会不安,财气和子孙,都要被害了,你看实叻侨商某家因为风水好,祖宗保佑,所以发大财了!

不过比较有知识的华侨,以为每逢祖宗的生日或死日,要有一种仪式,表示纪念的意思,对于宗教的观念,倒反而淡薄了:

> 前信提到你们在家（厦门）于先父的忌日到坟上去祭奠。我和嫂嫂在此（新加坡）亦于同日在宅内预备菜蔬献敬。因为我们逢到这一日，都要想到先父生前对于我们的爱；并追忆他一生的事业；这是我们纪念他的一个好机会。

祖先的崇拜在南洋是大致保存的。普通华侨家里都有祖宗的神主，每逢祖宗的生日或忌辰，敬献鲜果与蔬菜以资崇拜；不过有一部分的礼节业已变更，特别是“侨生”的家庭（参阅第九章）。

（二）嗣续的观念

普通华侨，每逢儿子到十五六岁时，家长就要忙着为他定婚。经济力充裕的人，当然不成问题，即使贫民家庭，衣食不足的，也抱着早婚主义。据我们的调查，中户、下户、贫户的华侨，所汇到家中的款项，必须留一部分，预备为本人或弟兄或儿子的婚娶用途。下贫之家，每月接到南洋批款八九元，侨民的父母除必需的费用之外，就将余款零星的存储起来。过了几年，就召儿子回国结婚，婚事后，大约过两三个月，又重返南洋了。所以国内的家庭，除尽祭祖的责任之外，还守着子孙繁衍的责任。这一点，在华侨的人生观中，是非常重要的。

（三）经济的援助

华侨大致保存大家庭制度，生活都是靠着几个人的生产，除一二位能生产者外，其余都是消费的人。华侨每月批回的款项，就是补助家中全月的生活费，如南洋生意茂盛，批款富裕，家里的人，除生活费外，就将余款预备婚姻、建造屋子、修理坟墓、教养儿童或储款生息。如家内尚有父兄能够生产，就把此款的一部分充作营业，或扩充买卖之用。此外如有余款，尚可用作公益事业如卫生或救济等。由本编各章的讨论，可知梗概。又家庭人员如在南洋或国内不幸失业，可以回到家里过活，生活的费用不必自己担负。因此失业者不必依赖政府或慈善机关施以救济。

(四)团体的凝结

同族的人往往聚居一处，以便彼此照应。某房如果男丁兴旺，有许多益处，譬如在本族可占便宜，在祠堂内可分得"丁钱"。从前如果有人入泮，近来如果有人在小学毕业，都可在祠堂内分得"学金"。不但如此，男丁较多的人家，势力较大，无论族人或村人都不敢欺侮，在社会里无形中增高社会地位。往时械斗盛行之时，男子较多的人家，当然更占优势。凡此种种，所以鼓励一族的人集合居住，以便结合团体。

族人聚居，对于自卫是显然有利益的，特别是乡间，即在承平之时，地方上的治安有时候政府的力量是达不到的。聚居的习惯，对于治安的关系，可举一例以明之：

民国初年，我家由广东饶平县的小乡村迁移来此居住。迁移的主因，系在该小乡常为大族的人所蚕食欺凌，又恐为匪类所绑掳，故将原有的小住屋舍弃，移到本村住居。此地人丁旺盛，同族的人彼此多有照顾。

不特如此，一族之人因和异族发生冲突，往往只好让步，一面向侨外的族人陈诉，以便合族团结，自己形成一个小社会，如下所述。

闽南海岛上某村，向来有两个大姓聚族而居，每族有许多人在南洋谋生。以大体言，两姓感情和好，村内有许多公益事（例如学校，治安等）都是合作的。民国二十三年邻近的治安感觉不稳，大众提议建设守望楼以资自卫。当众开会决定建楼于宫北，乙姓族人业已认定捐款。不料甲姓掌有地方的政治权如乡长、区长等职，据说有受贿嫌疑，违反众意，把守望楼改建于宫南，实际于守望无益。乙姓族人受罚，与之力争，失败，乃致函万里洞（Billiton）族人报告情形如下：

> 近年国内不治，盗贼四起，民不安居，惊惶莫措。咱乡为保护地方，公议建筑守望楼于宫北，登高一望，四处遍达，可防不测。经合乡开会签押赞成，及兴工，基底已立，突有某姓中悔，愿出银100元，请改移宫南。自称乡长某（甲姓）暗中受贿答应，并发令扣留某等（乙姓），拘禁暗室，横勒罚银，并补缴什名兵费共银28元。

乙姓于其第二函中，不但说明与甲姓冲突的理由，失败的经过，并说明乙姓族人由万里洞岛寄来的汇款，经过甲姓之手时，被其非法抽税，劝乙姓族人以后汇款，改由万里洞某批信局转寄：

吾族中办事无人，不得已含冤受屈，还银保释，以图将来翻控。问明寄信，每封抽费多少？如南洋寄银到家，每封银50元及40元，抽大银3角；30元以下，每封抽银2角5分；20元以下，每封抽银1角8分；10元以下，每封抽银1角；至上百元加抽几何？咱家未尝寄回百元，兄不得深知如何抽法。本年古历8月24日族中叔侄咸抱不平，出银建楼，此系公益之事。某（甲姓）自尊乡长，恃其族大丁多，理当抚恤小姓，曲体下情，何得如此横逆相加？公议同修公函，由邮局保家寄到万里洞托某宝号转。

乙姓觉得与甲姓感情破裂，决议不与合作，乃思独立为本族谋利益。原来与甲姓合立学校，目下乙姓决计自行开办私塾。在万里洞的乙姓族人并报告闽南宗亲，谓已捐得开办费的一部：

甲姓假公行私，鱼肉乡里，如此蛮横已极；是可忍孰不可忍，无如族中无人，不得不任其蹂躏。此刻别无想法，愚主张以为无答复之余地，只好进行第一着。古历年底在洞叔侄公函延聘某为西席，已承函复应承。俟开课后，然后来信通知，等久故缓于复闻，谅近日定有佳音。咱族在洞，所捐约国币200元，乃系为开办私塾，改良之用。

乙姓于自行办学之后，觉得族中团结，更属需要，乃有提议建立祠堂者，特别是万里洞岛的族人：

某叔接到家乡吾族公函，立即传集子侄，特开紧急会议，征求众意，果见群情汹汹，想法对付。某叔遂提议建造祠堂，以为吾族之所以不团结者，无非并会场而无之；吾老而不死，几抱终身之憾，即如乡鳄甲姓，视为可欺可侮，故敢觊觎而生心焉。

聚族而居的习惯，在南洋各处，可能性不大，且亦无此需要。如果职业上有关系，如兄弟服务于同一商店，那么兄弟可以住在一处。否则各人因职业的不同，往往一家人东奔西走，分散在几个市镇里，很少能住在一处，维持家庭的团体。有些华侨，少年时代在国内过惯乡村生活，目下虽衰老，还是希望儿孙辈保存聚居的旧习惯。所以往往建筑一所公共房子，普通就是祠堂，预备儿子们于结婚后住在那里，但是很少有人照办的。槟榔屿一位侨生律师说：

守旧的侨胞，在遗嘱上有时候声明儿辈须住于公共房子，以维持家庭团体，但子孙们往往不能遵守这种遗训的。

南洋有些区域，尚能维持祠堂制度；在这些地方，家庭的团结力大体还能保存。比较富裕的华侨，一族大致是有祠堂的，泗水有一大家，在该处已有五代，其祠堂的房产至1935年止，已有143年的历史。祠堂的设立在南洋是很普通的。一族公有的祠堂，只在暹罗与法属印度支那比较少见。暹罗的华侨，回国的机会比较多些，有许多人家都在故乡建筑祠堂。法属印度支那的华侨，对于祠堂的维持，比较不热心。

（乙）家长的权力

以概况论，华侨还是保存大家庭制度，家长的权力是特别大的，如下所述：

（一）家庭方面

家长普通是父亲或祖父，比较年长而有才干的。关于家内婚姻、丧事及一切经济权的处置，全操在手中。华侨社区（甲）有一位15岁的女孩，刚由某小学毕业，家长（父亲）就把她许配给一位四十余岁的有钱华侨了。聘金1,000元，手饰衣服及一切女家请酒的费用，都归夫家理值，家长（父亲）因经济的关系，就安然决定了他女儿的终身。女孩虽不情愿，但因父母之命不可抗，一桩婚事，就依着计划成功了。古语说："父要子亡，不得不亡"，华侨的家庭中，的确有那种态度。（大致近代化的或接受西方教育的家庭，当然无此现象。）

关于这点，应该还有个说明，家长权力之大，是不限于华侨家庭，凡粤东闽南的乡村家庭，大概是如此的。可以说，华侨家长的风度，是保存着我国旧有的民风和习惯。

对于女子的贞节，家长有极大的势力。在从前，对于失节的妇女（未嫁女或儿媳妇），家长可以偶尔运用极刑，如活埋与海葬。有一位小说家曾经写了一本小说，描写以往闽南的海葬风俗，有些地方虽记载失实，但亦可以窥见华侨社区内以往社会情形的一部。①

经济权的处置，如别处一样，是在家长权限之内，兹不赘述。但近年来，家长的权力已没有从前那样固定和严厉。婚姻方面，虽然是要家长出主意，但在可能范围内，有探听儿女意向的趋势。活埋与海葬，现在并不轻易举用，据一位华侨社区（甲）的华侨告诉我们说，近年有一位姑娘与人私通，被家长发现了，父母暗暗的把她送到南洋去，对于那有关系的男子，加以警告，不准他再踏入该村（女子所住的村庄）一步，不然，就加以严重的处置，这可见对于极刑的态度，已经有些改变了。

这些变迁是有两个主因：（1）教育。近来华侨的村庄，普通多有一个学校的设立，村中有些孩童当然受了教育，成年人也渐渐于无形的当中，受了些近代思潮的影响。比较能干的家长，往往也是村中有权威的人们，他们往往代表村庄对外交际，所以比较明白近代的时势，因此他们的观念，也就此较开通。（2）南洋的接触。凡到过南洋的人，气量与见识比较当地的乡下人，大致是要开通些。他们在回国的时候，或在通信的时候，往往介绍南洋关于家庭的新习惯，提倡改良家乡的旧习惯，特别是他们认为不合时宜的民风。他们的思想与言论，渐渐趋于社会化，往往保守秩序、尊崇法律、主持公道、反抗恶势力等：

> 私刑的施行，在本地似比在美国还要常见些。私刑的害处虽没有像美国这样普遍，但在此地亦渐显著，且举二例为证：在某街近有一人闯入经理室。店员以为此人是一个窃贼，

① 活埋与海葬，是旧有的惯刑，现在因风气开通，已不多见了。

关上店门，将此人施以毒打。门外观众闻声聚集，但不得入室。半小时后，警察来到，令店主开门。此人因此得放，但眼鼻与面部有血，遍身受伤。据说，他从前是此店店员，歇工时未取工资。今日返店取工资，惜此店已改换经理，新店员中没有人认识他的。

对于运用私刑的人们，政府应该蹙额，政府应该明白告诉他们：说是他们已在文明国里居住，就中有适当的法律手续；同时提醒他们：说是野蛮人的办法，已为文明的法律所替代了。①

（二）宗族方面

每一族、每一房也有族长和房长，来办理本族的公共事宜。这些人的得势，大致亦依靠两个条件：（1）本族中辈分或年龄高的，（2）比较能干的。凡本族一切内部或外部的问题，都靠他们去解决去对付。这些问题，最重要的可分两类，如下：

（子）内外的纷争

内部族人中发生冲突时，解决的权力，全在家长身上。家长如不公允，受屈的方面，也只有顺服了。如族与族的纷争，村与村的械斗，完全决于两方家长的手中，两方的流血和生命，存于两方家长一念之间。去年（1935）华侨社区（甲）调查刚在进行的时候，上房与下房为了小孩的打架问题，竟牵动了两房的大局，各备枪弹，各叠沙袋，仿佛预备开战模样。村中的学校负责人奔走两方家长，

① *South China Press*, Amoy, July 21, 1934.

从中极力调停,经过四天四夜的谈判,才把危险时期渡过。当中有几次,谈判几乎决裂,若是决裂,两方死伤必多,地方受害,真不难想象。当中主使的人物,全是家长,可见当地家长的权力。

闽南和粤东,从前械斗的风气极盛,这些主使人物,尽是家长之类,他们往往是自私的。潮安县东一个华侨村庄,有一位家长,因坐吃山空,就常常想法与别村闹事,事情闹成,即捏造是非,电告南洋同族华侨,并指定捐款,汇到本乡应用。苟不如愿,就寻找是非,欺凌该侨胞在家乡的宗族。

(丑)族内的祭祀

最重要的祭祀当推祖先的崇拜,例如冬至的仪式(见本书第九章)。

(丙)妇女的地位

以大体言,新社会潮流尚未流行于华侨社区,即如我国近来民法上关于妇女的新规定,亦大致未在彼处发生效力,虽民法的其他方面,有渐被采用的,如后所论。依据社会的旧习惯,男子的地位高于女子;男子的权势亦大于女子。

通常以男子当家长,但遇某种情形如男子旅居南洋,则女子为家长,例如本章第〔甲〕节第一例所示:

按照社会习惯,妻的地位超过于妾的地位。如某翁有一妻二妾,其三人的地位,即有嫡庶之不同,妻居于嫡位,二妾居于庶位。死后题入神主,还有“妣”与“侧室”之分,可显然的判别妻妾地位的差别。两妾虽有先后的不同,而地位认为平等。不过一妾如有子，一妾无子，于是前者的地位，就超过后者。因“母以子贵”的习惯，还是盛行，所以妾既生子，妾的社会地位因此提高。妾所生的子与妻所生的子，在华侨家庭里，事实上是同等看待，例如择业、择配及财产的继承等；此数点亦是受南洋的影响。

某翁如纳妾，其妻可有下列两种态度：某翁如在外洋纳妾或娶妇，往往不得其妻的同意，但其妻也认为正当，因为藉此可以防其夫在外嫖娼等伤身丧财的危险。华侨如在本乡纳妾，妻则往往大加反对，因妻妾同居，家庭难以平安。但事实上在家乡纳妾事属稀有：据我们的观察，成年男子每百人中不过一二人而已。光景宽裕的华侨，在南洋时往往喜欢纳妾（两头家），回国后亦偶然行之。

（丁）孩童的地位

华侨的家庭，大致守旧，对于子孙的观念，非常浓厚，已如前述；所以经济比较充裕的华侨，都有纳妾与螟蛉子的风俗。

家庭中，如无嫡子，则庶子（即妾所生之子）与螟蛉子，也认为正式承继宗系的男子，在宗族内和习惯上，大致认为平等，鲜有差异。所异者，即心理上的差别，就是庶子或螟蛉子，不若嫡子的光荣而已。

论到财产的继承，如某家只有嫡子，当然嫡子承继一切家产，毫无问题。如自家无子，只有螟蛉子，其继承权则属螟蛉子，也无问题。如妻妾各有儿子，其承继遗产权，就有嫡庶之不同了。照通例，遗产的承继，嫡子较庶子多得一倍。有时，庶子较嫡子为有才、有名誉，则分家产时，就平均分配。还有一种，嫡子年长，握有全家权柄，而庶子年少，能力毫无，于是就凭嫡子之意，往往分给庶子财产不及原数十之一二。近年因法律对于遗产继承，无嫡庶之分，所以兄弟分配遗产时，往往有涉及讼事者。

采立义子（即螟蛉子，俗称“契子”）之风，在华侨社区，颇觉通行。华侨自己无子，往往买人家的男孩做儿子。在社会上的地位，也与亲生的儿子大致相同。财产承继权也是大致一样，本族祖祠内的地位也是大致平等。但家谱内对于螟蛉子往往采用一种办法，就是族内有人无子而必须买人家之子为子者，必须买同姓人之子方可，如买异姓之子，即认为乱宗，全族必起而反对。如反对无效，则禁止其进入祖祠祭祀与其他权利。但不同姓的螟蛉子，近来逐渐加多，因螟蛉子的买卖，在有些区域变成一种有利的营业。

关于螟蛉子的起源，据熟悉当地情形者言，其主因在宗系的延传，因藉男丁可以延续家系。家系的延续，其重要理由当然是祖先的供奉与财产的继承。此外在往昔闽南与潮汕，治安不能维持的时代，增加男丁可以增加家族的实力以资自卫（如盗贼或械斗等）。此外还有两个健全的理由，亦须特别提出：

（一）男子出洋

华南地方，男子出洋的很多。当中有许多人一到了外洋经商，回国的机会就很难得。他们往往几年回国一次，甚至十余年回国一次。凡没有儿子或嫌儿子数目不足的人们，就以金钱购买螟蛉子。其目的有二：第一要使祖祠的香火不致断绝；第二要使外洋的事业有人继续。

(二)儿童死亡

华南有些乡民,关于儿童的卫生,往往不甚了解。凡遇疾病,有时候求神请佛,以资治疗,因此难以维持儿童的健康,婴儿死亡率及幼年儿童的死亡率,所以有提高的趋势。小康之家的父母,因此有购买螟蛉子的习惯。①

有些家庭,要维持社会地位,主妇是不操作的,凡家内的扫除、烹饪及一切杂务,都由婢女担任。这种人家,有时候购买幼女,因为买入幼女,家主妇只须给她饮食及衣服等,将来她长成了,做工是不付工资的。至于贫穷人家,有时候亦作一番挣扎,把幼女买入家中预备为儿子择配,这是"童养媳"。

儿童的买卖,近年来在浙南、赣东及闽北,比较盛行,有些人专以此为营业。因为这些区域,常有匪患或兵灾,增加地方上贫穷的程度,使得穷民越发穷了。父母对于儿女,虽有天然的爱情,不肯把他们出卖,不过有些父母们,实在连自己都不能生存。遇着这种环境,他们以为不如让儿女们到比较富有的人家,因此父母与儿女双方得着较好的机会,和生命奋斗。

螟蛉子与养女虽亦有运气好的,例如落在贤淑的人家。但一般的情形,是多少受着虐待,特别是养女。舆论因此反对,政府亦出命令禁止,尤其对于儿童的贩卖。

---

① Mr. J. C. in Personal Letter From Amoy.

（戊）财产的分配

最后，讨论南洋与家乡分配财产权之异点，以示华侨家庭的特征之一。南洋有宽广的范围，财产的分配是复杂的问题，因此我们以下所述，只能顾到普通的情形。南洋有些华侨，对于财产的分配把妻妾子女认作平等。如某翁有家产30万元，妻妾各有子女三人则共计子女六人（女二子四），于是分配家产时，就照六股摊分。母亲的财产则属于子女之内，如所产生的子女多，其所得的财产也多。其分配的手续也很简单，就请当地律师做公证人，并将分产的证约，呈请居留地政府登记，于是就不能发生意外的纠纷。假如父亲对于子女有所偏爱，也可以任意分配其财产，即厚其爱者而薄其不爱者。

至于在华南的华侨社区，关于妻与妾的地位，前节已提到过，即妻妾子女，有嫡庶之分，女则绝无分受财产之权（指现行民法未实行的区域而言）。某翁有财产30万，如分配时，当必提出8万或10万做公款（如养老费、丧葬费、蒸尝费等），余20万或22万中，再提出1万或2万作两女妆奁费之用。然后，照股数摊分，通常嫡子每人得二股，庶子每人得一股，如四子中有嫡子一，庶子三，财产就做五股摊分。

长子嫡孙香丁费，于分配财产时，也须拨出。这就是说，长子除所应得之财产外，长子所生的长子（即嫡孙）也应得到财产若干，此种财产叫做长子嫡孙香丁费。如某翁家产30万，其长子嫡孙香丁费至少须2,000元。

提出10万之公款（作养老费、丧葬费、蒸尝费等），其用途分配，也有轻重厚薄之不同。如某翁有妻一妾二，如养老费定为2万元，某翁独得1万元，妻5,000元，妾各2,500元。蒸尝祭业5万元，则合置不动产业，每年将所生的租息，作为祭费。办祭由四子轮流，每子各轮值一年，在轮到祭祀的一年中，其蒸尝业所生的租息等，多由祭祀者负责处理一切，一切权利也由该祭祀者一人独占。

分配家产之后，如某翁及妻妾尚多年健在，而养老费，则渐渐不敷应用，则丧葬费及蒸尝业费所生的利息，可拨作养老金之用，于是三老活过百岁，也无饥寒之忧了。

在本乡分配财产之公证人，与南洋不同：南洋是律师，本乡则请有声望及长辈之亲友和族长作公证人。如某翁有四儿，分家时预备阄书簿四本，①每本之内，叙明分家事由及所分配的财产，最后由公证人及四子签字，四子各执阄书簿一本，这阄书簿就是分配财产的凭证。阄书既分给四子，然后择日分居，各自新打天下。父母普通多在四子家中轮流就食，也有自起厨房者，总之，全凭父母之喜欢而已。

（己）婚姻与家庭的关系

（一）旧式的婚姻仪式

华侨社区的婚姻仪式可分新旧两种。新式结婚大致受近世潮

① 阄书者，因各份之产业，分配清楚之后，即由诸子拈阄而定。阄定之后，始照份详写于书内，故称为阄书。

流及南洋华侨的影响，但其数尚少。旧式结婚至今还是普遍的流行，但亦有演化。演化的原动力之一，当来自南洋的华侨，今略述于下：

女子的"八字"若经阴阳家排过，觉得是顺利的话，男家就接着商议订婚聘金等程序。男家到订婚那日，预备好了的几千包糕饼每包有四吋长，二吋宽，用着红绿纸的纸包，随着媒人送到女家去。媒人在女家吃过了饭之后，把签订的婚约（本地叫"红绿帖"，上写明该女子时辰八字，就算为签订的婚约），送回到男家，这样就算订婚了。女家把男家所挑去的糕饼，一一转分送给亲邻，这仿佛是一种订婚的宣布，表明他家的女子已经许给人家了！

结婚前的三四天，男家煮汤团，分送亲戚朋友，俨然是一种喜报，朋友同亲戚们，也纷纷忙着送礼。对于女家，总送些新娘所需用的东西，譬如镜子、面盆等等；对于男家，送的东西就不同，最普通是玻璃镜框，内有"钟鼓乐之"或"心心相印"等贺词。送礼的人，如系近亲或至友，每将礼物凑成六项，内有爆竹、酒肉、花烛、镜框等等。在结婚的前一天，男家把全数的聘金，猪肉百余斤，酒若干坛。随同媒人送到女家，女家用的酒肉等，差不多尽是夫家供给的。

迎亲的时候，共有轿子三顶。一顶是花轿，是新娘坐的，一顶是媒人坐的，其余一顶是叫做"灯轿"，是预备给"挑灯舅"坐的。前面打着开锣引导，接着打开锣的，是背着旗的，提着灯笼的，凡是男家祖先所得的官衔和光耀，尽数写在旗子及灯笼上面。一行几十人，到女家去迎亲，回来时，把一切的嫁妆，也随同新娘抬来。

新娘的花轿，在夫家的大门前等着。吉利时辰一到，新郎穿着黑色长袍，谨严的由屋内走到花轿旁边，把轿顶一拍，就把新娘由轿中缓缓搀出，一直到新房来，在那里伴娘向新夫妇俩行吃交杯酒的礼。至于新郎走到新妇花轿边把顶一拍，听说在习惯上是丈夫向妻显示权威的意思，表明男是天，女是地，妻须服从丈夫。不过现在只视作仪式中一种老例，原来的意义，已经没有人注意了。

当天晚上，摆着丰满酒筵，请亲戚及朋友们共座欢饮，饮酒到半酣之后，大家就进行着闹新房的玩艺，尤其是那批青年人，最热心，有时甚至新夫妇俩通夜不得睡觉，然而亲戚朋友辈还引为乐事呢。

经济力丰裕的人家，从前除办酒席以外，还要演戏，以敬神谢天。因为天保佑那新郎成人长大，以至结婚，所以演戏谢神、但现在呢，只有中上之家，还有这些玩艺，大部分的原因，是受南洋不景气的影响。

到第二天，新夫、新妇要出来敬拜天地祖先。在那天，贺礼的戚族和朋辈，更施玩弄新郎新妇之能事了，他们可任意请新夫妇做出各种可笑的玩艺。

到了第三天，亲戚们就各自返家。每人都带些猪肉（大约一二斤）和糕饼之类回去。同时新郎还要往岳家去拜访，岳家就用酒筵款待，晏罢，新郎出酒席洋 12 元。岳家回送些糖果糕饼之类，预备新郎回家时，可以分给同族和亲戚，于是女婿就与岳家拜别回家。

假如新郎在幼时，父母曾向天发过愿心，在结婚时，须“做敬”报谢天地。

离结婚期前十天，在大门外插一带枝叶的竹竿，竿梢挂一灯笼，每天晚上点着蜡烛，这叫做“天灯”，听说是报告天公，他家的孩子行将结婚了。在宅内，请道士用颜色纸糊一“天堂”，到结婚的正日，就把那座天堂摆在天井中间，前面正对大门。在天堂面前，摆上八仙桌两张，上面陈列猪、羊、鸡、鸭、鹅、鱼、水果、糕饼等等。在大门外，正对着天井中的“天堂”，搭一戏台。到结婚日子，就大吹大打，道士更念着经，是请天公落凡饮酒看戏的意思。

华侨社区（甲）内有几个有威望的神佛，如护国尊王、福德正神（土地）、观世音菩萨，都一一抬到宅中，据说是来尽地主之谊，奉陪天公的。

假如家内大小都平安健在的话，在天堂背后，正对着后厅的堂前，还要添糊一座东西，俗称“挡境”，是全家老幼平安的意思。在“挡境”前面也用三牲等物献祭，全家老幼都一一叩头，焚香报谢，到下午六点，把天堂扛到门外，用火化去，是谓欢送天公上天。“做敬”的礼节，于此就算告竣了。但前后所费。至少在1,000元以上，贫民除采取童养媳外，是不容易结婚的。

男子结婚时，多在20岁与30岁之间，30岁以外结婚者，在本乡是不多的，由南洋回乡结婚者其数较多。女子结婚普通多在20岁以内，十六七岁结婚，是很普通的。

贫穷而有志气的青年，如得亲友的援引，常有“过番”的野心。我们对于华侨1,106人，问过他们出洋的年龄，得如下的结果：在10—19岁间者410人，在20—29岁间者504人，在30—39岁间者130人，在40—49岁间者29人，在50—59岁间者7人，在60—69岁间者1人，年龄不明者25人。据此大多数的出洋者，在20岁以下及30岁以下的两组，他们大概是到南洋去找谋生的机会者。他们自有职业起，每隔一个月或两个月多少总有钱寄回家中。家里的人，特别是母亲，除了各种正当用费之外，就把所余的钱日积月储起来。主要目的是希望积一笔款给儿子娶媳妇用。逐年储积，积到四五百元（贫家），或千余元的时候，就物色儿媳妇，要为儿子结婚了(参阅〔甲〕节〔二〕〔三〕项)。到结婚的前一月,儿子就从南洋跑回去,预备结婚的事情。通常青年华侨回国的第一次,多是为结婚而回去的,新娘当然是父母所代择的了。结婚之后,过一个月或两三个月,仍旧跑回南洋。以后回国,除非光景富有者,大概要在三四年中举行一次,每次回国所居留的时间,总在一个月左右。所以华侨的妻子(在国内的)大部分在结婚期内过着独居的生活。除了受过教育的女子以外,普通女子多认为常事,不觉得是奇特的情形。

我国旧式婚姻中,聘金虽是普通,但在华侨社区,聘金是极注重的。近三十年来,因地方经济比较充裕,聘金逐渐增加,初由200元,旋升为280元、360元、400元、480元,以至560元。若是华侨在南洋发达后回国婚娶者,则常常越过此界线,而为600元或800元。有时女性若受过新教育,或是绅士的闺女,则升至千元,其中原因有种种,兹就男女家两方面分述之:

(子)在男家方面

(1)因华侨在外营业兴盛之后,必回国完婚,以夸耀于乡里。普通华侨在南洋虽娶有土人妇,但一般人不以正式婚姻看待。

(2)华侨到经济状况充裕时,年龄大致已高,择配不易,但华侨社区里的女子出嫁,多数在20岁以下,特别是闺女。凡与华侨结婚者往往是续弦(此区域里,闺女多数不愿任继配)。

(3)因外洋的商业关系,华侨于结婚后往往单身南行,新娘留守家中。若携眷同行,往往遭翁姑的反对,以为此种举动可以减少寄款回家,或回家省亲的机会。

(丑)在女家方面

(1)完婚之后,大致丈夫即往南洋。如遇生意失败或不幸染病，往往与故乡信息断绝，妻室在家有坐守生寡之虑。

(2)丈夫在南洋往往有重娶的风习，儿女易于蕃殖。到了彼时或将自顾不暇，对于国内妻孥，是否能有汇款寄归，颇难预料。

据以上情形，把闺女嫁给华侨，至少含有两种矛盾的心理，即表示此种婚姻的不安稳状态及羡慕华侨的富裕，因此提高聘金，以作消极的准备。潮汕与闽南俗有"白银买人心"之谣，因此与华侨通婚者以下列几种人居多：(a)穷户女家，以能得多金为目的，且希望由华侨牵引出洋。(b)世家或绅士的女儿，因拘于门第之见，不愿与农家相配，但有时愿嫁侨胞，以新见闻，名虽不佳，利固较优，因此泉州有"绅士结交洋客"的俗话。(c)有些受过教育的女子，因父母是守旧的，对于婚姻问题尚由父母作主。

(二)结婚时的用费

聘金的数目，虽然很大，但只是占结婚费中的一部分，此外尚有各种用费，举其要者如下：在结婚前数日，应花在女家方面者，在泉州叫作"六礼"，厦门叫作"食糖"。其余尚有衣服、家具、筵席、演戏等费。今为简明起见，将华侨中等与下等家庭结婚时各费，估计如下表：

第10表　中等与下等华侨结婚费用的估计(单位：元)

项　　目	下等人家	中等人家
聘金(包括六礼)	440.00	560.00
手饰类	20.00	60.00
轿费	20.00	20.00

续表

项　　目	下等人家	中等人家
衣服类	50.00	100.00
贽见礼及赏礼	20.00	50.00
媒人礼	12.00	48.00
术米(2—5 石)	20.00	50.00
糖(100—200 斤)	20.00	40.00
食米(3—6 石)	18.00	54.00
猪肉(300—500 斤)	72.00	120.00
柴炭	20.00	40.00
蔬菜	60.00	150.00
戏子(3—5 日)	30.00	150.00
筵席费(10—30 席)	100.00	400.00
酒(10—30 席)	10.00	40.00
烟茶类	20.00	100.00
金箔类	20.00	40.00
床桌椅类	80.00	200.00
添置器皿	10.00	50.00
预算外	10.00	50.00
统计	1,052.00	2,322.00

（庚）南洋华侨的婚姻

（一）习惯与法律对于婚姻的关系

殖民地政府以往的态度，对于华侨的婚姻参照中国的法律与习惯。不过近年来华侨教育渐高，知识渐开，引起殖民地沿用统治国的法律，这便发生许多困难与纠纷。

自1925年9月1日起，荷兰的民法适用于荷属东印度群岛全部的中国人。在此期以前，此项法律仅适用于东印度的一部分中国人，但西婆罗洲除外。按照荷兰民法，凡婚姻必须在政府注册。未注册的婚姻，凡有儿女认为私生子，这些私生子在某种条件下法律有承认的可能。

在1935年当著者游历西婆罗洲时，以为当地的社会情形，不能于短时间内实行荷兰法律。因当地的中国人，大部分尚沿用中国的习惯。当地的中国人，对于荷兰法律最不了解财产的分配、儿童的承继及妻室的地位等问题。他们以为新法律的实行，其利益属于欧洲人者为多，例如引用同一种法律，于处理商务上各问题较为便捷是。对于商务以外的关系，至今还用不同的法律，譬如中国人的徙民权及刑律的一部。由中国迁入东印度时，中国人所受法律的限制，是繁复而苛刻的。关于刑律有一条最不平等的，即中国人的住宅，警察可自由搜查，无须事前向法庭领取搜查证。关于此点，中国人与土人受一样的待遇，但此种待遇不适用于欧人及他国的徙民。一位在爪哇的著名荷兰法学家说："关于无证搜查中国人住宅一事，实是中国人与欧洲人在刑律上的待遇最大区别之一。”

荷兰民法只承认一夫一妻制，因此法律不承认妾或姘妇的儿女，但在民法实行以前，可以有一个例外。在此法颁布以后，凡没有生育的夫妇，经过法律手续可以承继一个儿子，但此种承继方式不能取消。

马来亚政府于1926年指派一个委员会，研究中国人的婚姻问题，结果该会向政府建议自由注册的制度，包括新式及旧式婚姻两种。准许注册的新式婚姻，必具下列的条件：(1)婚姻当事人不是在禁止范围内的近房血统者；(2)自愿结婚者；(3)得父母或尊属允许者(如中国民法有此项规定的话)；(4)婚姻当事人在结婚时无他种结婚义务。准许注册的旧式婚姻，必具下列的条件：(1)婚姻当事人的姓名及自愿结婚的宣示；(2)婚姻当事人的父母或尊属的姓名及其允许；(3)媒人的姓名及住址；(4)结婚的日期与地点；(5)在结婚时婚姻当事者并无其他结婚义务。① 这个委员会连带的讨论婚姻与纳妾、离婚及儿女承继等问题的关系。从1932年以来，马来亚的立法院对于婚姻问题有较周密的辩论。某非法议员，其先代原籍福建，但生长于马来亚，请求政府采用(任意的)一夫一妻制(凡愿意采用此制者听)，并附带准予离婚的条文。华侨社会对于此项意见，除老年人外，大致表示赞同，因这种意见足以代表有教育、有知识的华侨；在原则上与今日欧洲的社会思想及我国的新潮流互相吻合。

① Chinese Marriage Committee: *Report on Matters Concerning Chinese Marriages*, p. 9, Singapore, 1926.

在菲律滨群岛,中国人的婚姻问题适用该处的普通法律,①而其最重要的条文为"婚姻不必要有何种仪式,不过结婚者必定须对证婚人声明他们愿意结为夫妇"。因有此种条文,"两头家"的制度直接受了影响。某华侨如果在国内有妻室,法律不许他在小吕宋与土妇同居,即使他事实上同居,法律亦不承认为婚姻。目下此种法律尚不能普遍的施行,将来普遍施行以后,对于菲律滨华侨的婚姻制度,必发生基本的变化。

婚姻的礼节有一部分已发生重要的变迁,特别是文明结婚,大致是仿效欧洲的习惯。有一位医生,初从荷兰毕业,醉心于新式结婚者。对于旧式婚姻发表意见说:

> 假如有人介绍一位不认识的朋友,在初次见面,我觉得谈话时还处处不能随便,因为摸不着性情与脾胃,无意中可以伤感情。至于说有人替我介绍一位素不相识的女子作终身伴侣,性情相合还好,否则不是终身要受苦痛么?

实际我国旧式婚姻,结婚者不是完全彼此不知道的;有些男女是带有亲戚或世交的关系,彼此在未婚前直接或间接的已有交谊。不过我国社会,在以前两性间没有公开的社交,而依照历代相传的民风,女子通常以静默寡言为美德,因此和男子的接触不多。

比较守旧的华侨家庭,新郎与新娘,在结婚时所用的礼服是我国三十余年前所通行的;男用袍褂,女用凤冠霞帔,马来亚与东印度的

① General Order No. 68 of the Military Government, and Article No. 2710 of the Philippine Legislature.

华侨社会,都保存此种习惯。著者在茂物(Buitenzorg,Java)躬逢一次喜事,觉得音乐有不可描写的韵调。有一位侨生的朋友说:“这是难以形容的音乐,粗粗分析之,调中有马来、中国及印度文化的影响。”

家道殷实的华侨,新郎于婚后大致与新妇到祠堂祭祖。往往就在祠堂内住些日子,然后再组织小家庭。

(二)两头家

南洋华侨往往维持“两头家”已如前述。土人妇常居南洋,发妻常居故乡,因此平常家庭并无冲突。有些“两头家”的主妇,虽经长时间,亦各相安无事。不但如此,两个妇人有时候还可以彼此爱护。

闽南某小学教师,对于同村华侨某君的“两头家”,叙述其概况云:

> 从前一个华侨的菲律滨妇人,同她的丈夫到我们村里来,帮助婚礼,因为丈夫要和一个村女结婚。结婚之后,两个妇人同居,并不吵闹。丈夫死后,两个妇人各有儿女二人,她们将家产均分。听说这是按照美国的法律,不过长子格外多得些,以便维持祭祀,这又仿佛像是我国的习惯。

“两头家”盛行于侨外较久的华侨,因久在南洋的人,容易与家乡疏远,且因经济比较充裕,可以再娶,娶时以南洋妇女最为便利。下表所示第一次结婚者大致是出洋不久的华侨,这些人大多数娶本地女子即所谓“发妻”,她时常住在家乡的。在第一次结婚一个阶级里,娶南洋女子或侨生女子者人数颇少,因此我们知道“两头家”是不多的。不过在结婚二次或二次以上的华侨，“两头家”的比例就增多，因在161人中，娶本地女子者91人，娶南洋土人女子者41人（内有暹罗女子32人，安南女子9人），娶侨生女子者17人。南洋土人女子几乎全数是“两头家”的主妇，侨生女子有许多亦是为维持“两头家”而娶的。

第11表　华侨的婚姻状况

第一次结婚者（720人）		结婚二次或以上者（161人）	
与本地女子结婚者	652人	与本地女子结婚者	91人
与南洋土人女子结婚者	24人	与南洋土人女子结婚者	41人
与南洋侨生女子结婚者	21人	与南洋侨生女子结婚者	17人
不详	23人	不详	12人
总计	720人	总计	161人

“两头家”是环境的产物，因南洋华侨除非光景富裕，不能携眷同往南洋，且又不能时常回返故乡，因此只可斟酌情形，在南洋再娶。再娶时，或为土人妇，或为侨生的中国女子，而以土人居多，因此种结合往往不具永居性，且南洋所娶的往往视作侧室。因此“两头家”的实例虽多，华侨们自己及社会的舆论，对于南洋妇多少有些歧视。

在华侨社区（丙），“两头家”是很多的，不过有些人家不愿意坦白的告诉，据我们在该区内一乡的调查，单就与土人结婚论：与暹罗女子结婚者有53家，与安南女子结婚者有12家，与马来女子结婚者有1家。至于和异种女子结婚者的动机，当然是复杂的。譬如暹罗女子，目睹中国小商人，勤俭耐劳，嫁后可以终身有靠。至于男子方面，因远居异域，不谙语言与习惯，娶一暹罗妇，当然得了一个有力的助手，特别是在乡间做买卖的人。“两头家”的家主，对于两家担负各种责任，不过有些男子于娶了暹罗妇女之后，往往对于家乡的妻室，逐渐疏淡，以至没有汇款或家信寄回。华侨社区（丙）有1家，于13年之中，丈夫只自暹罗来过3次家信；另有1家，于21年之中仅通信2次。但这种例子是不多的，大多数的男子，如果有“两头家”的，都维持两个家庭。丈夫回国，暹妇很少同来的，因语言不通，且天气较冷，生活上于她是不便的。她的儿子大致于幼时送回中国，以便学习语言文字及历史地理等基本知识。她的女儿们不一定回国求学。

（辛）移民对于家庭与婚姻的影响

（一）关于家庭制度

对于大家庭制度，有知识的华侨常表示反对的态度。新加坡某锡矿商人，年老回国，曾发表意见说：

> 大家庭是很讨厌的一种社会制度，因为如果有一个人赚钱，家内各人都要分得好处，增加这个人的经济负担，使得他不容易发展。我是受过这种苦恼的人，觉得个人对于家庭的责任太重，妨害个人的营业及其他各种的活动。

有许多华侨，以为在现代经济潮流之下，我国的大家庭制度，必然是要崩溃的。有一位母亲，她的两个儿子，目下都在南洋。

她说：

> 现在的时候，生活是复杂的。要想一家人住在一块儿，不如我们在少年时代的容易。况且今日交通方便，由火车或轮船，可以把家里人于短时间分散于各处，或由各处于短时间内再使家里人团聚。

（二）关于婚姻

有许多回国华侨主张废除旧式婚制，采取新式婚制：

> 旧式婚姻应该改良，仪式务求简单。谈起婚姻制度，我想外国要比中国文明，因为他们在未婚前，夫妇已经是好朋友，所以往往彼此相爱，组成快乐的家庭。我国的旧式夫妻，婚前往往是不认识的，或没有交谊的，如此盲目结婚，结果不免有许多痛苦。我有一个朋友，他的妻子是患肺病的，但在婚前丈夫毫不知道，他的家庭如何能得到快乐呢？

回国侨民有许多人虽主张改良婚制，但实际未能达到目的。譬如上面第一人的谈话，他自己就是旧式婚姻的牺牲者。他的父母替他选择妻室，并于结婚时耗费大量金钱，但他得不着家庭的快乐。至于不能骤然改革的主因不外下列二端：（1）历年相沿的习惯一时难改。华侨社区里对于婚姻的制度目下虽有变更，但其势力尚不大。（2）华侨年少时出国，家中有家长；到南洋后虽经验增加，但对于故乡有时候不能与老年人争势力，因为“乡党莫如齿”，还是一般人的社会思想。

凡受过近世教育的华侨，往往赞成文明结婚，反对旧式婚姻。民国二十三年厦门有一位年龄 17 岁的女子。她的父亲是小吕宋的豪富。父母作主把她许与厦门某公子为妻，他家虽属显宦，但个人并无相当教育。结婚之日女士忽然避匿，其后发表谈话说：

> 我不愿意嫁他，因为他的教育和知识都不如我。如果他能证明他的智育上的条件和我相等，我可以与他结白首之盟。

对于杂婚，有些旧式的父母当然表示反对，以为家庭的血统可因此变乱，所以他们不愿意有混血的儿媳，去妨害历年相传的纯血系统。有些父母以为“目下时易势迁，老年人不应该对于儿女辈的婚事多所主张，特别是对于‘过番’的人们。”有一家，两个儿媳妇都是暹罗女子，其母亲甚表示欢迎的态度，以为两房儿媳对于丈夫都有比较良好的影响。有一个华侨，国内的妻室（发妻）对于丈夫所娶的南洋妇亦完全谅解：

> 因为丈夫在曼谷做生意，和暹罗人的往来一定是很多的。并且店在“山吧”，和外面交通不便，丈夫娶一个暹罗妇人来帮忙，对于商店一定是很有利益的。

南洋华侨，与侨生的中国女子结婚的比较多些。这些婚姻，在形式上虽还保存我国的旧习惯，但在精神方面，已有重要的变化。例如男女的地位渐趋于平等，女子对于择配有较大的自由。且有些侨生女子，闻见较广，知识较高，如于结婚之后，由丈夫带回家乡，对于旧式的家庭，往往不惯过活，因此容易发生冲突。有一位新加坡华侨，带领妻室（侨生女子）由南洋回潮州后，妻室即提议分析家产，预备组织小家庭。家长向南洋报告情形云：

> 某侄今年三月十五，带引新妇回家。女子是个实叻侨生，衣着翻新，读过学校！来宅不外二十日，即串丈夫同我分家！某侄亦是不中用人，随时即打迫（逼迫？）吾分家！二人心一样，一丘担，肚内塞。不中用，极（急？）死人。只顾极（急？）心，候汝回家，吾宽宽言明汝听！

（三）关于家庭内个人间的关系

夫妇间的关系，婆媳间的关系，亦有相当的变迁。南洋的结婚，男与女对于择配，有较大的自由，特别是侨生女子与在家乡的女子相比。所以结婚之后，丈夫与新妇往往处于同等地位，而已嫁妇的身份自然提高。至于婆媳间的关系，因儿媳别住一处，当然不在婆的势力支配之下，而婆对于这种新的局面有时候亦表示赞成：

> 我觉得儿子这样自动的延媒结婚，同时又与自己满意的女子结终身之约，必然增进许多夫妻间的幸福。

有些南洋妇人，侍奉翁姑，采取中国儿媳的模样，分明已有了相当的中国化，他们比较更博得翁姑的欢心：

> 在过去的十余年里，我对于儿子非常挂念。长儿死在南

洋之后，其媳（暹罗女子）还有几次批款寄给我，她是很孝顺的。二儿媳亦是暹罗人，她的心就很坏，近来很久没有信来了。二儿（在曼谷）对于我的态度，近来也改变了许多，多少是受了她的影响。

上面这一例至少可以指示两点：（1）父母对于儿女，还是保持旧有的伦常观念，即使儿女们远在南洋，在家的父母还希望他们和老家维持关系，并给予经济上的帮助。（2）在南洋的儿女们，因和他国人接触，感觉到他们有和中国不同的人生观。有些人崇尚个人的独立，并不拿自己的积蓄去赡养父母，因此对于中国的旧伦常观念，发生怀疑或甚至鄙弃之。下面一例可以参照：

听得一个朋友说，某某制糖公司的荷兰工程师，从大学毕业后，就自己有银行存款，不把剩余的钱寄给父母，无怪他这几年来可以买住屋，并购置自用汽车呢！

我赞成荷兰人对于家庭的态度。

第六章　社会觉悟

有知识和有经验的南洋华侨，于其日常生活中，不知不觉的受着欧洲文化的影响。有些欧洲的新习惯与新技术，他们认为是南洋社会的优点，而且颇可供给祖国采用，因此随时向家乡介绍，以期发展实业，或提高乡人的生活程度。在南洋所获得的深刻而悠久的经验，使他们的思想和行为，逐渐顾到社会的利益；使他们由兹兹为利的自私观念，转变到为大众谋幸福的社会观念；使他们的目光放得远大，乐于经营或建设祖国的乡村与市镇。

治安不但能保障个人之自由及其生命财产之安全，并且也是团体生活的出发点。治安如能永久维持，此地多数人民定能安然聚居一地，分工合作，向文化的各方面去努力。我们所研究的几个华侨社区，治安都是比较好的。此地在以往是由私人维持治安，在几个领袖之下自行组织，自行防范。近年来，因受地方政府或自治机关的指导，组织格外严密，故社会生活的各方面能得到比较更有秩序的发展。

近世文化所到的社区，有逐渐向市镇发展的趋势。生活的内容渐渐复杂，生活的方式随时改变，这些都市文化问题亦颇受南洋华侨的影响。

都市化里专门问题之一便是交通。交通便利之后，乡村与市镇的隔膜,可以逐渐消灭,文化也渐趋于一致,那分明是把一般人的生活程度提高了。

在本章里我们描写社会生活的主要部分,即治安、都市化与交通。这些事业实是团体生活的必要条件。人民如能够觉悟到共同努力这些事业的益处,他们就会更明了集合生活较优于个人企业,这就是社会觉悟的明显例证。

(甲)治安

华侨社区的治安,起于华侨自动的组织。大致注重保障生命财产的安全,社区自卫的觉悟,乃是直接或间接得之于南洋的经验。自卫的办法各华侨社区略有不同,今分述其概况于下:

(一)华侨社区(甲)

本区在20年前是一个瘦瘠的渔村,大部分的成年男子因在陆地上抓不住暖衣饱食的生活,皆往海上捕鱼为业。有时货船行过,不肖之徒就相率抢劫。自民元以后,区内有一个在南洋致富的侨胞捐款兴学,提倡教育,因此民智渐开。因教育逐渐发展,当地贫民生活,也得到相当的补助。民国四年以后,南洋的生意,渐渐发达,中下人民,多出洋谋生。本区的子弟,无论男女贫富,都受过初级教育。人民安居乐业,渐有自卫的组织,因此治安较好。

(子)警卫队

本区的西头,驻有警察一队,管理学校及全村治安,全部的经费由学校担负。夜间，警察在村中及其周围，往来巡逻。白天，只遇紧要的事出来巡查。近几年来，匪贼之类，在本村似乎完全绝迹，因此治安大有进步。警察除巡逻守卫之外，还担负一些调解人民纠纷的责任，因为打架或相骂的人们，常扭到警察所去诉讼。

（丑）学村办事处

学村办事处是本村最高的立法和行政机关。其主要任务，在处理村内各种问题：如有人来上诉，当即召集各“角”家长，开会讨论，共同判决。假如时局危急（如遇土匪或乱兵的劫掠），家长们立即商议办法，采用武力对付。如与外村交涉事务，也是如此，例如械斗之事，就要听从家长会议的命令。但除去年（1934）自族间几要械斗而成和解之外，械斗之事绝少遇见。

（寅）民元以后的治安情形

据当地父老说，自民元以后，本村大致平静无事；惟历年军事频仍，散兵往往分住各村，偶尔聚众抢劫。最惹人注意的是：每逢匪徒扰乱，邻居往往集团抵抗，这显然表示我国乡民向来富于联合保卫的精神。区内近年来的匪祸，举其著者有下列数起：

（1）民国十五年十月，有一位华侨刚从南洋返国，被土匪探悉，匪首即在深夜，率匪众六七十人，破门而入，把那华侨打伤，并枪毙女儿一名，共抢去二千余元，待村人会齐，众匪已散。

（2）民国十六年十一月，有匪五六十名，到本乡大路上某布庄抢劫，乡人即会集抵抗，众匪见势不佳，就呼啸四散，但已损失货物，不下一千余元。

（3）民国十八年，某夜有土匪五六十人，抢劫本乡某宅，乡人闻讯会集抵敌，匪即闻风而窜，计损失金银首饰，约共一千余元。

（4）民国二十二年九月，有匪四五十人，深夜破入某家。乡人立即包围，匪即遁逃，无钱财损失。

(5)民国二十二年十一月，某夜有匪三四十人，破入某家劫掠，因主人以往厦门，未受惊惶，但损失衣服用具等物，计值千余元。

(二)华侨社区(乙)

本区的自卫大概是严密的，但其情形与上述者有别：

(子)团防

团防治安，由本区祠堂事务所办理，本祠堂是全村的统治机关，其组织如下：

(1)正副总理各一人(每人每月薪金6元)；(2)财政一人(月薪10元)；(3)董事十二人(以家长充任，每人月薪10元)；(4)书记一人(月薪30元)。

每年经常费的实数，无从探悉，惟据当地人估计，恐不在10,000元以下，凡教育、治安、祭祀等款，都由祠堂事务所开销。团防费每年计2,000元，以为制办军器杂货(如衣服、食物、纸烟等)及其他之用。团丁不受薪资。由事务所的职员指挥团丁(每天约有七八人)，着起便衣巡逻看守，如发现外来的生人，没有先向事务所说明来历，就把他扣留。

(丑)基干队

自民国二十四年春季以来，本区奉政府命令训练基干队伍，把本村划为一乡，由祠堂的重要职员充当乡长等。

去年春间，本村选了四位青年送往县政府受三个月严格的军训。每人费用均由祠堂事务所负担，毕业后，返回本区训练壮丁，每人每月薪金12元。

壮丁训练的时间，是（从礼拜一至礼拜五）每晚七点至九点，每次共操两小时，计三个月卒业。本乡壮丁分三期训练，每期六十余人。这种办法并不限于本区，其他各乡，也一致进行。政府目的是在防匪和自卫。本村的青年本来就有武士道之风，加上此种有组织的军事训练，治安就更臻完备了。

（寅）治安的概况

因上述诸种严格自卫的设备，本村不但没有土匪，连小偷也稀少的。村内负责任的人们，常常以此自豪。据说有一次一位江西人，挑了一担布上本村去卖，那夜就寓在一家旅店内（在本村内）。团丁发现他没有预先通告祠堂事务所，就把他提到事务所内，受了一顿严厉残酷的刑罚。到第二天，事务所用了一只小木船把他送到厦门。

（三）华侨社区（丙）

本区是一个杂姓的村镇，共有25，303人。[①] 因农商杂居，生活比较安定，所以邻村稍有积蓄的人家，有逐渐徙入的趋势。富有的华侨家庭，羡慕本区治安良好，从别处移进来，有一位华侨的主妇，谈及她家移居的历史，内中有一段说：

> 我们从前是住在某县某乡的，我们这一房人口很少，常常被人欺侮，因为那边的习惯，大房的人常常压迫小房的人。但此地没有这些恶习惯，所以我们移到此地来住，到现在已经有

① 据该地区公所调查，共计4，973户，25，303人。

23 年了。

据久住于该地的一位小学教员的报告，本区的自卫费，都由上等华侨担负，此等华侨的家产，总在 5 万元以上，所以本区的中户以下的人家最得便宜。公共的捐款，大部分派不着，但一切治安的权利，可以与人家一同享受，因此过去几年中，中户人徙入本区者很多。

（子）更楼

本区的四界都有围墙，没有墙的地方利用天然的河或池塘围着，每一个出口处，就有一个更楼，因此更楼散布于村镇内各个险要之区。据我们的调查，此项更楼，全区共有 38 个，每个更楼，都有人驻守着。人数的多少，要看更楼所在地的险要程度为转移，最少的有 50 人，至多的有 125 人。在平常，并非全部驻在楼内，天气暖时，每更楼大约有 20 或 30 人；冷天每更楼，约有 10 余人。在西北两面的更楼，因向着田野和山地，自然特别险要，驻守的人，也比较增多。

更楼的统治机关是更练公所，内设本村镇的电话总机。更练公所一得警报，即用电话通告各更楼，以便全村更楼，于短时间内得到消息。

每个更楼有一位更头，总管更楼一切事务，例如指挥、发令等。如有危急，由更头召集该楼的团丁，武装起来；并由更头中选出一位总更头，当总司令。

驻守更楼的团丁，由各区的壮丁中选出。征募团丁的权力，属于乡公所，某更楼需用团丁多少，用费多寡，都由乡公所来支配。

守卫的团丁，是尽义务的，乡公所发下的钱，只当作杂费开支，例如膳食费、燃料、烟茶等。每届年终如杂费项下尚有余款，就拿来买酒买肉，大家同乐一顿。假如更楼所属区域的居民，有不愿服役者，保卫团就与这一家断绝合作，他家即有危急，也不愿去帮忙或救助；所以事实上，凡被派为服役的人，都诚心愿意奉公守法。

（丑）后备队

自民国二十三年之后，本区奉政府命令，除更楼外尚有后备队之组织，其目的在给民众以基本的军事训练，直接可以自卫，间接可以卫国。所以后备队不限于本区，别处如潮汕等，也都同样奉令组织。

后备队以十二人成一分队，三分队成一小队，每一小队有队长，直接向区长负责。照现在规定，凡男子自 18 岁至 40 岁止，都应隶属后备队，不过，身体瘦弱或残废者，可免服役；身在党政或教育界者，也不在后备之内。凡独生子也可以免入后备队。如有二子，必去其一，三子必去其二；但在事实上，有许多经济优越的年青子弟，往往都在例外，因为后备队的全权，整个的操于乡长手内，只要获得乡长的谅解，什么多可以办了。

凡排定在后备队的人，无论天晴下雨，每天下午要操练两个钟头，这样操练三个月，就算毕业。教官都是本地人，他们先被送到县政府，受过三个月的严格军事训练，毕了业，就返回本地去训练后备队。本村现在共有八个教官，每人每月得薪金 15 元。

华侨社区（丙），今有五个小队，每小队计 36 人，共计 180 人（据民国二十四年春季调查）。据当地人报告，全镇共有 90 支来福枪，大半都是现代式的。在事实上，本村还有好些精利的武备，例如木壳枪之类，都不愿轻易告人，非遇紧急之时，多不使用。

在富有的家里，更有进一步的自卫：房屋的建筑上，特别加上防匪的设备，如天井上架盖粗硬铁栅，门和窗都配上坚固的铁竿，使普通的土匪不易闯入屋内。此外，还雇更夫一名，晚上来回的在主人的住宅四周巡逻。在白天，装着农人或小工，时时注意来往的生人，如有嫌疑，立即报告负责人。

（乙）都市化

（一）厦门市

（子）市政的革新

本市是一个中外商人荟萃之地，且为一含有国际性的商埠。往时道路狭窄，空气污浊，一般的街道宽约八九尺。白天在街上走，只有在正午的时候，行人能见一点阳光，在其余的时间，街上呈现阴霾暗淡的状态。雨天街道两边的屋檐水，会直向行人的伞上冲来。街道以碎石砌成，凹凸不平，高凸处，是随意倒上的垃圾，凹洼处积成褐绿色的水潭。每逢暑时，疫病流行。一位太古公司的老买办说："厦门从前是很脏的，据外国轮船的水手说，还有一个土耳其的城市也极脏，是和厦门成为世界两大脏市。"其实，这些情形，凡住在厦门的教员商人、传教士，都能告诉你。竹树脚礼拜堂一位牧师有如下的观察：

> 厦门近年的市政，真有惊人的进步！在1919年，本地的绅商人士，因街道狭隘，疠疫时生，于是成立市政会改革市政，结

果第一条近代式的街道(开元路)就与厦门居民见面了。每逢礼拜六下午,和星期日,不论男女老幼,都喜欢跑到开元路去游玩,有些人去看看热闹,有些人到百货商店去买点零星用物。

其实在开元路未成之先,尚有一条短而洁的小走马路。有人描写当初的印象说:

我在中学读书的时候,一条最能吸收游人的马路,就是青年会前的小走马路,因为很清洁,到了礼拜六和星期日,青年会就成了一个唯一的交际中心了。青年会的活动很多,有音乐会、球类比赛、影片、演讲会、聚餐会、中西食堂的零食等。不久开元路造成,学生们就喜欢往开元路散步,特别在学校放假的时候。

对于上述的意见,著者完全表同情,因著者于民国十八年游厦门时,正是开元路开始受社会热烈欢迎的时候。小走马路是三合土造的,长约300呎,宽约10呎,因是青年会所在地,街道上有人清扫,所以曾一度能吸收游人。开元路宽30呎,长101丈,洋灰三合土造,面上加沥青,因此,路成之后,更能吸收游众。近年来新筑的马路甚多,内有中山路,计长291.25丈,宽50呎,最为美观。至民国二十三年止,共计完成新式街道(洋灰三合土上铺沥青)8,897.75丈,市内交通,远胜于前。

当民国二十三年冬季著者再游厦门时,觉得青年会宛如僻在一角了。小走马路简直变成一个市内的小巷,游人几乎绝迹,青年会的电影早已停止，西式食堂早已取消。同时四明路有华侨办的四明戏院，计建造费 10 万余元，规模宏大，设备完全，为厦门最华丽最舒畅的电影院。至于美美西菜馆、蝴蝶舞场（四明路）及黑猫舞场（海滨路），每逢夜深人静，往往灯光灿烂，音乐悠扬，招引多数的游客。

厦门的新市政，除街道以外当推房屋的改造。改造的主因有二：（1）因当局改筑街道，凡新街所经过的房屋概以法令拆毁，所以有些房屋不得不重新建造；（2）房主看到市政有勃兴的现象，就乘改建之时再加以改良，希望以后多得租金，以便增加进款。从前的店屋，普通都是两层楼房，住屋都是平房，以砖瓦木料建成，窗户细小，光线暗淡。民房窗户更是狭隘，凡房屋四围都不开窗，据说若临外开窗，家内财气，就有外溢之虞，所以全家的窗户只向自家的天井开着：光线欠充足，空气欠流通。近年来南洋的富侨往往投巨资于房产业，因此厦门有许多近代式的高楼，建筑比较坚固，设备比较适合卫生。厦门市内不仅是商业建筑，改换一新，即住宅区域，也有改良。厦门当局自民国十八年以后，开拓新区 32 处，共辟地 113,807 方丈，专为卖与人家建造住宅或租住之用。如南普陀旁的华侨新村，虎溪公园附近的住宅区，新式建造，美丽洋房，已先后落成。

街道完成，市政革新。又于中山路顶点民国路之北，开辟中山公园，占地一千余亩，设有运动场、演讲厅、茶座、美术学校。园内有池塘，有湖泽，有小山，有顽石，树木青葱，竹荫深浓。公余之暇，游散其中，不禁尘氛尽涤，心旷神怡，不啻厦门深处，新添一处“人间乐园”！当地人告诉我们说：“公园建造等费，不下六十余万！”华南各处的公园，当推此园第一。

离厦门大学不远，当局又依虎溪岩的风景，设一虎溪公园，山岩崎岖，树林荫茂，风景绝丽。布置设备，概仿造西洋，整齐清洁，尤使游者称美。

（丑）厦门市的华侨事业

（1）地产：地产包括地皮及建造费两项而言，例如甲有地产业10万元，是指地皮的价值及房屋的建造费，共计为10万元；不过，在厦门市内的华侨究竟拥有若干地产，颇难确定。现在且把公私两种可靠的统计，陈述于下：

据厦门市工务局的统计，市当局自建造新厦门以来，计收买民地值国币3,000,000余元，计工程用费约国币10,300,000余元，两项合计约国币13,300,000余元。此笔巨款，取于出卖新区地价的收入。[①] 计出售新区地价总值为13,000,000余元。[②] 至于民间近来之新建筑物，估价约15,000,000元。此项投资，至少十之六七，出于华侨。

假如以上的估计可靠，占总投资十分之六计算，华侨在厦门市内地产，至少为国币16,000,000元。

有一个私人的地产公司，即兴业公司，为菲律滨华侨所创办，曾经把厦门的主要地产企业家，关于投资的总数作一种估计。此种估计虽然不能完全证实厦门市政府对于地产统计的可靠性，如上所示，但该统计的重要部分，却给予不少事实的根据：

---

① 市府平山填海，将其所成的新地，售与人民；市府再将此款，建设市政，辗转经营，共售出地皮13,000,000余元。此款乃作付工程费用及购买民地之用。

② 新区，指新开发之区，如平山填海之后所获得的新地。

第 12 表　南洋华侨在厦门的几种地产投资(单位:元)

(a)华侨黄君	投资	2,000,000 余
(b)华侨李君	投资	2,000,000 余
(c)华侨杨君	投资	1,100,000 余
(d)华侨黄君	投资	2,000,000 余
(e)兴业公司(华侨)	投资	500,000 余
(f)益南公司(华侨)	投资	300,000 余
(g)华侨银行(华侨)	投资	2,000,000 余
	总数为	9,900,000 余

以上地皮投资,普通有两种方式:一是私人的独立经营,如某富户买得地皮之后,盖造市房(如旅馆与住房),租与人用;一是私人的合股经营,如某富商数人买得地皮之后,盖造房屋,租给人家。前者例如黄奕住先生的地产业,后者如兴业公司的企业。今将兴业公司概况,略述如下,以窥厦市华侨对于地皮投资事业之一斑:

民国十七年以后,菲岛华侨因受不景气的影响,返国者日众,但因内地不安,只能逗留厦门不返故乡!于是一部分华侨,就在厦岛购地另起新屋,以作居住之计。此风一开,仿效者日益增加,有见识的富侨,为适应此等新需求,就组成兴业公司。在南普陀东南,购广大坟地一块,平地山坡,计 2,000 亩,共计地价 10 万元(此乃公地,由海军司令部堤上办事处出卖),积极经营新村,名为"大南新村",已用款 20 余万元,建造新式洋楼十余座,其目的有二:一为出租之用,一为引起其他回国华侨,在此新村之内租地或购地造屋。近因厦门商业不佳,大半工程,已经停顿。

(2)自来水公司:资本原为 110 万元,民国十八年增 40 万元,民国二十年再加 50 万元,今共计 200 万元。当民国十三年进行建筑自来水厂时，因新式市政，尚未规划，马路尚未开辟，全市没有精确的测量，一切的准备工作，都须从头做起，挫折困难，可想而知！

公司因经理认真，营业很发达。但所遭遇的困难也很多，如用户中有欠费不交及偷水等，不但私人如此，据说机关中亦不免。厦门是台籍日人杂居之处，他们素来横行无惧，公开偷水，如公司职员与之交涉，往往被殴打侮辱，政府始终无法取缔，此种损失每年约计 7 万元左右。

饮水改良以后，对于公共卫生发生相当的进步。某工程师说：

> 本公司为华侨创办，纯系营业性质，于社会利益很大，虽然这些利益有时候为一般人所不注意。例如，过去十余年的厦门，痨疫常生，但近年来，却减少了（无统计），这虽然大部分是市政革新之功，但饮水的改良，也是一个主因。

（3）电灯公司：民国二年开办，共计资本为国币 140 万元。近来营业很不发达，最大原因，是台湾籍浪人偷电，公家剥削，以及营业税捐的增加等。厦门台籍浪人充塞，放肆偷电，政府束手，公司更无办法。查公司每月发电总数为 97 万余度，而月底电度上，最少的时候，仅有 17 万度，偷电的严重，不难想象。公家的剥削，也足使人凛冽！有些政府机关，用电而不交电费；有些交费而不足数。

但从外界探悉，电灯公司近半年来（民国二十四年下半年）营业已有进步，主要原因为以重金请了一个日本检查员。他带领电表检查员若干人，巡逻检查电表，因此，偷电之风渐渐减少。

（4）电话公司：光绪三十三年（1907）由华侨林尔嘉君创办。开办时，仅有资本4万元，现在资本计100万元。历年因受兵匪之扰，约计损失2万余元，幸公司经理得法，所亏尚能弥补。近年由黄奕住君接办，营业尚好，每月可获收入1万余元，除开支外，约有五厘官利。电话公司设分公司于鼓浪屿、禾山、海沧、漳州、石码、泉州等处。闽南大小市镇均可通电话。

（5）银行：厦门的银行业近年来颇有猛进的气象。民国二十年计中外银行共8家，民国二十一年至二十二年，增至10家，民国二十四年，又增至14家。据说其主要业务，在华侨汇款，可见华侨汇款，在厦门的经济场合上，占有极重要的位置。

这14家银行中，纯由华侨开办者有4家即：（a）中南银行，（b）中兴银行，（c）华侨银行，（d）厦门商业银行。（以上银行资本确数不知）

（二）汕头市

（子）市政的革新

汕头市与厦门一样，大部分是南洋华侨所造成的商埠。潮汕内地人民的生活，因出产不足，多靠着南洋直接的或间接的接济。因此，汕埠的盛衰，就要看南洋华侨买卖的光景如何。现在，汕埠有66家规模较大的批局，2家近代式的银行。这些金融机关，以华侨汇款为主要业务，其余商业之发达与否，也视汇款之丰盛与否以为转移。

在民国十八年汕头改为市，市政方面积极建设，计成新式街道（三合土建筑），总计长25华里，需费94万元，此项费用直接由店铺摊派。

汕头市政既经革新，公园亦随之设立，计用费20余万元。面积广大，地点清静，实为市民最适宜的游憩之所。

（丑）汕头市内的华侨事业

本市内的华侨事业，积类甚多，对于市内的经济生活，亦有极重要的关系，今略述其规模最大者于下：

（1）自来水公司：由革命华侨高绳芝先生创办。高氏因市内饮料不洁，妨害公共卫生，于民国三年开办自来水厂，从此以后，市内饮料，也得一伟大的革命。

自来水管（总管）计长36,000呎，约3哩，经过18条河流，所以工程艰难，需费浩大。现在，平均每日放水计930,059加仑，供给5,537户；据汕市民国二十二年调查，计有30,855户，平均每6户，有一户用自来水。但当民国三年开始售水时，仅有1,500用户。过去因政治紊乱，时局不定，军政法三界，用水惯不付费，公司损失极大。地方政府如能给以相当保障，全市饮料，当更扩张进步。该公司计有资本国币1,600,000.00元。

（2）电灯厂：汕市的电灯厂，是革命华侨高绳芝先生所创办。先生封翁是南洋巨商，先生少时即受近世式的教育，青年时留学日本，返国后，从事革命，并且积极提倡实业。汕头的自来水厂及电灯厂，就是他努力的结晶。电灯公司创办时，资本计国币200,000.00元，现在已积成财产国币1,200,000.00元。

（3）永安堂：资本有国币800,000.00元，为华侨胡文虎氏所办，有新旧大洋楼两座，新者共计七层，为汕市最高的洋楼。内设药料制造厂、营业部及星华日报馆。《星华日报》亦为永安堂事业之一，印刷机器都是新式，国际电报能独自接收，为广东设备完全报馆之一，在汕市，却是独一无二的了。

(4)利生火柴厂:华侨王荣勋等合资创办,民国二十年开始建筑工厂,二十二年完成,当年即制造火柴,注册资本为国币5,000.00元,实有资本国币150,000元。每年营业国币500,000元。计有女工313人(民国二十四年春),男工115人。近来因外货充溢市场,廉价倾销(日本火柴偷税进口),公司有不能维持之势。

(5)汕头冰霜厂:为汕市最大的冰霜厂。由华侨合资创办。资本共计国币200,000.00元。于民国十九年开始制造,每日可产冰30吨。

(丙)交通

闽粤的近世式交通事业,特别是在潮汕与闽南,其创办及发展,多依赖南洋华侨。华侨到家乡来提倡交通事业,原因很复杂。他们久别了祖国,深入异乡,觉得什么都是新奇的。凡西洋人的经营,都觉得可仿效。譬如说,西洋的政治清明,社会有秩序,街道平宽而洁净,交通非常方便而敏捷。橡树园的工人,见大量的树胶,用汽车输运,一会儿就到厂中;商店的伙友们,见各种的货品,由内地或由欧美,用铁道或轮船,于短时间内运来。这些方便,这些经济,都使他们感觉到喜欢和羡慕。至于家乡的情形,大致道路阻塞,交通不便,所以工商业不能发达。据他们在南洋的经验,知道交通是经商的一个基本条件,所以就从事于交通的营业。

从事交通事业方面的人,可大别为两类:一是倡办或经营者,一是投资者,前者大致是比较有眼光、有经验的商人,后者以富户居多。有许多在南洋的华侨,以为把他们的积蓄存在所在地的银行里,利息太低,是不经济,于是寻找投资的机会,家乡的交通业即是其一。就闽南说,鸭杏汽车路于民国十三年通车。① 因输运便利,营业兴旺,于是仿效者,接踵而至。五年前,汽车路的开辟,就如春笋勃发,凡华侨家乡之区(例如漳、泉两州),都可以乘汽车直达,可见华侨对于交通事业热心之一斑。②

(一)交通事业的社会影响

近代式的交通,可包括铁道、轮船及汽车路。这些交通方法,对于社会上发生多方面的影响,例如(1)加增农产品或制造品的销路,(2)增进乡村的防卫,(3)促进乡村与市镇的联系。

(子)交通事业的经济利益

如农产品的易于运销,是显然的事实。例如韩江流域的谷米、蔬菜(作成咸菜卖)、林檎,都因铁道之便,销路更旺。据汕头平平公司经理的估计,每年咸菜由汕头出口,总计不下国币500,000元。潮汕铁道两边的柑(俗称潮柑),彩塘以北,遍地皆是,三冬腊月,柑色辉煌,鲜艳夺目。据汕头生果铺的估计,每年出口,总计国币200余万元。上列各种产品,大致由铁道输往汕头,转运国内他市或南洋。

漳厦铁道,其着眼点,也在开发龙岩之煤及漳州之果(如龙眼等),只因经理与官吏营私舞弊,以致停止营业,近乃以汽车代之。

① 鸭杏路,是由惠安鸭山马洋埭起,到杏田镇止,共12华里,资本30,000元,有客车1辆,货车3辆,每月营业1,000余元,近年因兵匪之灾,营业大不如前。

② 近年因不景气影响,公路投资,已不如从前的踊跃。

汽车路的资本,至少十分之五出自华侨(据汽车联合会估计),凡漳州之水仙、柑、龙眼,因此可运达厦埠,畅销全国。又如同安县每年运往外地者,计有:(1)龙眼干60,000担,值国币1,500,000.00元;(2)龙眼肉600担,值21,000.00元;(3)甘蔗80,000袋,值80,000.00元;(4)文昌鱼6,000斤,值10,000.00元。以上货物,大多由同厦轮船及同美汽车,运往厦门,转往他埠(国内或南洋)。

(丑)乡村的治安

乡村的治安与以上所说的交通开发,也极有影响。有几个较大的华侨村庄,本来就有适当的自卫,如上所述,再加上汽车路的方便,因此治安方面,更形增进:

华侨社区(丙),"纵使遇有大批的土匪来,我们也不惊惧了。只要我们能抵抗半天或一天,我们的接济救兵就能赶到,因为由县城调兵到本区,只要一点多钟的工夫;由汕头的兵开到本区,也只要三小时左右。这些方便,十年之前,是绝对不可能的!因为汽车路未造以前,以水道赶往汕头,即使水深风顺,也要一天多可到,普通总要在船上过一夜"。

华侨社区(甲)也有同样的情形。汽车路未开之前,从本区到同安县城,计有陆路40余里,若是步行差不多需要半天工夫。如今汽车通了,只有40分钟就可到!本区如有匪警,同安驻防军,接到报告后,半小时工夫,即可赶到本区。1934年12月中的一个晚上,有一部分土匪,大约30余人,来本区抢劫校卫队的枪械,同安驻防军接得警报后,于一小时内即赶到本区,土匪当即窜逃。可见汽车路兴筑之后,于乡村的治安维持,确有帮助。

(寅)消息的传达

可以减少习惯的分歧,或促进思想的沟通。汕头是潮梅两区最大的商埠，厦门是闽南唯一发达的海口，汕头与厦门又是两个区域的文化中心，凡学校、报馆、图书馆、伟大的建筑等，大部均集中于此两地点。从前交通没有开发的时候，由潮州到汕头，旅客须闷坐篷船两天，如遇浅水期，旅程更不能预料。所以当时潮梅往南洋的迁民，先七八日或十余日就到汕头候船出国。自潮汕铁道造成，由汕头乘火车到潮州城，只用一小时又三十分钟。潮州之上又有长途汽车，分布于各村，交通方便，消息灵通。一般的迁民，就可指定日期，由村内出发，于短时间到汕头乘船。

从前，汕头的报纸到潮州时（水道距离 85 华里），已隔两日；厦门的报纸到同安（水道距离为约 60 华里），需隔一天；泉州的报纸到同安（水道距离为约 260 华里），需隔两天。现在的情形却不同了，潮州城的人们，在上午八点钟，就可看到汕头的当天报纸。（汕头火车上午六点开，七点半就可达潮州。）上列闽南各地，当日亦可看到厦门的新闻纸。内地的人民，依靠近代式的交通，眼光和智识，一天比一天的开拓。社会上的习惯，逐渐可以统一，同情心可以传播，思想得于可能范围内趋于一致：这些广义的社会教育，使一般人的生活发生剧烈的变迁。著者到同安时，有人描写该地前因交通阻塞，虽离某校甚近，但与某校却有极不相同的习惯：

> 有一天，某校学生，到邻近村中的一个店铺购物，看见铺内有一位 20 余岁的女子（大概是店主的夫人），他瞧了她几眼，并现笑容。店主见情，当即面红耳赤，怒发冲冠，跑进厨房，拿了菜刀，就向学生直追。幸亏学生跑步极健，不然，性命恐有危险。但如今呢，该村的青年男女，往往在路上结伴同行，人们也不以为奇特。

这虽然同时表示学校的影响，但是交通之功，亦不能埋没。因为交通发达，内地与外埠，就时常接触，僻壤陋习也因此起了改革。

（二）华侨对于交通事业的投资

（子）铁道

（1）漳厦铁道

漳厦铁道是由厦门岛对面的嵩屿镇起，北至漳州城止，计长 90 华里。大部分是华侨的资本，并为华侨创办。开办时计有资本国币 2,426,551 元，后来资本增至国币 3,300,414.32 元。这些资本，据当地人估计，三分之二是南洋华侨的投资，特别是荷属东印度群岛的福建同乡。

光绪三十一年八月（1905），闽绅张亨嘉等要想利用华侨资本，开发福建，计划创办福建铁路公司。公推福建名人陈宝琛为总经理，派代表往南洋群岛向华侨募集资本，计募股国币 300 万元。于是计划先筑漳厦一段，完成之后，再伸至龙岩。

光绪三十二年八月（1906），闽省当局奏请朝廷，就闽省各县粮税，每银一两米一石，附征路捐 200 文，每年计可收 20 万串；又盐每斤附征路捐一文，每一年可收 5 万串，专作补助铁路经费之用。自 1907 年下半年即开始征收此项附捐，但当时华侨股本，只收国币 1,700,000 元。所以先开始嵩屿到江东桥一段铁道，计路长 56 华里（28 公里）。1910 年即行通车，是为漳厦铁道。

宣统元年（1909），股本不继，股东会议决向交通粤行借国币 50 万元。民国成立后，附捐被省议会议决取消，盐捐也不照付，于是铁路公司收支相差太远，拮据万分。民国二年十月公举代表陈元凯到北京，请交通部将漳厦铁道收归国有，于民国三年四月一日，交通部即实行接收。民国八年七月，交通部拨款建筑码头。到民国十二年，码头工作犹未完成，但战事发生，粤军占据漳厦，全路营业，由粤军办理，路局财产，就更觉动摇了。

民国十九年漳州嵩屿间的公路完成，铁路营业，更觉无法维持。当年十一月，即正式宣告停业。据路局民国十一年年报，共计亏本国币1,440,000元。但十一年之后，路局财产，因经闽省战事的破坏，其损失更无从计算。①

厦门华侨巨子黄奕住、李清泉曾三次提倡整理路政，但都遭失败：(1)民国十三年七月，黄奕住与黄世金等赴南京和孙传芳接洽，适齐鲁战起，路事作罢；(2)民国十五年八月，时杜锡珪为内阁总理，李清泉等代表华侨与杜氏接洽，经阁议通过，决定将漳厦铁道，交由黄奕住商办，但同年十月，党军入闽，事又中止；(3)民国二十二年，十九路军驻闽，政局略定，整理铁道的问题，又重新提起，当年六月一日，在鼓浪屿设立漳龙路矿筹备处，军委会参谋本部及交通部，且派飞机帮助测量。不料闽变又起，一切计划，尽成泡影。②

(2)潮汕铁道

潮汕铁道，为纯粹的商办性质，共计资本(投资)国币3,025,872元，尽出于南洋华侨。光绪八年(1882)，英商怡和洋行提议兴筑自潮州至汕头的铁路，未得政府允准。光绪二十二年

---

① 郑华：《福建西南路矿计划》，pp. 1—3。又交通部：《交通史》(路政编)第十三册，pp. 5557—5638。

② 厦门《江声报》，民国二十四年四月十二日第三版(新闻栏)。

(1896)英商太古洋行,禀呈两广总督,求准代筑潮汕路线,也未允准。光绪二十九年(1903)有广东嘉应州人张煜南氏(张氏为爪哇著名华侨),邀同张步青、吴理卿等,创办潮汕铁路公司,于同年十二月初五日呈请商部奏准立案,聘请日人为总工程师,于是在光绪三十年(1904)二月开始工作。

干线由潮州西门外至汕头,于 1904 年兴工,于 1906 年 9 月竣工。意溪支线成于光绪三十四年(1908),全线共长 15 英里 9。[1]

当路工初兴之际,地方风气闭塞,人民对于工程,多方阻碍,铁道公司当买卖地时,业主多避匿不理,以为出卖土地有伤风水,特别是要搬移坟墓。1904 年 12 月 16 日,在路线所经过的庵埠(胡卢市)地方,有乡愚数百人暴动反对,把筑路的日本工人击毙二名,重伤四名,并将办公处焚毁,工程破坏。日本死难工人等,由路局赔偿恤金国币 10 余万元。

开车后,军事、天灾、土匪三方面,相继袭击,损失重大。军事时期内,火车停开,所受营业上的损失,更难估计,即运军记账一端,已积欠国币一百余万元。在 1911、1921、1923、1925 几年,每年有水灾,计停车 72 天,洪水冲坏路基,毁伤浮桥,共约损失国币 10 余万元。1918 年地震,车站及员司宿舍倒毁,计损失国币 1 万元。1922 年 8 月 2 日风灾(俗称“八二风灾”),货仓机车厂倒塌,轨道损坏计 7 公里,停车 27 天,共损失国币 10 余万元! 于 1927 年,火车行到鹳巢站时土匪行劫,毙车员三人,伤一人,毁坏轨道、水塔及他种工程。至于间接影响到营业上者,其损失更难确知。但近年来,因时局稍见安定,路局整理路政,营业日见起色,股息六厘,已

① 交通部:《交通史》(路政编)第十六册,pp. 411—430。

可照数付出。

(3)汕樟轻便铁道

汕樟轻便铁道，是由大浦人杨俊如及萧林秋等倡议开办的。计集资本国币225,000元，大部分资本多由华侨投资，据汕头民国日报馆主笔谈话，资本十之六七是由南洋华侨所出，但不知确数。

民国四年倡议，资本集成后，就组织汕樟轻便铁道公司。民国七年，铁道造至下浦，八年至外砂，十二年至澄海县城，全路计长10哩。

客座由藤竹造成，好像是藤轿，置台车上，用人力推行。座位等级分特别普通两种，特别级客座左右各坐二人，普通级客座前后各坐四人。沿站设交车路轨，仿效火车规则。

开车以后，月入国币7,000元。以3成付推车工人之工资，公司可实收4,500元；除一切费用外，公司可得纯利国币2,000元。照原有计划，打算造至樟林镇，故称汕樟轻便铁道。但从民国十一年路工罢工后，军事骚动，兵士乘车常不给价，再加上各种苛捐及路局内部人事的纠纷，结果，入不敷出，不能维持。及后经股东开会出而维持，恢复通车。因经理舞弊，至民国十八年间，将全线押于台湾银行，押款为国币10万元。

到民国二十一年，樟汕汽车路通车，轻便铁道的营业尽为所夺，于是路轨枕木，就任其自然氧化无人顾问了。

(丑)航业

(1)潮汕的航业

所谓潮汕内河的航业，向以韩江为主(俗称汕头江)。韩江由潮州上溯至大浦，淤积尚少，虽在浅水期内，小汽船(以石油发动)也能自由航行至三司河。但从潮州以下，相近外港之汕头等处，在在多是沙洲，在浅水期内，如不加濬渫工夫，就不能常通帆船。再加上潮汕铁道，由汕头起直达潮州意溪，衔接韩江，所以韩江航业，在事实上只注意潮州以上的航行。

关于韩江的航业，从来没有统计和调查，详细的情形，实无从知悉。但据我们的访问，华侨对于韩江的航业，实有重要的关系。

今在韩江航行者，有三公司，其营业概况如下：(a)东成公司：计有资本国币900,000元，十分之四是出于华侨。现有浅水轮船26艘，约共载重3,500吨，全公司职员、技士、工人，共有600人。在公司未成立之前，韩江一带计有大小三十余个船公司，有船36艘，员工1,300人，近因内地农村破产，外洋生意凋敝，航业就一落千丈，陷于破产。结果于1931年，改成今日之东成公司。(b)利民公司：有船四艘，航行大浦，计有十分之三的资本，是华侨所出。(c)大宁公司：有船两艘，行驶于梅县、松口和潮州等处。资本确数不知，大约华侨的资本，至少也有三分之一，但大股东约是潮汕商人。

(寅)汽车业

闽南与潮汕的汽车交通业，几无一路不与华侨发生关系，前节系已经述过，今将华侨对于闽南及潮汕汽车业的经营叙其梗概：

(1)闽南汽车交通业

闽南的汽车路，已构成了交通网，四通八达，到处行车。据著者调查所得，在1934年前大小公司，计有27个，每个公司都是各自为政，极少合作。旅客乘车，或运输物货，非常不便。譬如说，从集美船埠搭车到安溪去，先乘同美公司汽车至同安县站，须等候半小时到一小时，才能转乘溪安公司的汽车；旅行固然不便，如带有重量行李，更觉痛苦。有时同美公司开车，而溪安公司则因事停开，所以旅行和运货都十分迟缓。1932 年 7 月,汽车业同人,组织闽南汽车路公司联合会,一方面巩固公司的力量,一方面改进各路联运的效率。成立以来,成绩卓著,如 1933 年,福建财政厅拟征汽油捐,联合会即据理力争,上诉国民政府财政部,结果福建省政府收回成命,于是联合会的声誉日高。1934 年夏,福建省政府,拟凭政府的力量,收回闽南一切私人所辟的汽车路,公司因投资关系,又据法律抗议,联合会会长被捕。此事颇引起投资者及社会的反感。

(a)闽南汽车路投资估计:确数无从知悉,但据联合会的估计,共约国币 400 万元。此 400 万元中,大部分是华侨的投资。十分之七的汽车路在泉属,十分之三的汽车路在漳属。据该会的估计,泉属汽车路的资本,华侨拥有十分之七;漳属汽车路的资本,华侨拥有十分之五。

据闽南汽车公路联合会的报告(1930 年)①,泉、漳两属共计 23 公司。② 资本共计国币 3,002,000 元,路线共计 1,691 华里。③ 详情如下:

第 13 表 民国十九年前的闽南汽车业:公司、股本及里数

公 司	股 本(元)	里 数(华 里)
(1)泉 安	250,000	95
(2)全 禾	100,000	85
(3)泉 围	150,000	81
(4)安 溪	300,000	180

① 《闽南汽车路公司联合会周年刊》,第一卷,民国十九年四月出版,图表第 4 页。

② 政府公路不在内。

③ 洛阳及厦市路线未计算在内。

续表

公　　司	股　本(元)	里　数(华　里)
(5)泉　洛	50,000	17
(6)泉　洪	200,000	58
(7)白　马	40,000	14
(8)始　兴	300,000	190
(9)溪　安	250,000	77
(10)巷　南	50,000	56
(11)同　莲	47,000	23
(12)同　溪	100,000	36
(13)泉　秀	100,000	18
(14)同　美	250,000	34
(15)双　阳	25,000	36
(16)泉　溪	40,000	170
(17)鸭　杏	35,000	11
(18)交　通	20,000	80
(19)洛　阳	15,000	—
(20)厦　市	200,000	—
(21)福　兴	200,000	260
(22)漳南龙	250,000	150
(23)灌　銮	20,000	20
总　　计	3,002,000	1,691

由上表看来,闽南私人汽车路的投资,至少是国币300万元,再加上历年来的设备等,或许能与上述400万元的估计粗相符合。

各公司当初开辟汽车路时,与省政府订有规约。规定通车之后,公司应按照路线的距离交纳租金。(最初组织此项的汽车公司,尽是华侨资本。)计每十里应纳月租400元,除此以外,公司有借款与政府的义务,以便发展交通。例如1929年,福建建设厅与漳龙汽车公司订立合同,建设应特许该公司在漳州和龙岩之间专利营业 15 年，但每月除应将月租照数缴纳外，尚须以借给建设厅国币 10 万元为条件。

（b）闽南汽车路开辟的困难：闽南各汽车公司，其成立及规模的大小虽有不同，但在营业上所遭遇的困难，自成立以至现在，大致相似。今且举泉安公司来作一例，以反映近年来闽南的社会概况。泉安公司为闽南最先创办的汽车公司，胚胎于民国二年，当时由神户华侨陈清机邀地方人士出为发起。预定股本为国币 250,000元。民国八年七月股本招足，即开始筑路。当时因经费拮据，几有停工的危险；幸蒙陈氏向各埠华侨尽力劝募，才得根据计划进行。民国十年冬季，全线完成，开始通车（全线是由泉州起至安海止）。民国十一年双十节，公司营业，刚入规道，适遇当时粤军回粤，自治军出发闽边，汽车都作运输兵队之用，损失之重，无从详计！

民国十二年冬至民国十三年秋，战争不息，公司损失愈大！王永泉军队驻守泉州，巧立名目，创设所谓警察捐，要附加车票一成，公司因此大受影响。以后，公路局也要援例附加，公司财政困难更甚，当时几乎不能维持。

民国十三年秋至十四年春，公司极力打算恢复营业。惜战事又起，土匪抢劫，绑票勒索，层出不穷，因此，旅行被视为畏途，公司业务，极不顺利。

民国十四年秋至十五年春，地方略定，公司营业渐有起色。正在打算扩充营业，另辟支线，不多时，“党军”入闽，战事发生，一切车辆尽为军队（属张毅氏）搬运辎重。据本地人说，公司所受战事的损失，以这次为最严重。

民国十五年党军驻泉州之后，地方就逐渐安定，营业也渐见进展。

民国十七年内，泉、永（泉州、永春）地方安靖，旅客往来，日见繁盛，公司业务因此振刷一新。不料东石支路（东石至石狮）地痞土棍捣乱，煽动无知乡民反对。因此，公司又遭遇到许多无谓的损失！

民国十八年，无战事，但土匪猖獗，泉州车站被劫，人员被毙者八，重伤者三，为公司空前的惨剧！

（c）闽南汽车路所受兵灾的影响：读过上节泉安公司的略史，可以想见兵灾的影响！但是近来，闽南一般的汽车路，屡受天灾人祸，所造成的损失，为从前所未有。福建各地被灾的久暂亦不一律；今为便利估计，每次被灾各以一个月计算。

（Ⅰ）民国二十一年度：

第14表　闽南汽车业所受的损失（民国二十一年）

（Ⅰ）营业的损失：（单位：元）

公　　司	平时每一月营业	乱时每一月营业（1932）	每一月营业损失
（1）同马灌角汽车路	9,966.00	2,347.50	7,618.50
（2）安　　溪	26,705.00	17,158.00	9,547.00
（3）泉　　安	28,964.50	15,233.50	13,721.00
（4）全　　安	56,272.50	41,902.00	14,705.00
（5）同　　美	9,941.00	3,486.50	6,454.50
（6）利 行 里 路	3,630.00	420.00	3,210.00
（7）泉　　围	8,827.50	5,627.50	3,200.00

续表

公司	平时每一月营业	乱时每一月营业(1932)	每一月营业损失
(8)漳嵩	27,852.00	10,842.50	16,909.50
(9)泉洛	3,378.50	2,064.00	1,714.50
(10)漳浮	19,079.50	17,517.50	1,562.00
(11)长泰	1,998.00	1,011.00	997.00
(12)漳龙南	22,487.00	6,905.00	15,582.00
(13)石东	1,394.50	776.50	618.00
(14)民利里路	2,490.50	601.50	1,889.00
(15)同溪	2,806.50	1,507.00	1,236.50
总计	226,183.00	127,563.00	98,620.00

(Ⅱ)桥梁道路车站被毁坏的损失：(单位：元)

公司	损失总计	附注
(1)泉安	5,000	
(2)漳嵩	17,800	
(3)泉洛	100	
(4)漳浮	61,930	
(5)漳龙南	75,690	
(6)利民里	7,920	
(7)龙诏	5,430	
总计	173,870	

（Ⅱ）民国二十二年：

第15表　闽南汽车路所受的损失（民国二十二年）（单位：元）

公　司	每月营业损失（1933）	道路设备等损失	车辆等损失	损失总计
（1）漳　嵩	18,853	695	31,800	51,348
（2）枫角公路	2,264	6,300	12,000	20,546
（3）枫角长途	19,000	8,500	38,000	65,500
（4）峡　宏	9,500	6,940	5,000	21,400
（5）涵　锦	2,280	1,340	3,820	7,440
（6）泉　安	37,350	2,200	41,452	81,002
（7）溪　安	5,000	无报告	5,500	10,500
（8）漳　浮	7,556	22,000	33,000	62,556
（9）枫　洛	15,020	4,700	2,900	22,620
（10）石永蚶	1,254	无报告	9,000	2,154
（11）泉　围	4,500	450	620	5,520
（12）泉　溪	4,100	2,600	7,800	14,500
（13）福　峡	3,818	无报告	4,800	3,618
（14）漳龙南	24,311	24,260	46,400	94,971
（15）安　溪	22,394	无	6,215	28,529
（16）安　黄	2,955	无	5,130	8,085
（17）同　美	21,570	无	6,500	28,070
（18）振　兴	无	650	1,500	2,150
（19）石　东	无报告	无报告	3,000	3,000
（20）泉永德	无报告	无报告	19,500	19,500
总　计	201,725	80,635	283,937	530,549

（Ⅲ）民国二十三年度所受的损失，可分：（1）营业的损失，（2）因军差所受的损失。军差损失者乃指因军事运输所耗的人工及用品等等损失，如电油机油之类，今列表如下：

第16表　闽南汽车路所受的损失（民国二十三年）（单位：元）

公　　司	每月营业的损失	军差总损失
(1)泉　永　德	12,123.27	118,142.00
(2)泉　　　安	14,753.61	17,105.00
(3)漳　　　嵩	7,985.50	33,934.00
(4)漳　　　浮	2,122.99	28,249.00
(5)龙　　　诏	7,835.73	22,982.00
(6)漳　龙　南	2,574.10	83,291.00
(7)枫角(洛角段)	无报告	65,029.00
(8)枫　　　洛	2,778.64	23,620.00
(9)岩　　　潮	仅有半月之记载	26,140.00
(10)泉　　　莲	2,995.10	12,499.00
(11)福建(实业)	无报告	9,364.00
(12)安溪汽车路	5,361.00	5,476.00
(13)同　　　美	1,795.91	3,693.00
(14)同　　　溪	257.24	2,282.00
(15)溪　　　安	3,753.91	1,782.00
(16)泉　　　围	无报告	1,576.00
(17)晋 江 石 东	873.45	1,597.00
(18)石　永　蚶	1,648.00	1,371.00
(19)灌　　　銮	90.90	71.00
总　计　损　失	66,949.33	458,226.00

因此，三年中所受的损失，可以得一总结如下：

（Ⅰ）民国二十一年度所受的损失为：营业方面，每一月中损失国币98,620元，占平时每月营业总数44%。道路桥梁设备等等方面，共计损失国币173,870元，各项总损失为国币272,490元。

（Ⅱ）民国二十二年度所受的损失为：营业方面，一个月损失国币201,725元，占平时营业总数98%。道路桥梁设备等等方面，共计损失国币80,635元。车辆方面损失国币283.937元。各项总损失为国币530,549元。

（Ⅲ）民国二十三年度所受的损失为：营业方面，一个月内计损失国币66,949元，占平时营业总数32%。军差上所受的损失为国币458,226.00元，两项合计为国币525,275元。

（2）潮汕汽车业

潮汕区域之内，已成的汽车路，有下列诸条：（a）安揭汽车路（由潮安至揭阳计56华里）；（b）安黄汽车路（由潮安至饶平计36华里）①；（c）安凤汽车路（由潮安至饶平凤凰市计50华里）。（d）护堤汽车路（由汕头至潮安计72华里）；（e）广汕汽车路（由广州至汕头约计760华里）；（f）樟汕汽车路（由樟林至汕头约计70华里）。

但与华侨发生关系者，只有漳汕及安凤两汽车路。今分述其梗概于下：

（a）投资金额：樟汕汽车路共计有资本国币320,000元。华侨投资数目逾国币100,000元，内有新加坡华侨国币三万余元，暹罗

---

① 安黄公路由潮安城东门起，至饶平县城止，全路里数未详，但属潮安县内之里数计36华里。

华侨国币 50,000 元，香港华侨国币 40,000 元。

本路主理人为陈少文先生。查本路于民国十七年开始建筑，于民国二十一年筑成，即于当年十月通车。生意兴盛，每年营业总数为国币 200,000 元。

安凤汽车路，计长 50 华里，资本共计国币 40,000 元，内有安南华侨陈拔奇氏投资国币二万元。每月营业额为国币 3,200 元。

(b)兵乱的影响：樟汕路开车以来，曾于民国二十三年度，被烧毁汽车一辆，值洋国币 4,000 元。此外，每逢军队换防(例如秋防冬防)，汽车往往被封，专运军队。自通车以来，每一年中，平均总有二十余天专运军队，前后计算，总有几万元的损失。

第七章　教育

（甲）教育的目标

教育的目标不能用几句话肯定的叙述出来，因为教育目标的形成，不是根据于一个人或少数人一时的抽象理想，乃凭借于大众的生活与经验。许多有知识和有经验的个人，由他们的生活里，选出几种有效的经验与知识；这些经验和知识，经过长时期的演化之后，即用来作为训练少年的资料；所以有用的教育，往往与社会环境，时代潮流，与国家需要俱相适合。南洋华侨以生活及经验为根据，对于家乡有时候传达消息，有时候施以经济的援助，因此直接或间接影响于故乡的教育。所以我国华侨社区的教育，或南洋的华侨教育，实际上反映出华侨社会训练少年的经验和方法。

（一）教育的传统目标

本书第三章的一部分曾讨论生计的模型，指出南洋的华侨社会，以商业为生活的中心；因此华侨社区内的学校，其课程多注重商业的知识和训练。要在可能范围内给学生们相当的基础，以便他们在毕业后，可以逐渐在商界服务。

我的教育目标,是希望儿子读书识字,在商店任职,做生意赚钱!

我希望儿子于毕业后在商界做事赚钱,希望女子能做教员赚钱,教育目标就是赚钱而已。

读书识字,是要将来给儿女谋事不难,又可多赚钱。

教育的目标,是要求毕业生出路容易,能赚大钱,对于女子求学,是求将来出嫁之后,能帮忙她的丈夫照料生意。

读书时,要能打算盘,能记账写信,以便营商。

我是做生意的,希望儿子读书后,可以替我管账,我送他入学校,完全在发展生意。

目标是在做生意,儿子在本地小学毕业后,就要带往暹罗学生意去。

现在做生意的人,都要识字,读几年书,能识几个字,将来可以记账。

上面的引语,可以表示一般华侨对于教育的态度。父母为什么送儿女们入学?对于儿女们的将来有什么期望?这些问题的答案,可以暗示教育的目标。不过有一点,与我国内地的乡村微有不同:就是华侨对于儿女们的教育,平等看待;希望女儿长成起来,同儿子一样,也在商店里服务;或女子出嫁以后,亦可以赞助丈夫,在商业里帮忙。

多数的华侨是在困苦中奋斗的人。当他们在家乡的时候,有些目不识丁,有些粗能认字,但教育的程度都不高。在粤东的某华侨社区里,我们对于1,046人询问他们出国前的教育准备,得如下的答案：入私塾者378人，入学校者161人，受过教育但不指明何种者146人，未受教育者160人，不详者201人。这些答案大致含混不明，因此我们不能明了其教育的程度。迁民们大致是热血青年，光景虽穷，志气颇高，又往往富于冒险性，遂毅然决然抛弃家乡，迁居南洋，以便在危险中与环境奋斗，其结果有许多是胜利者。有些人回想他们的经验：在朋友当中有的自少至老不识字，不会珠算，在生意场中偶尔吃亏；有的因能写信能记账，毕竟成家立业。这些经验，使他们受了感触，觉得自己的儿女们，必要给予他们教育的机会：

> 四十多年以前，我们同村往南洋的有五个人。内中有一个往巴达威，他不识字，不会写信，他的运气不好，所做的生意全是失败的。他改行三次，现在是一个木匠，所得的工资仅乎能维持自己的生活；至于家里的费用，还要靠他的堂兄弟（坤甸开杂货店）来担任一部分。
>
> 还有一个人年纪很轻，性情很活泼，最初出洋的时候，是到巴达威一家杂货店当徒弟，那是他的叔叔开的。因为他在村内读过五年书，文理通顺，又能珠算，在巴达威店里，他的薪金逐渐增加，位置逐渐提高。很得店主的信任，所有来往书信，都是由他办理。他的朋友也增加起来了。几年之后，吉隆坡有一个同乡约他去做锡矿的生意，他就去了。以后一帆风顺，非但能和中国的商家通信，并和欧美的同业打听消息，因为他能看新闻纸，看杂志，并有许多消息灵通的朋友。

上述的例子在南洋华侨中很多。有见识的华侨，自然能领会到教育对于一个人有多方面的帮助。他们不但观察同胞们,同时可以观察在南洋的欧洲人。欧籍大商家,有比较优越的组织和科学化的商业管理,因此他们能够多赚钱,在华侨看来,这些也是根据于教育。因此一般的华侨即使光景贫穷,也必须把儿女送入学校,并常常劝告亲友作同样的努力。华侨劝儿女入学,富有者除外,在家长方面的确是很大的牺牲,非相信教育对于儿女有极大的益处者,决不出此!

在法属印度支那长期经商并富于经验的长兄,于一年之内(民国二十三年三月二十八日,至二十四年二月二十六日)给旅居堤岸的幼弟写过 43 封信,信内讨论许多问题,惟常常提到下列数点:(A)努力求学(10 次),(B)崇尚节俭(8 次),(C)努力奋斗(3 次),(D)求得基本知识(3 次),(E)介绍青年有用的读物(2 次)。由这许多信里,我们可以看出中华民族的两种美德:(1)崇尚节俭,(2)努力奋斗。第二种是华侨冒险出洋成家立业的一个大秘诀,所谓奋斗即包括于艰难困苦中求学,以谋将来上进的机会。下列三信,可以代表长兄勉励幼弟的梗概:

(Ⅰ)我们现正筹谋纳身税的计划!此数百的款子,不知在何处寻求。而你亦要各等的用费,叫我们怎样办法好呢?在此不景气象中讨生活,真是难了!而你在此时期求学,我亦替你不安。倘若在生意蓬勃的时候,就可以用之裕裕了。

但你须知,苦中求学,应要加倍用功,爱惜光阴和金钱,〔金钱〕不可浪费!〔你要〕将血汗的金钱,来作有益的事业;节俭奋斗,向前猛进,以期日后有成,是所至祝!

(Ⅱ)廿八接付来书籍一包,即已转付回家矣,勿念。惟叔公所给之款项，至紧要，随身带着，以备交学费及购书籍之用，不可浪费。自此以后，务要努力求学以求上进。国、英、法、算四科，尤为重要，切勿放弃，我们现在方悔昔日之不习外文也。倘我有经济能力时，必供〔给〕你至大学为止，但望你努力向前，不可浪费及不可自弃！

（Ⅲ）廿一那天接你寄来的信，很是令我快慰；但你虽在此不景气中求学，样样都要从俭约做去，不可浪费金钱和宝贵的光阴！

校中所规定的事情，你是要遵守的，不可学做一个败类的人。闲游、逃学、偷懒和做出种种不规则的行动，一切都要戒绝！

校服已缝好，而你未取，不知所费几何？和在哪一间成衣店做的呢？你没有对叔父说过吗？如你有暇可通信告他，抑或他出来时，你对他说，为何你次次来信，总不给叔父和哥哥等。

我知你月考在即，温习要紧，所以来函中，字法鲁〔潦〕草得很，且时时都有白字（即差字），希望你以后不论做什么事业，都要认真用心，实是〔事〕求事〔是〕，切勿苟且，因为字是文章的衣冠，例如你虽文章甚佳，而字法苟且，则虽金玉之句，亦不见得佳了；但我自己虽是平常，而我亦希冀你要好的，故此近来我亦日日练习字法，以求有进。

你们学校的风潮，有平息的希望未？未知起因怎样？请你有暇，下次来书，详细告我，且赤化等等的言语，你不可误听人言，而做出种种不规则的行动，以致弄出风波，和有害自己的人格。总之用功求学吧！切不可滋事，做一个守规则良好的学生罢！

法文读本如你要用，就不可付入来了，以免多费手续。你在中发支取之银，除应用有余之外，就要储蓄起来，以备不时之需。且如叔父不出来时，你或有紧用者，以后请你向某叔支取，但你来往要谨慎车辆。

你前函所云："欲买胶底鞋"，请不可多费一笔款子了；你的三兄闻得这个消息，他自愿将他自己所穿那对胶鞋赠给你，叫你不可买了；如你有经济时，何不多缝一二套衣服呢？且你已经买了一对经济鞋了，怎解〔怎样〕要着拖鞋子上课呢？

你的中、英、法、算，近来有些进步吗？三兄叫你有经济时，代他买一个精致的银包。且妹妹等衣服已是破烂了，祈你有经济时，且西堤的布匹较平〔便宜〕，就买多少付入，为盼。

在粤东所选出的华侨家庭100户中，有许多人家对于教育是很热心的。据本书附录第K表及L表，我们知道在拣样调查中，华侨家庭有34户（非华侨家庭仅16户）有教育用费，等于杂费总数的9.20%（非华侨家庭等于2.35%）。下面所举三例，除第一例是上等人家经济宽裕外，其余两家儿女的教育费，皆由各方面节省筹措：

（Ⅰ）第9号："家主妇的子与侄上学者共五人，儿现年18岁，在上海某初中肄业。侄二人，在本区高小学校肄业，又二人在本乡初级小学。此家全年教育费，据我们的估计，至少要国币700元。家主妇的夫有时候由暹罗汇银到上海交其子作费用。在乡上学的各种费用，大致由家主妇负责。"

（Ⅱ）第16号："本户关于小孩们的教育用品，在一个月之内有下列数项：卷页及手工纸用费0.86元，本无如此之多，因卷页买成刀，则价值比较零买便宜得多，故作一次多买数刀，本月计费0.50元，又买手工纸共0.36元，系女孙与男孙共用。此外又买颜色纸0.13元，系女孙所购，作为配制纸花之用。"

（Ⅲ）第34号："本户有孙辈在村中小学肄业，一个月内的教育用费如下：长孙往校逢大雨，路上多水，失足跌地，将手上所持的课本等物，尽抛失于水中，不能再用。因此重行购买书籍，并买墨一条，合共耗银0.34元。又运动场费0.20元，系其长孙合同学之友，集资购用乒乓球各用具，以便课余戏球之用，每人须派0.20元。"

所谓教育，通常不过是经商的基本训练，如写信、记账、史地常识等，这是华侨的传统观念，华侨社会里并不需要较深的学问，因此很少有人提倡。

教育不是万能的！有些人在学校里虽能依照教师的指导，安稳的工作；但出校以后，未必即在商界得意，因此有些华侨，对于基本知识的灌输（如小学校的工作）亦表示怀疑，因为他们的朋友中，有些人少时目不识丁，老年亦成富翁，所以引起他们藐视教育的观念。由槟榔回国的一位富侨，他自己是不识字的，一日给我们叙述一件故事如下：

我有一个朋友，当他小的时候，因家里光景不好，未曾上过学。十五岁随着父亲往实叻，在他的店里当杂务。这是他父亲的朋友开的，他的父亲是跑外的。十一年之后他的父亲过去了，就由他继续担任职务。

他的八字是适宜于做生意的，不久他就开一家粮食店，几年之后在实叻又增两家，同时在西贡、曼谷、巴达威及香港，都有联号。但是因为生意太忙，他每处都雇用“先生”管理信札及账目等事。据我所知，他到了老年还是要请人代写家信的。

(二)教育的新目标

一般的华侨以为教育的基本目的是在训练经商，这种普通的观念已有悠久的历史。不过近年来有一部分的华侨因各种关系，感觉到教育的较深意义：以为教育不仅是谋生的准备工作，实是生活的本体；学校不应仅注重训练商业，也应注重灌输文化。抱此等观念的人数虽然不多，但在华侨的领袖里面，却亦偶尔遇到。这些人的观点，较为宽广，对于教育的认识较为真切，对于教育的信仰也较为深刻。

有一位新加坡的华侨，最热心于教育。他一生的精力除经营自己的职业外，都消耗于学校上面。马来亚的华侨社会及中国的故乡，凡教育事业，都受他极大的影响。有些学校是他创办的，有些学校是他帮助指导或维持的。关于教育的目标与功用，他对于著者的谈话是：

当前清末年在实叻的闽南同乡，很热心创办小学的时候，我们把校址、经费及学生，都弄得有着落了。但是实叻的福建同乡，人数虽甚多，只有两人可以当教员的，但两人各因事不能就聘，所以我们只可写信到上海去请教员。当时我向自己说:“这是异常悲惨的情形!”同乡中以经商的占多数,除极少数人因职业关系,不能当教员外,其余的都没有当教员的资格!我想如果人生的目标只是为赚钱,那就太没有价值了!

在那时候我立誓:“将来光景富裕,必提倡教育,以便转变风气。”不久,我的经济状况,渐渐的改进了,我就在福建的故乡创办小学校,但是对于师资问题遇着同样的困难,接着我就办师范学校,以便培养师资,这是我注意学校教育最早的动机。教育有极深切的意义,我是极端相信“教育救国”的人。我想生活与人生哲学有极密切的关系,学校的课程首应注重生计的训练,以便毕业生可以得着谋生的准备。不过人们不可专注意于谋生,因为他们对于社会,对于国家负有相当的责任。譬如福建多山,耕种是不宜的,但有矿产,有森林。福建又近海,有鱼类及海产。凡开矿、造林、捕鱼都须精的技术,那就须高深的教育,以便有才能的人,藉此发展天然富源以造福于社会。不但如此,对于国家,我们须有健全的人格、高尚的知识、奋发有为的精神……换句话说,我们须要培养最高等的人才,如大学或专科学校毕业生,使他们对于国家努力以便复兴民族,发扬文化。

对于教育抱着这样远而大的态度的华侨,人数虽然不多,但亦偶尔遇见,他们便是新教育的先锋。他们的志愿在逐渐提高南洋及家乡的教育标准,不但使教材渐与生活适合,并且介绍健全的人生哲学,以便充实教育的内容,并开拓教育的范围。此种新的教育由有抱负的华侨,渐渐扩充其势力。例如暹罗富侨某君,经营米、布、杂货业有年,送其长子归国求学,待中学毕业,复促其子返曼谷襄助店务。其子返暹后，感觉商业中事宜，与自己性情不合，不久即归国入大学，研究文学哲学。大学毕业后，在华南某市创设师范学校，自任校长职务。于短时间内向旅暹华侨募集巨额的开办费。自开办以来，每年的经常费用，85%出之于南洋华侨，特别是暹侨。像这一类的人，抛弃传统的商业，以及安舒的生活，来寻求与性情相合的学校工作，那分明是把人生观扩大了。这些人领会人生的目标，不仅是对于己身谋生存，并须努力适当的企图，以贡献社会及国家。

（三）教育目标改变的主因

目下的华侨教育，在南洋和华南，大部分虽还是重商主义，但已隐约呈现新趋势，如上所述。这种新趋势的产生，原因虽复杂，但其主要原动力，乃是华侨在南洋的经验。华侨旅居南洋，少数人受了欧西文化的影响。有些人和欧洲人接触，有些人的见闻涉及欧西的文化与教育，有些人受各种生活经验的暗示，觉得中华民族的自强要从学校下手。大多数的华侨，初到南洋的时候，是工人或是小商人，他们不免受白种人的歧视及不平等的待遇；但是他们知道中国有悠久的历史与文化，自然而然担负着发扬中华文化的责任。

在南洋的华侨除少数领袖之外，多不与欧人接触。所有普通与欧人的接触，属于商业或事业的居多，属于社会或交情的很少，因此很少有机会与欧人交换意见，或采取其习惯。实际上华侨社会是自足而孤立的，与欧人社会土人社会成鼎足之势。

有一位有知识的华侨发表这样的意见：

因语言与习惯的不同，我们不能同化于欧人社会。我们多数人虽能操马来语，但马来亚的文化是很简单的，我们似乎无须有许多的接触才能领悟，因此华侨的惟一路径是保持中国的文化。

因此南洋的华侨学校必须表现民族性的保存与维持。荷属有一位侨生领袖，自其曾祖已在爪哇居住，他本人颇热心教育：

当中华会馆提倡教育而尚无正式华侨学校时，殖民地政府对于华侨并不给予何种教育（除非是甲必丹的儿女等）。康有为先生来游时（1903），我们对于祖国文化曾得了深一层的认识，后来我们派代表回国研究儒教，结果得了郑孝胥先生的指示。他的《孔教新论》虽不能在荷属普遍的遵行，但发扬中国文化的根本要义，到如今非但保存着，并且相机伸展，譬如华侨学校的增加，学生人数的增加及汉文的注重是。

有许多人说"荷属华侨对于祖国特别表同情"，那是环境造成的。因为按以往的情形，我们既不同化于欧人，又不同化于土人，当然要发扬中国文化。我们承认文化与政治有时候分离不开。我们觉得荷属西印度的华侨，比我们自由得多，因此西印度的华侨，不加入政治运动。他们在荷兰时，有些人甚至不肯加入中华会。因此，东印度的华侨，所以与祖国表同情，不是完全由于国民党的宣传。

南洋其他各处的华侨教育，亦以表现民族性为其主动力之一，这是于华侨的谈话中，直接或间接流露出来的，因为一般人入学以后，对于祖国的历史与现况比较知道清楚些，中国与外国的关系，亦得到适当的了解，于是爱国心不期然而发现了：

> 自我出了校门以后，我对于中国发生更深的同情心。我希望同胞们不要互相杀戮，要互相团结，共救国难。使政治上轨道，社会上安定，人民安居乐业。我侨居南洋多年，眼见当地政府团结一致，政治清明，社会安定。我希望中国的政治快上轨道，使中国一天一天的强盛起来。
>
> 我虽是一个不得志的人，但爱国不落人后，我那年在新闻纸上看到"九一八"的消息，知道东北被日本抢去了，我就在南洋召集朋友，把薪水十分之二捐助国家，集得百余元（按他的经济情形，是属于下等的），交与救国会。所以希望中国快点振作，提高国家的地位，不要使外国人笑我国为毫无出息的国家！
>
> 济南惨案发生（1928 年 5 月 3 日），我刚由厦门返南洋，我捐了 30 余元寄给祖国。我觉得国家弱，不但政府受别国的侮辱，即国民也到处被人轻视，被人欺侮。这种轻视与欺侮，因个人的知识提高，时时能感觉出来的。我希望中国快快富强起来！

（乙）华侨社区内学校概况

（一）华侨社区（甲）

本区共有7校，其最先创办者在民国二年。各校的创办及维持、经费的来源及管理等，俱由本村华侨巨子某君努力担负。以经费论，自学校开办时起，某君共用去国币约400万元，若以年利九厘起息，至民国二十二年止，其息金总数亦有250万元。

所谓7校即：（1）男子小学（民国二年创立）；（2）女子小学（民国六年创立）及幼稚园（民国八年创立）；（3）中学校（民国七年创立）；（4）师范学校（中学程度，民国七年创立）；（5）商业学校（中学程度，民国九年创立）；（6）水产学校（中学程度，民国九年创立）；（7）农林学校（中学程度，民国十四年创立）。每校各有校长，行政独立。7校共有教职员183位，学生1,373人（据该校于1933年的报告）；内有华侨学生588人，[①]占全校学生总数42%。大多数学生，由八九岁即来校受初等教育，到中学毕业为止。有些华侨把五岁的孩子就送入幼稚园，可见华侨家庭很重视子女的教育。

本校校舍壮丽，有科学馆、图书馆，都是三层洋式楼房。有礼堂、美术馆、男女寝室、风雨操场，或二层或三层，校舍共有12座，都采取新式建筑。寝室可容纳二千余学生，全校面积占地一千余

① 华侨学生包含两点：（一）直接由南洋来之华侨子弟；（二）南洋华侨在家乡之子弟。

亩，等于本村面积的大半。

本村的学校对于本村有各种影响：

（子）对于子弟教育

自民国二年一月二十七日设立两等小学以来，学校就积极鼓励村内子弟入学。凡入学的主要费用，均由学校津贴。到民国七年，两等小学改为师范和中等学校，以后增设幼稚园、水产学校、商业学校和农林学校，村内子弟入上列各校都照常免费优待。因此，村内的教育，实际已经普及，村内的女子教育，比男子更为发达，中学毕业生的人数：女性超过于男性。因为男子在小学或初中毕了业，家长急忙的要将他们带往南洋去学生意。女子既不负责维持家庭的经济，家长们就要她们多读几年书，希望提高她们出嫁时的身份。①

本校对于本村子弟的教育，影响到如何的程度呢？据我们224家的华侨家庭访问，他们无论贫富老幼，多送子弟入学；学龄儿童的90%是在学校的。今将实际情形统计如下：（1）子弟全受过学校教育者132家，（2）子弟未受过学校教育者16家，（3）愿子弟受学校教育，但子弟尚未到学龄的年龄和尚未有子弟者72家，（4）未说明者4家。

（丑）对于成人教育

自民国六年起，本村专为村内失学的成年男子，开设夜校一所，上学的有100余人。民国十一年起，添设妇女夜校，招收失学的年轻妇女；民国十三年，成年男子的教育，似已稍稍普及，即停办男子夜校。自此以后，专办妇女夜校，对于一般失学的年轻妇女施

① 华侨社区（甲）的风俗，凡教育高的女子，聘金则加倍提高。

以教育。在民国二十四年春,妇女夜校有学生 80 余人,分 7 级,高小 3 级,初小 4 级。女教员 5 人,每夜上课两小时,全年经费国币 300.00 元,俱由本校担任。

本村的华侨,受过学校教育(包括成人教育)及私塾教育而有记账的能力者甚多。据 224 家华侨的情形言,其家长的教育概况如下:(1)家长受过学校教育者 118 家;(2)家长受过私塾教育者 62 家;(3)家长并未受过教育者 32 家;(4)未说明者 12 家。

(寅)对于福利事业

(Ⅰ)道路:本村原是偏僻荒凉的渔村,道路狭小,交通不便;但自本校创办以来,村内的路政,随学校的历史而进展。今日道路加宽,公路汽车可以直达村内。(Ⅱ)卫生:从前本村有以下四种普遍的疾病,即寒热病、吐泻病、天花和鼠疫。但因本校在校内附设医院,聘有训练的医生,除管理学校卫生外,对于村民也做义务的施诊及施行各种瘟疫的预防注射。结果,近十余年来,鼠疫绝迹,天花亦未流行。蚊蝇减少,疟疾稀罕。(Ⅲ)本村改成学村:民国十二年,闽南战事蔓延,校内尽驻军队,学校当局请求南北政府改本村为永久和平学村,旋即蒙政府署诺赞同。又于当年十月二十日经孙中山先生,正式批准,因此凡村内田地屋宇,一概免税,并且任何军队不能驻扎。(Ⅳ)本村生计:自本校开办以来,全校教职员及学生,最多时数近三千人,各种消费的数量,因此增加(现在,1935 年春,有学生 1,373 人)。许多村民生活的一部分,亦赖此维持。据我们调查,自本校设立以来,店铺共产生了 91 家,资本共约计 10 万元。

(卯)对于社会

自开办以来至民国二十二年一月止(1933 年 1 月),本校共有毕业生3,530人,分布如下:(1)国学专门科37人;(2)师范讲习科12人;(3)师范学校699人;(4)师范高级107人;(5)中学四年制239人;(6)新制初中791人;(7)高中32人;(8)高中师范科64人;(9)水产77人;(10)商业学校183人;(11)女师特别科14人;(12)女子师范213人;(13)女中215人;(14)甲种农林17人;(15)初级农林74人;(16)高级农林6人;(17)农林讲习科5人;(18)幼稚师范88人;(19)男子小学442人;(20)女子小学215人,共计3,530人。

今日闽南各地小学的师资,90%以上是由本校出身,潮汕及南洋各地,亦有本校的毕业生充当教员。旅居南洋的闽南侨胞,往往把他们的儿女辈,送入本校攻读,因此本校在南洋华侨的教育事业,实占有重要的位置。

(二)华侨社区(乙)

闽南华侨社区(乙)的住户大部分皆同姓(内有杂姓者数户)。族人迁往马来亚者,在最近一百年以来,连续不断。在清嘉庆(1796—1820)年间,槟榔屿的族人,因人数加多,且经济渐觉充裕,乃建造祠堂一所,以资联络,不久又增设一所,并且购置地产,以积公款。到民国十年(1921),基金超过马来亚银壹百余万元。习惯上以此项利息作旅槟族人及家乡的教育、慈善及公共事业的经费。清光绪末年,科举废,学校兴,家乡的族绅提议以槟榔祠堂公款的一部分利息,充作家乡开设学校的经费。光绪三十一年(1905)男小学成立,到民国二十四年(1935)我们调查时为止,已有31年的历史。

本社区的男小学，设在一座文武庙内，地方尚觉宽畅，凡教室、礼堂，以及会客室，多是以现成的庙屋改成。文武庙，一联有三座房子，都背北向南。东边是文昌庙，中间是关帝庙，西边是岳王庙，现在这三位“老爷”，都被搬入中间关帝庙内；每逢诞辰，还都照常供祭。在平常，神座的前面，就作为学校的礼堂，星期一的纪念周仪式，就在这礼堂举行。除纪念周外，这礼堂就无形的被学生作为健身房，在里面玩小皮球和乒乓球，墙上高悬的总理遗像和上面台上供的三位神像，只沉静的欣赏那天真活泼的儿童的游戏。

全校共分六级，共分五教室，一二级同一教室，其余各级都各有教室。教室因采用现成的庙屋，光线都从天井中射入。所以教室内的光度很不平均：靠近天井一面的光度太强，里边一面的光度太弱。假如在阴雨的天气，坐在极里边一面的学生，就不容易看出课本的字句，如蝇头细楷，比较更难了。

教室墙上，尽贴本级学生写的字和图画的成绩，如飞机、火车、轮船，以及伟人的肖像等，都是学生模仿画成的。（内有孙中山、纳尔逊及拿坡仑。）

教室与自修室是合用的。学生所用的桌子及椅子，均是成人所用的普通椅桌，学生安坐听讲时，两足大多离地半尺，钟摆似的悬着。学校周围有二三亩空地，下课时学生就奔出教室，作种种游戏。最普通的是踢小皮球，次之是礼堂内的乒乓球。

本校校长一人，教员八人。校长是本村祠堂的正理事，也是本村最有势力的家长，月薪 36 元，但一切校务均交与现任该校某教员的胞弟全权办理，所以校长自己除办毕业典礼时应到校训话之外，照例不到校。教员八位，内有七位是校长亲近的族人。

早上的课，自九点钟开始。太阳早已挂得很高了，往往学校里边还没有一个人！下午上课在一点至四点之间,四点以后,学校就关门了。

学生免交学费,因为学校每年可向槟榔同族祠堂领得常年经费(最近的一年即1934年为国币2,500元)。学生有154人,除24名外,尽是华侨子弟。本村有学龄儿童500余人,但入学者只有154人,即连义务学校的女生计算在内,也不过260人！为什么不多收学生呢？据学校当局说:(1)因许多穷户的家长们不愿子弟上学;(2)因本校经费不充裕,自从南洋不景气之后,每年汇款减少,现在本校每年经常费只有2,500元。分配如下:(一)校长与教员薪金每年国币2,300元,内中教员薪金每人每月自12元至22元;(二)校役一人,每年120元或每月10元;(三)杂费,每年50元;(四)购买图书费,每年25元。

学生无一定制服,有的衣冠整齐,露出笑容;但大多数保存乡间的本色,蓬发垢面,衣服污浊,赤着脚来上学。六位教员穿西服,其余两位戴着瓜皮小帽,蓄着胡须,具有乡绅的威严。

校役一位,专理打扫工作,及供给开水之类。每月工资10元,与最低的教员薪金,相差2元。校役是校长亲族,平均一天做两小时工作,就可以清闲无事。为省去时常烧开水的麻烦,他预先烧水一锅,可以供给学生一二天之用,所以他整天优游无事的过着生活,每日下午四点以后,也随同教员放学返家了。

本校门禁森严,虽然"学校重地,闲人莫入"的虎头牌已经撤去了,可是原来的威严依然存着。除教员学生外,平常人向来不到学校观光。每逢暑假寒假和星期日等等,学校的门总是用铁锁锁着。文武庙前除了挂上一块校牌外,参观的人们对之,感觉不出一点学校的意味。

本村尚有女小学一所，于民国十五年设立。无经常费，以学费作开支。自民国十八年起，槟榔同族的祠堂允给经常费每年国币1,200元。但到民国十九年，因南洋生意不景气，即宣布停发。此后，每年学校所收学费不过百余元，只能充作杂用而已。教员男4人，女4人，全属义务性质。[①] 现共有学生64人，华侨子女占45人。

此外尚有妇女工艺传习所一处，创立于民国十八年。其经费初亦由槟榔同族祠堂拨付，每年国币1,000元。不久南洋的经费断绝，乃将传习所改为女子小学校，以收学费来维持：每生每年交学费4元，贫穷者免缴，每年可收学费百余元。学生共51人，内华侨子女35人。教员男6人女1人，均不受薪，每人每月，只领膳费津贴5元。

（三）华侨社区（丙）

本乡是近汕头而有名的华侨村镇，经济能力完全操于华侨手中。所以镇内治安，以及慈善事业等，直接的或间接的，大多由富有的华侨维持。一位久住本乡的老先生说：

> 住在本乡最便宜的人，要推中等以下的人家，他们现成享着平安和各种权利与方便，因为一切公益的义务，都由四五万元家产以上的华侨担任去了。

① 教员均是初中毕业生，现家居无事，就乘便作义务教员。

本乡的教育也大致依赖华侨的经济。譬如第一及第二高级小学，名义上是区立的，但实际上与区公所并不发生重要的联系，尤其在财政上面。学校的财政如有困难，还是要靠着校长个人向本地富有的华侨征募。

据我们在民国二十三年（1934）冬天的调查，本乡共有 28 个学校（除二高小外余为初级小学），教员共计 119 位，学生 2,113 人。本乡曾有创设中学之议，因民国十一年“八二风灾”作罢。本区的 28 所小学，大多数与华侨有深切的关系：（1）由华侨倡办者 7 校；（2）其经常费的一部每年由华侨捐助者 16 校（包括华侨创办的数校）；（3）华侨偶尔有捐款者 8 校。

在民国二十三年（1934），本乡共有学龄儿童（年在 7—15 岁之间者）4,987 人，内计男孩 2,738 人，女孩 2,249 人。但实际入学的儿童共计 2,113 人，内计男孩 1,665 人，女孩 448 人。已经入学的儿童数目，占学龄儿童总数 42.4%，或每 2.36 学龄儿童中有 1 人在学校读书。假如以性别说，男孩入学的数目占学龄男孩总数 60.8%，或是 1.64 男孩中有 1 人读书。女孩入学的数目，占学龄女孩 20.0%，或是 5 个学龄女孩中有 1 人读书。

2,113 个学生中，有 789 个学生出自华侨的家庭，计占学生总数 37.3%，或每 2.68 个学生中，有一个是华侨的子弟。因为学校繁多，势不能逐一详述，今选出三校叙其概况于下：第一校在创办时得南洋华侨的捐款，以后按时得其维持费；第二校未得华侨的开办费，但得其维持费；第三校未得华侨的开办费，偶得其维持费，并得归国华侨的鼓励与经济援助。

（子）两级小学

本校现有教员共计 10 人，学生 170 人。常年经费共计国币

3,150元,经费来源大部由华侨所捐,计暹罗华侨每年捐助国币 1,900元,本地校董计年捐国币 400 元。这些校董们,多数是归国华侨。其余来源,就全仰给于学费的供给。所以三分之二的经费,要靠华侨的捐助。

当本校开办之前,校长往暹罗去捐款。结果,华侨计捐助开办费国币 7,000 元。因此本校于开办时,在经济方面已有巩固的基础。暹侨所捐的国币 7,000.00 元中,一半用作开办费,其余存作将来的用途,因此本校早年为初级小学。到民国二十一年(1932),此存款逐渐用尽,校方负责人再往曼谷,向本村同乡中请求援助,结果又得其每年援助国币 2,000 元的允许,因此添办高级小学,而本校成为村内二完全小学之一。

两级小学的创办人,以改良教授法勉励同事,他们以为有些基本知识要从早灌输于儿童,并且要深深的印入儿童们的脑中,所以他们的叮嘱是:在原捐的 7,000 元中,有一部分要花在仪器及设备上面,如化学及物理的模型、动植物的标本、人体模型、壁上悬挂的地图等。教室中亦陈列学生的美术品,如铅笔画、着色画及学生的木工成绩(如桌椅)及工具的模型。

有一位富于经验的教员,向我们解释说:

> 儿童们对于所见的事物多喜欢真实化,不喜欢用抽象的讲解。譬如儿童画一所房子,烟囱里往往冒烟,以为非冒烟不能表现出烟囱的真实性。我们如能利用这种心理来灌输知识,其成效比较大些;所以我们在可能范围内,用些图画式模型来引起儿童于听讲时的兴趣。

（丑）区立第二高等小学

本校是区立学校，共有教员7人，学生112人，全年经常费国币2,000元。但因扩充校舍，于民国十一年（1922）添筑新屋一座，计需国币1,500元，而华侨（暹罗）则捐助国币850元。本校于民国二十年（1931）又新筑校舍一座，计需国币1,600元，而暹罗华侨又捐国币600元。华侨对于本校建筑费共捐助国币1,450元。民国二十一年华侨又捐修理费国币540元，其他间接的补助，因无记录可查，不易计算。

（寅）初级小学

某初级小学在民国二十三年有教员10人，学生193人，常年经费国币1,120元，本校于开办时未得华侨的经济援助。自开办以来，虽偶有华侨捐款，但实际自南洋来者亦不多。有些回国华侨因送其儿女在本校入学，曾对于本乡的教育公费竭力向各界劝导，因此本校经费每年可以勉强维持。在本村居住的回国华侨，对于本校有多方面的协助。

（丙）华侨社区的学校与非华侨社区的学校

严格说来，三个华侨社区内的教育情形，各有不同，已略如上述，因此我们将华侨社区与非华侨社区作比较时，只能包括其概况，如下所列：

(一)课程

两区的学校都遵照我国的教育部部章编制课程,但华侨社区对于尺牍与国语(讲话)特别注重。

我国一般的小学,并无尺牍一门功课,因为尺牍即包括于作文之内。但是华侨社区内的学校,从初小四年起,就把尺牍单独作为一门功课,并且教员及学生都认为是极重要的学科。因为写信的训练,于商业有相当的关系。

也极注重国语。自初小一年起,就开始教授,教员都用北平话,发音虽欠准确,但可使听者懂得。小学的毕业生,就能粗粗用国语了。这些情形在潮汕及闽南一带非常显著。

著者有一次在闽南的一个乡间迷了路,正在发愁之时,远远的望见田野间有几个牧童,乃即前去打听路径,一位牧童说出很清晰的国语,使我们十分惊奇!据说他已在某华侨社区的初小毕业。这可见华侨学校注重国语的情形。

(二)师资及教授法

教员的程度不齐。从以下三个华侨社区里,可以看出来:(甲)区的学校教员尽是师范毕业生,这是例外,不能和其他华侨社区相比;(乙)区男小学,八位教员中有三位中学毕业生,一位初中毕业生,三位初中肄业生,一位本校小学毕业生。(丙)区学校的师资,以初中肄业生占多数,次之为小学毕业生。因无统计,无从详说,但我们参观学校以后的感想,觉得一般的师资与国内普通的乡村比较，却居中上。至于非华侨社区的教员，大致是私塾出身，训练与经验不足，且不识国语。

因师资不同，各教员之教授法亦异，其适宜之程度相差很远。在某华侨社区里，某小学的自然班，在课室内，按课本研究植物生长的原理，在学校后面果园里，学生自己种蔬菜与花果，以作实验。有一个学生说：

> 我们家住在城里，西红柿与黄瓜只在饭桌上见面。我在学校的果园里，才亲自看见他们生长的情形，觉得很有趣。

有几门功课，是着实注重儿童的记忆力，关于这一点，华侨社区与非华侨社区，有相似的情形。上课时，如国文历史等课，教员将课本内容，朗诵一遍，学生接着复诵一遍，教员似乎不能引起儿童的趣味，儿童对于这些课程，也感觉不到深刻的兴趣。

(三)校址、经费及设备

不论在华侨社区或非华侨社区，大多数的学校，往往借用庙宇或祠堂，作为校舍。但非华侨社区内的初级小学三所，俱有比较不清洁的校舍。内中最劣的小学亦在祠堂内，只有屋一间，以极污秽的布帘，隔成两部作为教室两间，墙上无图画以补助讲解之用。其余二小学，足与华侨社区里设备中等的小学相比。

学校经费的来源，在华侨社区里，大部分依靠华侨（在南洋及已回国者）的捐款；在非华侨社区里，大概由地方自筹（如由校产的入款或学生的学费等）。两区的学校，大致都感觉经济的困难，非华侨社区尤甚。

(四)学生人数

华侨社区(丙)有学龄儿童4,987人,入学者2,113人,或每2.36人中得1人,或入学者等于学龄儿童总数的42.4%。入学儿童中有448人为女生,女童总数等于2,249人,入学女童占总数的20%,或每5女童中有1女童入学。

非华侨社区有学龄儿童933人,入学者239人,或每4人中有1人入学,或入学者占儿童总数的25%。学龄儿童中有女童410人,内中入学者20人,或每20人中有1人入学,入学者占女童总数的5%。

按入学儿童中,在华侨社区内的2,113人中,有789人,或37%是华侨家庭的儿童;在非华侨社区的239人中,只有45人是华侨家庭的儿童。

(丁)南洋华侨社区的教育

(一)华侨学校的起因

南洋华侨的教育事业不在本章范围之内,但其对于教育的观念,其兴办学校的理由及其所遭遇的困难,和华侨所以提倡家乡教育有重要的关系,因作简要的讨论如下:

华侨学校是如何产生的?简单说来,其主因有三:

(子)对于环境的适应

南洋各居留地政府有不同的教育政策，各地亦有不同的环境，南洋华侨学校大致是因为适应环境而产生的。十九世纪末年，在东印度的中国人(除“马腰”“甲必丹”或“兰珍纳”的儿女外)没有受教育的机会，华侨领袖因此在亲友中募款设立私塾以便教养其子弟。塾师大半不能尽责，塾址亦大致是借用破旧的庙宇，但同时荷属华侨由中国方面得着有力的刺激与鼓励，例如光绪二十九年(1903)，康有为氏因变法失败，逃往南洋，在爪哇时力劝华侨办“新学”。于是巴达威、泗水、三宝垄的华侨，就将私塾改办做“学堂”。光绪三十一年(1905)，两广总督岑春萱派刘士骥往爪哇劝学，刘氏约各埠“马腰”、“甲必丹”等到万隆开会，以资提倡。光绪三十二年(1906)荷属华侨学务总会成立，为有力的教育机关。[①] 这些努力对于殖民地政府的教育政策，发生相当的影响，因殖民地政府即于次年(1907)起始，推广教育于中国人。

在英属马来亚，初级教育向来是普遍的，凡有愿意接受此种教育者都可入学，因此并无单独设立华侨学校的必要；待欧战开始，民族主义的运动由中国传入马来亚，华侨学校亦应运而生。

很早就惹人注意的问题之一是：殖民地的学校应该用哪种语言来教学生？用土人的语言，或用统治国的语言？

在法属印度支那，政府学校向来都用法文，因殖民地的统治者，相信因如此可以促进同化，并可以培养少数的土人领袖，以便产生“传布法国文化的附属人”。

---

① 荷属华侨学务总会：《荷属东印度华侨教育鉴》，第372面，民国十七年五月。

> 除乡村小学校外,法属印度支那的各种学校,以用法文授课为原则。教育采用集权制,凡习惯上的分权制(近虽暂时复活),很快的要过去了。对于法国文化与安南文化的综合,有各种的努力,以避免反国家化之不良影响。例如在中等学校的课程里,用特种教科书授自第十八世纪以来的法国文学或汉文,使学生认普通的汉字,以资了解初浅的经典及现代的读物。安南文学史学亦包括在课程之内。①

美人在菲律滨的教育设施,几与法人相似。因按照美人的信心,以为能解决一切社会问题者,惟“自由的政治制度与普及的教育”。从菲律滨的占领以至现在,以英文为授课的工具,以施行教育。

荷人在东印度的教育,从前限于上等社会,并以马来语传授。自1907年起,把教育推至于乡村的民众。这种态度的改变当然“是受民治思想的影响”。有些学校以马来语授课,有些学校用荷兰文。

英属马来亚的政府学校,素以英语授课,不过近年来,把马来亚的钟点加增,因此引起“教育马来化”的误会。实际,马来亚的传统政策,是以英语来传布英国文化,此种立场,至今尚未变更:

> 从来没有人提议,强迫中国人空费三年或四年的光阴,学习国语或马来语。侨生是最喜欢英国化,所以上述的行为,非但无意义,并且是专制的。别且不提,有许多侨生的家庭,通

① H. A. Wyndham: *Native Education*, p. 229.

常都说英文，因此，英文应该作为教育的工具。①

暹罗的国立学校，向以暹语授课，但私立学校中，从前除暹语外，亦得用外国语授课，例如华侨学校内可以用汉文。近年来暹罗政府要推广暹文而取缔汉文，与在暹华侨发生争论，如后所述。

（丑）民族主义的传布

民族主义的传播，特别是在民国革命时期的前后。满清末年，朝廷改变其对于迁民的态度，偶尔派大员前往抚慰。在二十世纪初年，革命党首领有时候在南洋旅行，宣扬中华文化，激动爱国心，劝募款项，以助国民革命。因此类及他种关系，南洋与我国的感情渐趋浓厚。有时候南洋华侨派代表往中国游历，或以调查商业状况，或以研究文化（如孔教或教育），南洋华侨学校的设立，即为其结果之一。

（寅）中文在南洋的需要

中国人在南洋经商者甚多，自行贩至出口商俱有，但以小商家居多。他们大致用中文在南洋互相通信，如果和中国通信，更会感到中文的重要。因殖民地学校不授中文，所以须设立华侨学校。

除授中文以外，华侨学校尚有其他目的吗？这个问题的答案，和殖民地的教育方针是联系的。如上所说，殖民地教育注重“同化”。华侨中知识较高者常常要问：“同化于何人？”如果同化于土人，那么华侨们的答案是：“我们授之于土人者多，取之于土人者少！”如果同化于欧人，那么事实告诉我们，欧人与中国人在南洋除因职业或经济关系外，别无往来。关于殖民地学校的同化，华侨领

① Minutes of Legislative Council, Feb. 12, 1934 (Speech of Director of Education).

袖屡次宣言说：

> 因受居留地政府学校的常期训练，我们中华民族已经变成衙门的书记或商店的雇员了。

有些华侨领袖的心目中，以为华侨学校的设立，是解决上列各问题的办法之一。

（二）华侨学校目前的主要问题及注重家乡教育的主因

（子）并校运动及国语的推广

但今日的华侨学校，有许多问题急待解决，例如：校数太多。南洋华侨因语言及习惯之不同，原分五帮（闽南、海南、广州、潮州、梅县）（内闽南与潮州的方言相差不多）。某地如有学生并有教育经费，各帮必立一校以教养其儿女。其余的理由是：各帮会馆以办学为荣，彼此互相竞争；华侨缺乏中央组织，不能将教育问题作全盘的计划。

世界不景气以前，华侨学校，曾有一度剧烈的发展。在1933年马来亚有华侨学校373所，内中67校是旧式的。在此总数中，36校得殖民地政府的津贴，计（新加坡币）44,945元或每年每生得津贴7.92元。华侨学校共有男生18,376人，女生6,477人。华侨儿女在殖民地政府的学校入学者男生计12,223人，女生计4,718人。后者以侨生的儿女为多，前者以迁民的儿女为多。以大体论后者收费较多，前者收费较少，侨生的生活比较同化于统治阶级，其经济状况亦较优。

在东印度的中国人，侨生的儿女大概入荷华学校，以荷文教授；迁民的儿女，大概入华侨学校，以国语教授。以现状论，荷华学校有107所，内有中国学生男15,516人，女10,922人。[①] 华侨学校近年有渐增的趋势：在1908年计75校，有学生5,500人，在1915年计400校，有学生17,000人，在1931年计约600校，有学生30,000人。[②] 据华侨学务总会的调查，在1926年，东印度共有313校，男女学生31,441人。[③] 中国人的识字者，近年亦有增加，据1930年的清查报告，识字人数占中国人总数的29%（爪哇等于34%，外省等于24%），内中识荷兰文者等于3.2%。

在1932年，暹罗有小学生788,846人，内中7,726人是华侨学校内的中国学生，都是纯粹的中国人。有些混血的儿女当包括在全国小学生的数目内，惟确数不知。暹罗教育部准许华侨学校注册，于佛历2461年（1918）取缔私立学校，于佛历2464年（1921）取缔小学校。

近年来，暹罗政府为推广暹文，对于华侨学校拟作严厉的处置，引起旅暹华侨的反感与纷争。据1934年暹罗教育部的章程，凡华侨小学校，增加暹文的授课时间（第1年每周12小时半，第2年12小时，第3年8小时，第4第5年各每周6小时），同时减少汉文的授课时间（第1年至第3年每周各5小时半，第4第5年每周各11小时）。此种规定，虽表示暹罗政府的让步，但与1930年以

---

① W. J. Cator: *The Economic Postion of the Chinese in the Netherlands Indies*, p. 86.

② Volkstelling 1930 Deel VII, p. 108.

③ 荷属华侨学务总会：荷属东印度《华侨教育鉴》，第448面，民国十七年五月。

前相比，华侨学校汉文的授课时间，已大量减少。①

从前南洋的华侨，因方言不同多设学校，近年来此风渐衰，因自民国以来，南洋各处除印度支那外，有热烈的国语运动：学校内大致采取国语，因此校数大减。马来亚一位华侨领袖说：

> 校数减少果然可以节省我们的教育经费，并且可以免除许多隔膜。各帮间的误会，可以减少，合作的机会因此增加。

不过学校的数目恐怕不能十分减少，因乡下人有散居的习惯，不能因教育的关系，强迫他们集中居住。且有许多学校，没有大规模的教室可以容纳多数学生，华侨学校的学生大致能讲国语，在学校里亦讲国语。不过出了校门，不论在家里或是在社会里，还是通用马来话或是闽粤的方言。

（丑）经费、教员与课程

除极少数的学校以外，经费都很困难。华侨学校无固定的经费：大致由会馆与富商的捐款及学费来维持。自不景气来临以后，经费大减。不过光景富裕者还是很慷慨的捐助学校。一般的父母，对于儿女的教育，都抱极大的牺牲。

学校的教员是一个困难问题。以前的时候，大致多由国内请去，教国语为其主要职务。这些人因无久住的计划，往往不学马来语，或南洋的历史与地理等。近来有些所在地政府要华侨学校注重本地文字，教员首先反对。又因南洋华侨社会与欧人少社交，所

① 苏鸿宾："暹罗取缔华侨教育之现阶段"，《华侨月报》，民国二十五年十一月、十二月合刊。

以隔膜殊甚,有些教员们乘此机会作政治的宣传。将来侨生子弟在中国或他国受了相当教育,回到本地从事教育工作,这些人数加多以后,师资问题即可圆满解决。

与师资有连带关系的是教科书。民国革命以来,殖民地政府认为有些小学教科书有政治意味不准入口。(但有些并无政治意味的书籍,亦禁止入口。)有些教科书内容不合南洋的学校,特别是史地与自然。自1932年以后,商务与中华书局,专为南洋华侨学校编著教科书,比较适宜。

华侨学校的课程,适合于南洋的环境吗?有些毕业生不能在南洋本地找到适当的工作,因为学校里注重中文,远不如殖民地政府的学校注重西文。不但如此,职业的机会近年也逐渐减少,因为有许多职业渐有人满之患。因此有些华侨,逐渐把儿女送回中国求学:不但中文的准备可以好些,亦可减省经费。他们的目标渐移转于中国,要使儿女们在国内找寻谋生的机会。因此,有些华侨对于家乡的教育,肯热心捐款,热心规划。他们这种热心,不是完全由于自私,上文已经申述。青年华侨回国求学的人数增加,实是民族主义宣传以后的现象。马来亚有一位中等的批发商,有儿女五人,一日对著者说明其教育的态度说:

从前我们都把儿女们送入政府的学校,因为毕业以后,可以在政府机关里任书记或在商店里当雇员。近来这些机会逐渐少起来了。有许多亲友,逐渐把他们的儿女送入华侨学校,因为他们希望有些人将来可以回到祖国服务。不过华侨学校在南洋是很难办得好的,所以最近有些青年都由家长送回福建或广东去求学,因此有些人对于祖国的教育格外关心。

（戊）移民对于家乡教育的影响

（一）在华侨社区者

华侨对于教育的影响，有一部分在华侨社区里就看得出来，如本章（乙）（丙）各节所述。为醒目起见，今将其主要之点总结如下：（子）学校数目的增加；（丑）学生人数的增加；（寅）两性教育的注重；（卯）私人对于教育捐款的踊跃；（辰）人们对于教育需要的感觉；（巳）教育对于社会的影响；（午）国语的推广。

（二）在华南市镇者

上面简叙华侨对于故乡教育的努力与贡献，但有许多华侨，归国后不返故乡居住。他们平时与邻近的市镇，在事业上维持适当的关系，返国后或即卜居于此，因此华侨对于华南几个市镇的教育，亦发生相当的影响。

（子）厦门市的教育

（1）与华侨直接发生关系的学校：厦门市内正式立案的小学校共计有39校，其中有17校与华侨直接发生关系，或占厦门市小学校总数的44%。39所立案的小学校共有学生8,430人，内有华侨学生1,752人，或占学生总数的21%。

这17所小学校，内有11所，每年直接获得华侨经济援助。其经常费的大部分，非由华侨供给不能支持，每年华侨所供给的经常费共计国币 18,146 元。此 17 校中,获得华侨捐助建筑费者,有 11 校,共计国币 48,400 元;其他如校舍因系华侨产业,不纳租金等等间接的捐助,尚不在内。例如雅化女学,为厦市历史最久的学校之一,自成立至今(1934 年)已有 48 年的历史;该校于民国十五年,获得华侨捐助建筑费国币 12,000 元。今有教员男 7 人,女 6 人,学生 286 人,全年经常费为 1,930 元,华侨认年捐 410 元。本校原为教会学校,由西人主办,今已收回自办。全校经费五分之一强,是赖华侨供给。

在厦门正式立案的中学校,共有 11 校,内有 5 校与华侨直接发生关系。私立慈勤女子中学,创立于光绪三十一年(1905),至今已 30 余年。全年经常费为国币 21,890 元,但华侨黄奕住君捐助常年费国币 15,800 元,经常费之三分之二,尽出之于华侨。

厦门立案的中学共 11 校,共有学生 2,405 人,内有华侨学生 853 人,或占中学生总数的 35%。

厦门大学是华侨陈嘉庚先生一手所创办,前后建筑费及经常费之总数,已达 4,000,000 元。但自世界不景气发生以来,陈氏商业失败,对于学校仍极力维持,计至民国二十三年(1934)终,尚每年出经常费国币 72,000 元,余数只能随时向他方筹划了。厦门大学(1935 年春)共有教员 55 人,学生 609 人,全年经常费国币 333,130.63元,内有华侨学生 43 人,或占学生总数的 7%。

(2)华侨对于厦门市的教育捐款:华侨对于厦门市的教育捐款,因时期无定,数量无定,往往无记录可供参考,今将可以叙述者,列下:

教育特捐:立案的 39 个小学中,有 11 个小学校,曾获得华侨之特别捐助,大抵用于建筑上面,计得捐款国币 48,400 元。立案的

11 个中学,有一校,计得华侨特捐国币 17,000 元。大学一校华侨陈氏独捐,共约国币 4,000,000 元。

(3)教育经常费的补助或维持:据厦门市立案的 39 小学校中,计有 11 个小学校,得华侨经常费的补助或维持,全年共计国币 18,146元。按此 11 个小学常年经费的总数为国币 54,782 元,故华侨捐助之经常费总数占 11 个小学校总经常费 33%。39 个小学校全年经常费总数为国币 151,835 元,故华侨对于小学经常费补助的总数,占小学校(39 校)经常费总数的 11%。立案中学共 11 校,计得华侨补助经常费者,共计二校,计国币 16,800 元。按此 11 个中学校常年经费总数为国币 203,170 元。故华侨对于经常费补助的总数,占全体中学经常费总数 8.3%。厦门大学的经常费为国币 333,130.63 元,华侨捐助经常费总数为国币 72,000 元,故占全校经常费总数的 22%。

(丑)汕头市的教育

华侨与汕头教育的关系,可分两点讨论如下:

(1)华侨与汕头市内直接发生关系的学校:汕头市立案的小学校共计 29 校,内中与华侨直接发生关系者共有 4 校,学生最多的某校,即此 4 校之一。这不过与华侨直接发生关系者而言,其间接发生关系者(财政上的关系),自然不止此数,但因无记录可查,不能统计。某校现(1935 年春)有教员 42 人,学生 1,212 人,为汕头规模最大之小学校。自创办以来,多得华侨的扶助,但可考查者,只有华侨捐助建筑费国币 20,000 元一项而已。据学校当局言,该校常蒙客属华侨赞助,直接与间接的财政扶助,当不止上述之数。

29 个立案的小学共有学生 8,562 人,内有华侨学生 872 人,或占学生总数的 10%。

据我们调查，汕头市共有立案的中等学校 10 校，内与华侨直接发生关系者计有 4 校。汕头海滨师范学校常年经费为国币24,000元，华侨竟补助常年经费国币 20,900.00 元。又如现代中学，常年经费为国币 8,000 元，而华侨则补助常年费总数的 40%。汕头无大学，仅有立案的中学校 10 所，共有学生 2,440 人，内有华侨学生 559 人，或占学生总数的 23%。

（2）华侨对于学校的捐款：华侨对于汕头中小学校计有两种捐款如下：

（a）特别捐款：汕头立案的小学校共 29 校，计有华侨特种捐款者，共二校，共计国币 25,000 元。10 个中学里，计受华侨特别捐款的，有三校，共捐国币 25,200 元。其他特捐，如送地基盖造校舍，或租屋开校不出租金等等亦属不少，但无记录可查。

（b）经常费的补助：汕头有两个小学校，于经常费中接受华侨的补助共计国币 420 元，占全市 29 个小学校经常费总数 0.19%。（各小学的经常费总数在民国二十三年为国币 215,948.15。）中学校里有 4 校受华侨经常费的补助，共计国币 26,300 元，占全市中学校经常费总数的 13%（各中学经常费的总数在民国二十三年为国币 205,341 元）。

第八章　卫生与娱乐

（甲）华侨社区的普通疾病及其治疗

（一）人口概况

闽南与粤东的沿海十县里常有许多壮年男子往南洋去的，但南洋华侨的故乡当然不完全是这十县。譬如客人在南洋是比较众多的，但客人的主要住区为梅县及旧嘉应州所属各处，而本报告仅包括饶平县一处（因实地调查仅限于该县的一部），这是客人与本地人杂居的县份，可以指示客人向东南迁移的路线。

我们在这区域的大部虽多旅行过，但对于材料的搜集有好几方面是不充分的。在有些县里，不过停留很短的时间，所到的区域亦不多。工作比较有系统的只有三县，因在三县里选出几个华侨社区及非华侨社区来搜集些材料，这些材料有几方面比较满意，而在其他方面亦觉得有些欠缺。

十县的人口，据我们的估计，约有 4,600,000 人，但其可靠程度甚难决定。在有些市镇或乡村，近年来地方政府及团体为治安或卫生的关系，搜集些人口资料，这些资料的一部是被我们采用。

假如自然富源的利用，可以指示人口压力，那么闽南与粤东有儿县的人口实觉太密，其最显著者在广东有澄海与潮阳，在福建有思明与晋江。思明（大市有厦门）每市方里有 474 人（或每方哩 4,908 人），于十县中有最高的人口密度。以已耕地论，每人得 0.1 亩，每亩已耕地有 7.8 人（或每皭 51.9 人）。晋江每市方里有 102 人（或每方哩 1,057 人），每人有已耕地 0.6 亩，每亩已耕地 1.7 人（或每皭有 11.3 人）。澄海每市方里有 261 人（或每方哩 2,709 人），每人有已耕地 0.7 亩，每亩已耕地有 1.4 人（或每皭 9.2 人）。潮阳每市方里有 195 人，或每方哩 2,019 人，每人有已耕地 0.6 亩，每亩已耕地有 1.6 人（或每皭 10.5 人）（见附录第 A 表）。据此，这些县内的农民，对于谋生，感觉十分困难，无怪遇着适当的机会，要离家而迁往南洋。

生育率、死亡率与婴儿死亡率的材料是很欠缺的。关于这些材料，有时候用他人的报告或估计，有时候凭自己的观察作估计。详情见附录第 A 表。

（二）卫生材料搜集的困难

卫生是一个复杂的问题，有广泛的内容。一般的家庭，亦多少明了卫生的重要性。以我们的拣样调查论，华侨家庭 100 户，内有卫生费用者计 52 家；非华侨家庭 100 户，内有卫生费用者 75 家（见附录第 K、L 表），足见两种家庭都感到卫生的重要。但因卫生的项目不同，因此，非华侨家庭的预算表，包括些非卫生的消费项目。

我们因受人才、经济及时间的限制，对于卫生只能选出几个重要之点来搜集些材料，并作简单的分析。据我们的观察，社会上流行的疾病及治疗的方法，显然可以指示一般的卫生状况，但关于材料的搜集有各种的困难。乡村对于疾病是无记载的，特别是以往的情形，所以关于以前的疾病状况，只好依赖老年人，在他们的记忆中，告诉我们一些大意。这些材料，量既不多，正确性亦不高。社会服务人员与医生当然能供给我们比较可靠的资料，特别是关于市镇方面的，因近年来市镇里的医院，起始有疾病的记载与分类。

不但如此，一般人缺乏医学的常识，因此对于疾病的报告，往往得不着真实的病原。湿气可以包括四肢浮肿及鼓胀病等。“中暑”可以包括因阳光剧烈所得的各病及时疫等。“感冒”俗称伤风，是呼吸器的病症，凡天气骤暖骤寒，身体的一部或全部遭遇急变的冷空气则血管紧缩，血液壅塞于内脏，黏液的分泌增多，黏膜发炎，往往咳嗽，或发烧，或发生头痛。“感冒”虽是常见的病症，但确实的描写却很难得到。

肺痨在乡间比较盛行，但一般的乡人对此病并不注意。近厦门有一个华侨社区，某调查员在访问时提到疾病问题。觉得住屋的一角，因光线黑暗，不辨人形，但闻呻吟之声：

问：“府上有人生病吗？”

答：“没有。”

问：“屋里不是有人呻吟吗？”

答：“他没有病，因他并未卧床，他不过觉得有些懒惰而已！”

后来此人走出屋外，显出瘦白的面容，并知道他时常咳嗽，痰中有时带血，午后身上发烧，晚间有时候出虚汗，这些都是肺痨的象征。但他两月以来，实际并未卧床；在乡人的眼光，以为凡有病而不到卧床的程度，病情还是轻的！

此外我们还须注意民风，因乡人对于疾病与死亡，有时候认为不祥，不愿公开的叙述。譬如婴儿的疾病与死亡，父母因各种忌讳，往往不愿向外人报告：实在关于婴儿的疾病与死亡，其病原及详情亦是比较难以知晓难以记忆的。

（三）普通疾病及卫生设备

虽然如此，我们且把华侨社区关于疾病的材料，粗粗叙述于下。为指示疾病的变迁，我们选出“童年时代”与“现在”两个时期，以便被访者凭记忆所及述其大概。所谓“童年时代”其时期亦非固定，大约离“现在”（1934冬）15年至30年之间。

第17表　华侨社区的普通疾病

	（甲）区	（乙）区	（丙）区
童年时代	（1）寒热 （2）吐泻 （3）天花 （4）鼠疫	（1）鼠疫 （2）痢疾 （3）吐泻	（1）天花 （2）发烧 （3）感冒 （4）瘟疫 （霍乱及鼠疫）
现在	（1）寒热 （2）吐泻 （3）皮肤病	（1）疟疾 （2）皮肤病 （3）发烧 （4）湿气	（1）湿气 （2）感冒 （3）皮肤病

同时我们拿华侨社区的卫生设备，择要举出，因为由这些设备亦可间接指示村中人民对于疾病的治疗方法。

第18表　华侨社区的卫生设备①

别类	总人口	医院及医生	药铺
甲区	2,454	(1)医院共计5所② (2)西医共计7人 (3)中医共计6人	(1)中国药铺共6家
乙区	3,720	(1)医院共计1所③ (2)西医共计1人 (3)中医共计2人	(1)中国药铺共2家
丙区	25,303	(1)西药房兼施诊6处 (2)中医52人 (3)西医9人 (4)牙医6人	不明

我们拿各种的材料综合起来(如家庭访问表的答案,各界领袖及医师晤谈的笔记等),以为如果没有其他比较可靠的材料,我们对于闽南与粤东的华侨社区的疾病状况,可以暂时概论如下:(1)胃肠传染病最为流行如伤寒、霍乱、痢疾等;(2)昆虫传染病次之如疟疾、钩虫病等;(3)肺病的各类次之;再其次有(4)呼吸传染病如白喉、天花及猩红热等;及(5)疫疠如鼠疫等。流行的疾病不全是传染病,但传染病实居多数。照此看来疾病对于乡间的公众卫生及社会安宁,实际发生重大的影响。

以上是指乡村的概况,至于市镇当有区别。如以1933年几个

① 医院和药铺。
② 5所医院,内有专门产科医院一所。除学校医院外,均无病人寄宿之所。
③ 只有门诊和出外施诊,而不收病人,规模极小,仅医生一人,助理一人。

医院的记载为根据，我们对于汕头市的普通疾病，以严重性为次序可以举出下列六种：即（1）肠胃传染病；（2）皮肤病及外伤（纤维细胞、骨头及四肢受伤）；（3）痧眼；（4）因暴致病（自杀除外）；（5）消化器病（肝病除外）；（6）眼病。① 我们对于厦门市可依据 1930 年鼓浪屿的医院报告，举出普通的疾病如下：（1）皮肤病及外伤（细胞纤维、骨头、四肢受伤）；（2）消化器病（肝病除外）；（3）呼吸器痨病；（4）生殖器病；（5）梅毒；（6）孕妇的生产时及分娩后各病。②

（四）流行病的概况

（子）霍乱

霍乱不是常见的，但如果遇到，社会上受祸大致不浅，因此虽事隔数年，总有人能够追忆。譬如在 1911 年，自阴历七月二日至十日，华侨社区（丙）因霪雨连绵，韩江水势大涨，塘堤崩溃。沿韩江几个村镇都遭大水，潮属某处七乡一镇，被淹更甚，积水自四尺至九尺不等。水退以后，苍蝇遍地，污秽堆积，疾病因此蔓延，霍乱流行。死亡的人数虽不确知，约计在 100 与 600 之间。至于对于霍乱的治法，大概沿用旧习，据村内某中医（有 25 年的经验）说：

> 辛亥年的霍乱，由于阴雨多时，洪水冲塌堤岸。浊气化生苍蝇染于食物。人若错食东西，就生霍乱症。阳症宜用寒水，

① H. S. Gear："The Incidence of Desease of Selected Hospitals in China"，*Chinese Medical Journal*，Vol. 48，pp. 768—769，1934.

② Ditto：pp. 770—771.

阴寒当以建中理中之法治之。

(丑)鼠疫

三年以后,(民国三年即甲寅年,1914)同村又有鼠疫,自阴历三月延至八月为受灾期间;虽死亡者无确实统计,但约计在2,000左右云。据一位59岁的绅士说:

有些人家在当初遇见院子里或卧房里老鼠忽然死了,过了些日子,村里头有些穷人,也无原无故的死了。那时候村里只有两个旧式的医生,他们对于这件事,亦是束手无策。有些病人在表面上看来,今日还是很好的,明日或者与世长辞。在瘟疫初发的时候,发现有些人在颈上或腿上长了圆形的疮……这是治不好的。除此以外,一般人看不出病征,因此不能预防。光景较好的人家逐渐搬往邻村,奔投亲友,穷人只能住在村内听天由命。但邻村恐怕传染瘟病,不久亦表示不欢迎由华侨社区(丙)迁往的人家。一般无知识的人,多说这是因为本村人得罪于神明,所以遭此奇灾。幸而几个月之后,瘟疫自然的消灭了。

(寅)疟疾

潮汕与闽南的乡下,因天气炎热,地多河沼,有些区域又是近海的,因此往往疟疾盛行。从前的治法大致依赖草药,近来逐渐采用金鸡纳霜。有一位中等的华侨,在暹罗经商20余年,看见金鸡纳霜的功效,常劝其妻采用。其妻说:

从前我患过发冷症,请求中医诊治,经过半年尚不见效。后来丈夫寄回些白色丸药,味甚苦,劝我服用。我连日服用不过半个多月,觉得发冷就不如从前这样厉害,过了一个半月,病就好了。从此我相信西医,就是有些别的病症(如头痛),我都愿意买西药。

有一个制皮革商人,少时甚贫,致富后改变其卫生的态度。据其妻的自述,大致如下:

许多年以前我们丈夫在村内开一个小店,因为运气不好,把本钱都赔了。刚好有亲友"过番"(航海的俗语),丈夫就借了些钱和他们一同到曼谷去,在一家亲戚的杂货店里当伙计。不久小有积蓄,但因位置欠稳,丈夫就同两个朋友开一制革厂,规模虽小,生意却很好。丈夫不断地寄钱回家,我先把债还清了,于是逐渐买些好的食品、好的衣服给小孩们,并买些较美观的家具。丈夫在信上,常劝我注意卫生,我想这就是要把我们的生活提高些了。有朋友回村时,他总托带西药。依我的经验,金鸡纳霜最有功效。去年我有一个女儿发疟疾,邻人把她带去看中医,但不见效。我给她些金鸡纳霜,她的病不久就好了。从此以后,不但我自己对于西医的信仰增加了,我并且有好几次介绍西医于邻居及朋友。

但是疟疾至今还是流行,这由观察就可以知道,因为有好几个村中常遇见面黄的人们。不过一般人对于治疗比较注意,对于蚊帐的施用较为普遍。

（卯）天花

在民国初年闽南某华侨社区曾发见一次剧烈的天花，被害者每日有数十人。当时的治法，大致于事前注重旧式的种痘。近年来对于新式的牛痘在华侨各社区逐渐普遍。据说天花已渐渐绝迹了。

（辰）破伤风

至于婴儿的疾病，其材料更不易得，已如上述：因（1）父母对于婴儿的疾病与死亡，因忌讳而不肯直言；（2）父母对于婴儿的疾病与死亡，确实比较容易忘记。有时候亦实在不知其疾病的原因。上面所述疾病，有几种当然包括婴儿的疾病，此外婴儿最普通的疾病当推“破伤风”。其病原为破伤风杆菌，由脐带的伤口入婴儿的身体繁殖排毒所致。闽南与潮汕的乡村，贫户人家常用旧式产婆接生，施手术时常用污秽的剪刀剪断婴儿的脐带，或用染脏土的棉花或布裹扎脐带的伤口，杆菌即由手中或棉布或剪刀上传入婴儿的身体。婴儿患此疾者生后四日至七日即发烧、抽风，不久即死，近来旧式接生者渐少，西式接生逐渐增多，因此“破伤风”逐渐减少，特别是在经济比较宽裕的人家。

旅暹布商某，在曼谷逾二十年，于其家信中常常提及西法接生的重要。其母说：

> 我儿常写信来说，西法接生，不但对于产母及婴儿危险较少，并且比较卫生，我们以为他是对的。

有一位母亲，因为她有一个儿子在马来亚的华侨学校当教员，介绍西式接生：

当我们三儿媳快要生第一个女儿的时候,我们的三儿从南洋来信劝我们用西式产婆。我们遵照他的意思,结果极为圆满,不过在经济上我们是吃亏的,因为接生费是加重了。

(五)求神治病

上面所述的疾病治疗,仅描写卫生习惯变迁的一部。此外尚有传统式的治疗方法,特别是下层阶级所采用的。有些贫穷人家,因经济拮据,生病的时候往往不请医而求神。

在华侨社区(乙)与(丙),求神治疗的方法是相同的。一般的民众,如有病症,家中比较重要的人物(通常是主妇),购备香烛和元宝(金纸作成,即所谓冥钱也)亲自到庙求神。求神者恭恭敬敬走到神座之前,把香燃起,蜡烛点着,再将元宝焚烧,继之叩头作揖。然后求神者把签筒取来,肃然对神跪下,轻轻祈祷,祈祷完毕,就把签筒慢慢动摇,最先被摇出的竹签,即神所指示之签,求者以此竹签易取药方。① 上载明中国药料,以此药方,即可在中国药铺购药,求神开方的手续就算完结。在华侨社区(丙)以三山国王最为著名;在华侨社区(乙)以福灵宫所供的保生大帝为唯一的医神:凡有病的人家,普通多往求这二位神医。

在华侨社区(甲),求神者请神佛自己开方,因此与以上二处有不同的习惯。本区有一位万灵的神佛,叫作护国尊王,据说不但能

---

① 司庙者管理药方,药方都编定号码,凭签易方。

保境安民，更能驱邪医病。普通一般知识较低的民众，如有病症，往往求护国尊王诊治。求神者须先请两位神的助理，那就是“法司”与“头尖”。他们可都是本村的居民。求神者焚香燃烛之后，即在神前叩头揖拜，把病状一一陈诉。神前原有桌子一张，桌旁坐“法司”，专司书记之职，神旁立有“头尖”一人，扶助神佛写字。神听毕陈诉，“头尖”即扶助神手在桌上开方，左右挥写，形似乱动。此种字迹，旁观者当然不能认识的了。桌旁坐的“头尖”，深明神的草书，译成凡人所通用的药名，求神者即以“头尖”所抄的药方，携往药铺取药，这叫做仙方。

求神的费用，是很简省的。普通香烛元宝等费，不过一二毛钱而已。如求护国尊王，还要加上助理的酬谢，大约值四毛钱的糕饼。如求神者光景富裕，其消费就说不一定了。求神与谢神之时，往往每次用至几十元。

求神的时期，先后是不一定的。有的先请过中西医生，都无实效，然后再去求神；有的一病即上庙祈祷，求赐仙方。求神者并不限于贫穷阶级，虽贫者占大多数。富户而无知识者有时亦去求神，惟教育较高经验较广的人们，遇病求医而不求神。

（乙）非华侨社区的普通疾病及其治疗

据本地的老年人所说，当他们童年时代，最流行的病症，第一要算天花，旁的病症，就记不清楚了。现在最流行的疾病，有下列五种：(1)发烧，(2)感冒，(3)伤寒，(4)中暑，(5)皮肤病。

非华侨社区的住户，普通多喜欢用中医诊治各种病症。但是，经济力下等的人，连中医也不常领教的。平常的病症，总是上庙内求仙方，或上中药铺买点现成药，就算尽过医道。假如病症未到严重的阶段，是不肯去请教医士的。有一位被访者告诉我们说：

> 我们平常有病，多凭自己的经验去医治，或请药铺的伙计弄些凉茶来喝便得了。如不好，再请中医诊脉，因为我们穷，不得不如此。

村中的知识分子，对于西医，也不表示反对的态度。他们不常请西医，实因本地缺乏西医的原故。譬如说（丑）村全村只有三个地道中医，一家地道中药铺，人们除请本地医生外，普通人就别无办法，所以只能请中医了。

> 我家里如果有人生病，我打算去请中医，因为本乡没有西医。

非但如此，一部分人，因事实的表示，或教育的启发，对于西医产生了新的信仰。例如有一个铁匠告诉我们以下的经验：

> 我有一次因工作不慎，手被铁锤所伤，流血很多。请中医诊治，始终无效，后来改请西医，不久伤就好了！从那时起，我就很相信西医。

又有一位中学毕业生告诉我们说：

我是相信西医的！因西医有科学的眼光，不像中医请什么气及五行等等难以证实的说话。我在中学有病的时候，都是请西医的。

不过以上几种开通的态度，不能代表一般的人们；一般人还是知识闭塞，为习惯所束缚。贫穷人家遇到病症，往往总到关老爷庙里求些仙方，或上三山国王庙中取些香灰，假如他们需要医生诊治，大概已是病入膏肓了。

非华侨社区共分两村，是壤地相接的。其卫生设备①如下：

（一）子村

（1）有中药铺共 14 家，内除一家药铺外，每家中医各 1 人，共计医生 13 人，内有 12 位是祖传的中医。此外，有单独行医者 1 人，故本村中医共 14 人。（2）儒医 3 人，均系祖传。（3）西药房 4 家，各有西医 1 人。其学历大致如下：（A）潮州红十字会护士学校毕业；（B）汕头福音医院毕业；（C）潮州红十字会医院毕业；（D）潮州红十字会护士学院毕业，共计 4 人。（4）西法接生 1 人，广州图强产科学校毕业。（5）产婆 1 人，没有医学常识，全用土法接生。（6）外科中医，共计 3 人，均系祖传。（7）跌打损伤医生 2 人，均系祖传。

---

① 指医生、医院、药铺等等。

（二）丑村

（丑）村距（子）村虽仅五里之遥，但完全是一个偏僻的内地乡村。事实上，是无所谓卫生的设备！统计（丑）村全区，没有西医，仅旧式的中医 3 人，及中药铺 1 家。如要请教西医，只能往（子）村及潮安城去。

（丙）南洋华侨的普通疾病及其治疗

以大体论，南洋的中国人，还是保存我国“多子多孙”的民风，因此他们亦有高生育率。譬如在 1933 年海峡殖民地的中国人，其生育率为 43.21，于各民族中为最高。次为马来人的生育率即 39.86，最低者为欧洲人的生育率即 23.98。[①]

当 1933 年时，在海峡殖民地马来人、中国人与印度人的死亡率为 26.19、24.19 及 22.84，欧洲人仅有 6.26，就中马来亚的中国人死亡率与同时期中国全国的死亡率（约 33.0）相比似乎要低些。

在东印度群岛欧洲人的死亡率较低于中国人。据有人观察以为中国人所以有较高的死亡率，其主要原因为（1）迷信，（2）教育的缺乏，（3）贫穷。[②]

① Straits Settlements: *Annual Report on the Registration of Births and Deaths for 1933*, Singapore, 1934, p. 6.

② J. Moerma: *In en om de Chineesche Kamp*, p. 152.

在东印度的中国人,近来有显著的增加,其主因有三,(1)工人与小商人的增加,他们是季节性的迁民,要于短期内返中国的;(2)在东印度常住的迁民及其眷属近亦增加;(3)侨生家庭(在一代以上者)因生育而增加其人数。上列第二原因实为促成东印度中国人口增加的最要原素,因为他们不但增加人口,并要增加中国人的生育率。

在以往有许多迁民是常住于东印度的,因此他们生了许多儿女们,这种情形近几年来比从前更明显,因此有许多小孩子现在已经成年了。这些人当然要增加当地中国人的数量。他们的父亲或祖父也许是在东印度生的。

照比例说,中国迁民与侨生者的儿女要比成年人多,因此现在未成年的男女将来到他们成年的时候,其数目当然要超过他们的父母这一辈。虽然现在迁民数已大形减少,但因上述未成年的男女将来定有大量的生育,所以中国人口是要着实增加的。

我们可以假定中国人的生育量是大的,因有许多中国家庭尚以多子多孙为福。关于这一点,他们还保存中国旧文化的观念,已如上述。不过家庭的平均人数,即在最适宜的环境之下,恐怕还是没有增加,或有稍减低些的趋势,亦未可知。

关于死亡率及平均人寿,现无可靠的材料,不过我们的猜想是:这两件事都有进步,因卫生近已有了显著的进步。①

南洋有许多中国人对于卫生还是保存原有的习惯。在南洋居住甚久的中国医生,众口一辞的对我们说:

① Volkstelling 1930, Deel VII, p. 157.

有许多侨胞们，对于旧习惯所谓冷与热的原则尚是坚持的，他们以为冷的食品容易致病，热的食品宜于摄生。不过近年来喜欢冷饮料的人们增加起来了，如鲜果水、汽水、冰咖啡等。这种习惯的改变，恐怕是由于殖民地政府认真施行科学的食品卫生条例所致。

在有些偏僻的华侨区域，旧式的中医还得着一般人的信仰。在西婆罗洲有一个小乡村，地近东万律，那一村的中国人，原来从嘉应州迁出者很多，目下总数不过1,000人，但有旧式的中药铺三处，其普通陈设与嘉应州一百年以前的药铺相似。据本地人说，其生意仍是兴盛的。这不是一个稀罕的例，因为据久居于马来亚及东印度的西医和著者屡次的谈话，大部分的中国人，特别是新由中国迁出者，至今还是相信旧式的中医，并服用中国药。

民风难改，是社会学者所公认的。我们不必远在南洋找证据，即近如香港，我们亦能观察同胞们对于医药的态度。居住于香港的中国人熏染欧化已经很久了，但有许多人还是相信中医的：

受教育的中国人虽赏识西医，但人口的大部分还是信托旧式的医药，因此有许多人到生病的时候，还是请教草药师。等到请政府医院来看病的人，大致是已经请教过中医之后，并且他们的病已经是很沉重的了。①

人民对于医药的信托，大部分根据习惯，至于理智的运用是不

① Hongkong：*Medical and Sanitary Report for 1933*，p. 33.

多的。在香港用牛痘来预防天花，其功效远胜于种痘。但有许多中国人至今还是相信旧式的种痘，有时候使得儿女们冒受极大的危险：

> 大多数的中国人仍旧以为对于天花的预防，土法种痘胜于牛痘。不过根据下列的分析，这种意见是靠不住的：(1)东华传染病院完全采用土法种痘，(2)政府传染病院采用牛痘。以过去24年的病人来讲，在前者的死亡率为48.25%，在后者为15.53%。①

但南洋卫生工作的进步，一般的中国人都能领悟，特别是富有观察力的人们。譬如马来亚的疟疾控制，在预防及医治两方面，都使华侨极端的钦佩。就是橡皮园的中国工人，他们的知识虽然浅陋，但也明了疟疾预防对于个人卫生的重要：

> 在亚洲人的树胶园中，中国籍医生治过印度工人298人(总数为1523人)，中国工人89人(总数为4078人)，马来工人41人(他们得病之后大概是回家去了)。当然有些中国人采用旧式医药，因此不入报告，但同时我们可以看出来印度人容易染得疟疾，特别是因为这些树胶园没有预防疟疾的设备。其主要理由是因为中国工人多挂蚊帐，印度人则否。②

---

① Hongkong: *Annual Report on the Social and Economic Progress of the Colony During 1933*, p. 7.

② Malacca Agricultural Medical Board: *Statements of Accounts and Senior Medical Officer's Report for 1933*, p. 11, Wah Seong Press, Malacca.

在东印度群岛，有许多中国人对于卫生的态度近来也改变了，据一位有经验的荷兰医师说：

> 中国人利用医院的人数增加起来了。与马来人相比，虽然他们付四倍的费（每人每月1盾，马来人每月付25分），他们往往早到医院，因此得着较好的注意。恐怕他们是比较聪明些。

有些中国人还是用旧式的药，不过他们不是像在中国的时候一样，要等到病势严重而再想别种医治的方法。马来人或者有此习惯。中国人如遇患病，如果一个医生不对，时常可以换医生。这事大概由丈夫作主，而丈夫比较是开通的，所以往往能够找到适当的医生。

"新客"的住宅不一定比在中国时清洁些，但爪哇的环境比较好些。爪哇的天气较热，所以要常洗澡，屋内的空气要常流通，这些是显著的变更。孩子们的皮肤病虽较少于中国，但亦常常遇到，不过他们大概一病就医，所以痊愈的机会就增加了。[1]

（丁）个人闲暇的利用

人们有一部分精力分明是用在职业上面，以资谋生，其余一部

---

① Quoted in B. Lasker's notes (unpublished).

分当然是娱乐,所以由娱乐我们可以间接的观察他们的生活状况。华侨社区里的娱乐互有不同,这是大体由于习惯。今将每区中比较普通的娱乐列举如下:(1)华侨社区(甲)的娱乐,其普通者有12种,即跳格子、足球、篮球、纸牌、骰子、麻雀、天九、十二支、鸦片、象棋、音乐(箫笛胡琴)、留声机;(2)华侨社区(乙)有5种,即跳格子、篮球、队球、拳术、音乐(包括笙笛、胡琴及提琴);(3)华侨社区(丙)有6种,即六马直、斜角食、羊虎、石科、陀螺、纱球。内中比较重要的娱乐,可以分类简述如下:

(一)儿童的娱乐

有一种儿童的游戏,在华侨社区内普遍的流行,俗名"跳格子",其手续是很简单的:儿童们拿白粉笔或石块在地上划一方块,面积约五尺见方,块内分成六个格子。儿童们轮流跳跃。跳时,左脚悬空,用右脚把石头一片,一次踢入第一格(以后每次跳一格),然后跳入第一格,石头未经推动或推出第一格外,或跳出第一格外,都算输的。第二个儿童接上跳跃,各人自有记录。

(二)旧式的户内消遣

户内消遣当然有许多种类,今但举其重要者如鸦片与赌博。在华侨社区中,鸦片是比较普遍的。据当地人的估计华侨社区(甲)每五人中吸鸦片者一人,全村吸鸦片者约有500人;每人每日约费国币二毛,或全村每年约费国币54,750元。在华侨社区(乙)成年男子的十分之六(农夫除外)是有鸦片瘾的。据本地鸦片专卖铺的报告，全村每日可销国币 50 元，全年共费 18,000 元。至于富户在邻县批发者尚不在内。在华侨社区（丙）有五家公开的烟窟，是禁烟局所办的。吸食的人数虽无统计，但吸烟之风盛行村内。中等以上的人家，往往家里备有烟具，如有上宾来访，以鸦片款待。在一般人的心目中，以为鸦片还比茶叙来的体面些呢！

赌博亦有相当的流行：在华侨社区（甲）大规模的赌场有二，其一每夜五桌，其一每夜三桌。但在民国十四年春，两处俱被中央军禁止。华侨社区（乙）有几个家长，对我们说：

> 村内严禁赌博，因槟榔的族人，常有信来劝少年切不可以千辛万苦赚来的钱，任意的输出去。

据我们所知华侨社区（乙）实际是无赌风的。华侨社区（丙）有八个公开的赌场，对于地方政府纳捐，番摊最受欢迎。每番摊场须每日捐国币一元二毛。

在南洋的华侨社会，鸦片与赌博，大体上是和国内的华侨社区一样的盛行。果然，在菲律滨群岛鸦片早被禁止，在马来亚，赌博近亦被禁；在其他的南洋区域，据我们所知，华侨可于某种条件之下，有鸦片与赌博的自由。若以所耗的金钱及受影响的人数论，南洋远超过于华侨的故乡，这由于南洋华侨经济状况较好，且殖民地政府除抽税外，给予相当的自由。

以海峡殖民地论，马来亚政府实行鸦片公卖。鸦片的收入在 1918—1921 四年间，每年等于总收入的 60%、51%、47%、38%。鸦片的收入在 1918 年几乎等于该政府总收入的一半；至 1934 年 12 月止，马来亚的鸦片吸食者须向政府登记，这表示政府对于取缔鸦片的决心,将来或须禁绝。在东印度群岛鸦片亦是政府的专利,因此鸦片公卖局是散布于各处,在矿场与农场的邻近,比较更多。在暹罗与法属印度支那,凡属较大的市镇,中下等的中国人会集之区,都有鸦片馆(通称谈话室)。在南洋的属地里,鸦片吸食者几全数为中国人,但在暹罗,本地人亦有吸食者。

在东印度群岛,赌博的权利是政府特许的。每逢过节或婚丧宴会,事主可向政府请求开赌:在市内每24小时出费50盾,在乡下减半。正式赌场亦由政府抽税;凡工人集居之处,赌场较多。法属印度支那对于赌博亦行抽税的办法。

对于鸦片与赌博的害处,著者有极深刻的印象。在1935年当著者游历网甲岛时,见每一个矿区有一个或一个以上的老人院,住院者几全数是中国工人。他们不全是锡矿工人,因按章在锡矿继续工作满15年者,每月可得养老金3盾,比较得着经济上的帮助。

近邦嘉槟港(Pankalpinang, Bangka)有一个老人院,当时共有132人:他们大多是由高州、雷州、琼州、广州、肇庆、容县去的。他们久居于东印度群岛,约自10年至30年,有许多人已在55岁以上。以与著者相谈的31人论,5人稍有积蓄,回家过两次,7人回家过一次,其余自离国以来从未回家。著者说:"你们是老年人了,为什么不回家?"他们的答案是:"没钱!鸦片与赌博把我们的积蓄大致花完了!"在矿场附近,鸦片是公卖的,赌场即在矿工寄宿舍里,工人于换班时可随意赌博。

据台湾的经验,鸦片可以提高死亡率:在1901—1927年间,普通死亡率最高为34.5,最低为20.8,平均为21.8,同期鸦片吸食者的死亡率最高者为85.08,最低者为50.73,平均为64.07(或几三倍于普通死亡率）。①

比较有知识的中国人，看见同胞们受罪，往往提议禁止。当著者游西婆罗洲时，适近旧历新年，某市有侨胞一队，面陈苦衷，并交公函，其内一段云：

> 现在荷印政府放弃国际条例，私开赌禁，连年出卖赌照，而中华商会牟利分子，纷纷投资承购，不顾侨民利害，只企有利之图。此种问题，对于国家关系匪浅，特将该政府之通告附呈，便中请先生，将此情呈达政府，设法消灭，以解侨民之痛苦。

至于狎妓的习惯，在南洋的华侨比在家乡要自由得多。一则因为经济充裕，一则因为性道德的观念起了变化。譬如华侨社区（乙）是无妓馆的，因为全村几乎都是一个大姓的同族，别姓人很少。况且村人把妇女的贞操问题看得非常严重，凡遇男女私通等事，他们的家长们或公议惩罚，或把他们驱逐到南洋去。只有对于纳妾，一般的舆论尚无显著的反对。

华侨社区（甲）内亦无妓院，村中的“放荡之流，偷偷摸摸到某县或某市的妓馆，偶尔做些丑事。这些人以回国的华侨占多数，因为他们在南洋过惯放肆的性生活了！”

上列两个区域对于传统的道德观念，比较的根深蒂固：

① International Labor Office: *Opium and Labor*: *Studies and Reports*, Series B., No. 22, p. 41, 1935.

闽南人素来是守旧的。他们向崇朱熹的遗教，因此社会上称孝与贞操为美德。寡妇再嫁是少有的，从前节妇的牌坊是常见的。

本地人在习惯上如此看重贞操，性的不道德在从前是受严厉的束缚。数年前妓馆初立时，妓女不是本地人，是由台湾广州汕头或福州运入的。①

华侨社区（丙）患花柳病的人，据本地人的估计，每年总有三百余人，内中有六十多人，是被本区及邻镇的妓女传染的，他们再传给他们的妻妾约一百余人。此外的花柳病都由回国的华侨从南洋带到家乡。据本地熟悉社会情形者的报告："恐怕华侨社区（丙）80%的花柳病，是由回国的华侨传布的。"

有一个景况平常的华侨，很坦白的叙述自己的经验说：

我二十多岁就到暹罗，做工过活。跟着朋友们常到青楼去玩，因为妓女大半多有梅毒，所以慢慢地我也染上梅毒，我就懊悔极了！暹罗的中国工人很多，大半是年富力强的青年，有许多人是喜欢寻花问柳的。玩妓女，在暹罗是一件极平常的事。那里有一句很流行的话："青灯上家乡无想！"意思是说你到了妓院，有花花姑娘点上了青灯，你就什么都不管，连家乡也忘记了！

① Lim Bong Keng: "Amoy that Remembers the Mings", *South China Press*, Amoy, Sep. 15, 1934.

(三)艺术化的消遣

有些华侨们，因有适当的教育及优越的环境，往往采用正当的娱乐。我们进了他们的庭院，就感觉到他们的乐趣和一般无知识的人们不同。他们家内的陈设，比较整齐清洁，有书报，有乐器，表示他们对于闲暇的利用是知识的寻求及艺术的享受。

譬如华侨社区(丙)第五号的家庭，关于客厅的陈设，饶有书香的趣味。桌上搁有《四书五经注》、《古文笔法》、《聊斋志异》、《人子须知》(堪舆书)、《御批纲鉴》、学校教科书(小学校)，茶桌下搁有报张(汕头《星华日报》)。堂上悬挂清代翰林鲁琪光的对联及本乡人温其华的名画。厅堂左右两壁挂新式的画镜屏各四块。左壁上方更挂着本地潮音的胡琴两把。半桌上有留声机一副，椅桌材料多是桑枝红木，非常雅观阅目！从这样的陈设，可以知道此家闲暇利用的情形了。

本乡第四号家庭，客室中亦陈设着许多消闲的设备。堂上悬挂中堂行书(澄海书法家王抡元书)及四幅新式书画。两壁悬有清代榜眼朱汝珍的条幅及西洋画共16块。厅堂上桌搁有《良友月报》、《时兆日报》、《星华日报》及中小学校所用的教科书十余本。靠床上陈设留声机器一副，中西唱片多张。右壁左上角，悬有潮音乐器(胡琴及箫)全副。这些乐器，这些读物，多是闲暇时消闲的物品。

(四)户外的运动

户外有组织的运动有足球、网球、篮球、队球等;球类运动是学校所提倡的。譬如在华侨社区(甲),篮球很受欢迎,因某学校注重各种的球类运动。据说自某学校成立以来,全省各种球类的锦标,其三分之二属于该校。该校的毕业生,就把这种户外有组织的娱乐,介绍到别处。目下华侨社区(乙)的各种球队,就是一例。华侨社区(乙)的祠堂事务所,购置篮球和队球。又凡球队往村外比赛时的一切旅费,亦由事务所担任,而事务所的经费是由槟榔寄来的,由此可知华侨对于户外运动的鼓励是显然的,因此华侨社区(乙)的青年与儿童对于球类运动非常感觉兴趣。民国二十三年十二月初,福建海澄县举行全县球类运动会,华侨社区(乙)获得篮球及队球的锦标。

(戊)节令时候的娱乐

在华侨社区内,所有节令时候的娱乐,有含宗教性者,如保生大帝诞日;有含社会性者,如除夕节;有纪念节候者,如元宵节;有纪念收获者,如五谷老爷生日。各地因习惯不同,因此纪念与娱乐的种类亦异,如本书第九章(甲)(四)所述。

每逢重要的节日都要演戏,以资酬神。村中男女老少,也藉此穿比较整齐的衣服,来凑热闹,大家欢乐一番。戏的种类不一,其号召观众的能力亦不同,以汕头的乡村论之,大别之有潮州戏,木头戏及电影三种。

(一)潮州戏

清代末年,及民国初年,华侨社区(丙)排演潮州戏剧的天数很多,每年大约能占一百天。自民国十一年"八二风灾"之后,地方元气大伤,常年的戏剧,因此大减。两三年后,逐渐恢复戏剧,到民国十六年,才有乐观戏院的创设。[①] 于是乡社之戏减少,普通多在戏院开演了。[②]

今年(民国二十四年)在乐观戏院,[③]共计演过潮州戏15回,每回平均三天。平常所演戏目,大概可分三类:

第一类古代剧:(1)诸葛亮五丈原自叹;(2)韩文公冻雪;(3)王昭君和番;(4)杜十娘怒沉百宝箱;(5)刘永假不第;(6)妲己乱纣;(7)曹玉屏哭墓;(8)林黛玉伤春;(9)薛仁贵回窑;(10)五虎平南。

第二类现世剧(多取材于电影):(1)姐妹花;(2)孤儿救祖;(3)大义灭亲;(4)可怜的闺女;(5)火烧红莲寺;(6)烈女报夫仇。

第三类滑稽戏:(1)绛玉;(2)卖牛开厅;(3)群芳楼双姐;(4)阿大阿二;(5)双橹船;(6)桃花过渡。

以上三类戏剧,为华侨社区(丙)最普通者,同时也可知道华侨社区(丙)的人们,对于一般戏剧的趣味了。

---

① 演戏无定期。

② 指大戏而言。

③ 指民国二十四年,常年至多也不过20回。

（二）木头戏

华侨社区（丙）之木头戏，也很普遍，每年平均排演80回以上。凡酬神，神诞喜庆等等，大多排演木头戏，因取其简单和价廉。①

木头戏的情节，多采取于潮州戏，但按照本地风俗，凡排演潮州戏，多于夜间举行，大致要演至天亮为止，②而木头戏虽是夜戏，但不演至天亮。

（三）电影

电影介绍入汕头的乡村是比较近年的事实。在前清光绪二十九年（1903）华侨社区（丙）的富家，每逢节令时期，往往以新奇少见的电影欢迎来宾。但当时影片尽是舶来货物，加以机器不精，开演时，动摇闪烁，模糊不清。到民国十二年才有本国电影的演映。自本国电影传到华侨社区（丙）之后，西洋电影，就很少在本地开演，如今呢，就绝无西洋影片的光临。

今年（民国二十四年）共演电影两次；第一次的影片是：（1）狄青大闹万花楼；（2）珍珠塔；（3）火烧九曲楼。第二次的影片是：（1）海外女侠；（2）飞将军；（3）民族英雄。片中情节，采取于中国旧有的小说，多是武侠英雄之事，含有警世之意，皆为地方所最欢迎。

---

① 凡发生事端，谈判之后，理曲者往往被罚戏一台，此种处罚往往用木头戏。

② 汕头及潮州城内之戏院不守此例。

（己）华侨对于故乡卫生与娱乐的影响

南洋的华侨，特别是教育程度较高者、观察力较强者，对于殖民地里的卫生与娱乐，常有良好的印象。他们在家信里或在回国的时候，不断地向国人介绍，因此故乡的卫生及娱乐，有局部的改变，已略如上述。兹为醒目起见，就其比较显著者作综合及概括的叙述如下：

上述华侨社区（甲）在学校附设医院，于诊治教职员及学生外，并对于乡内各界人士免费诊治，在1932年，该校医院共诊（校内及校外）24,674人（包括牛痘及眼科的治疗）。

不过华侨对于医药的观念，不是盲从西医或鄙视中医。经验告诉他们，中医与西医应该分别采用：有一位贫穷侨民的母亲，曾经对我们说：

> 我以为内科病要请中医，外科病要请西医。据一般请过中西医的人们，大概有同样的感想。我知道西医的好处，是从本地西医方面得来的，因为看见西医医好过许多病。

有些侨民，根据亲身的经验，对于中医和西医有比较真切的鉴别力：

> 关于刀伤、疟疾、皮肤病的治疗，应请西医。我在南洋见过西医诊治外科，非常有效，中医实在不及西医。我以为内

科，例如头痛、发冷发热、湿气等症，中医胜过西医。

有一类人，因与南洋发生悠久的关系，目睹耳闻西医的治疗，也渐渐相信西医。有一位侨民的妻告诉我们说："我是相信中医的，不过我患了湿气脚软症，丈夫常常自南洋写信来，叫我上汕头去请西医用电治疗，不过到现在还没有去过，我将来也许去试试看。"

至于一般的华侨，对于医药与卫生的态度，因经验而异，如下列各段所述：

我以前是相信中医的。到了后来我渐渐觉到中医不可靠和不合理。于是我便开始信西医，回国后我仍是请西医看病的。

我相信西医，到暹罗之后，我似乎完全用西医了。回国后也常请西医治病。

中等以下的华侨，虽然因经验的结果，知道西医的好处，但因医价昂贵，不得不改请比较廉价的中医：

我虽然知道西医好，可是西医贵，医不起。于是平日有什么病，总请中医诊治，我在南洋时，也曾经见过高明的西医。

我信中医，也信西医，可是西医贵，回国后，我就不常用了，我在暹罗时，如遇患病，大约有三分之二的时候是请西医和用西药的。

中西医，我都相信，但是西医太贵，往往请不起西医，只能请中医了。我在星洲时，是请西医的，星洲的西医是很高明，所以我很相信西医。我相信西医的念头，是在星洲开始的。

有一位华侨在35岁时离家往曼谷当药材店的伙计，目下家道小康，有四个儿子在暹罗经商。他本人告老回乡，主张由个人卫生来改良社会，他说：

以大体言，我国的乡下人对于卫生没有正确的观念。因此凡街道、饮食、衣服、住宅等都欠清洁，因此有许多人短命。我们对于卫生应该着实注意才好，我回国之后，不吃未煮熟的食品，我并且不许家里的人饮未开的水。家庭卫生上了轨道，公众卫生才有办法。

有一个华侨在法属印度支那经商15年，于归国之后，述其对于卫生的感想说：

安南的街道大致是干净的，我国的市镇，尤其是乡村，只有污秽的道路。在我的家乡，粪坑是和邻居公用的，人粪是用作肥料的，这与卫生都不相宜。不但如此，蚊虫、苍蝇、秽土必须加以适当的控制，然后传染病可以减少，公众卫生是以进步。

归国的华侨往往以外洋的经验为根据，唤起家乡对于卫生事业的注意。厦门有一种日报(*South China Press*)是华侨的企业，对于蚊蝇、自来水及住宅等问题，有一次发表社论如下：

> 本市的自来水，诚供不应求。再加市民只知谋利，而不讲求卫生，因此，本地遂成产生疫痢最适宜之场所。本市一切拥塞不堪的住宅，应设法阻止之，盖住宅拥塞，则空气虽以流通，实为发生疾病的原因。露天的隙地，每见用马口铁、洋灰桶等废物所架成的破屋，居住者均属贫民，他们要想讲求卫生，非但无办法，抑且无时间——他们对于清洁的需要，认为是一种奢侈。
>
> 要使厦门及其他区域，成为适宜的住宅区，其职司社会福利的当局，对于瘟疫传染的预防（例如蚊、蝇、蚤、虱的除灭），应予以审慎的考虑。当局应设一研究部，专管本市的卫生问题，如马来亚的疟疾研究委员会，及伍连德博士指导下的东三省防疫委员会。此种卫生运动，不在于宣传，而在实际的工作。故沟渠的改造，水量供给的增进，与夫垃圾废物的处置，即是促进卫生的方法。海河路一带非居住区域，当局应予以适当的管理，以免垃圾任意堆积。泥潭水坑，应填满之，否则亦应予以消毒，以绝幼蚊的产生，无论贫富住宅，应一律予以检查，藉以促进居住者宅内空气流通，而使屋内多得新鲜空气与阳光。①

至于对于娱乐，华侨最显著的影响，莫如户外有组织运动的介绍。南洋华侨早年就喜欢西式的各种运动，如新加坡的《海峡时报》（*Straits Times*）在1885年正月14日就记载那处的中国人组织海峡中国人娱乐会，以便提倡网球、足球、曲棍球等。以后有许多年数，凡遇中国新年，他们多举行比赛。到了今日，马来西的中国

① *South China Press*, Amoy, June 17, 1934.

人对于各种运动更有普遍的兴趣。

东印度的中国人，对于娱乐有同样的兴趣，特别是网球、踺球及足球。他们常和欧人、土人比赛，数年前我国的“南华队”往爪哇比赛，更唤起他们对于祖国的爱国心，不但使他们羡慕国内体育的发达，并使他们敬爱祖国，因为他们由我国足球队员的谈话，得到关于我国近年各种进步的消息。

南洋华侨，逐渐把西式娱乐介绍到故乡来了。他们虽不是唯一的介绍者，但他们的影响是很大的。在1900年以前，香港的中国人起始参加西式运动会；在1904年足球会宣告成立，目下南华体育会是我国南部最健全的体育组织。①

广州是南华第二的体育中心：网球与足球在1905年就起始提倡，那时候有广东体育联合会的各种努力。直到1909年该会就正式成立。从香港与广州，体育逐渐向他处传播，譬如福建南部，闽南体育会即成立于1912年，会址在鼓浪屿。

体育与娱乐的传播，虽不全由于南洋华侨，但他们的势力很大，已如本意所述，因他们首先自己表示兴趣，在南洋参加并提倡各种运动，随后介绍运动到南华各市及他们的故乡。他们有时候写信回家，也不断地提倡：

> 听说在新年的时候，实叻（新加坡的俗称）的中国足球队要和槟榔队比赛，我家三哥也要参加。大哥既然于去年（1913）返厦门，我们希望他和别的朋友要极力提倡运动，因运动可以使身体得到健全的发育，特别是少年。

① Quoted in B. Lasker's unpublished notes.

第九章　信仰

（甲）信仰与农民的生活

（一）信仰与心理环境

本书第一章以为我国的海外迁民运动，实是生存竞争的一种方式，因藉此可与环境相调适。所谓环境的调适是三方面的：即自然的、社会的与心理的。本章即以心理环境的调适为讨论的范围。

心理环境实是虚无缥渺的。在乡人的心中，往往感觉到神明的存在；这些神明是可以感觉而不可以理解的。对于这些神明，乡人往往愿意祈求，以期得福而免祸。乡人有许多习惯是不知不觉的，有些习惯是历代传下来的，他们大致不了解习惯的真意义。有些习惯是以生活的实际经验为根据的，对于这些习惯他们有时候能够明白习惯的效用。无论如何，乡人的心理以为各种习惯在不可知的境遇中，有时候给予他们精神上的安慰。

闽粤乡间因此有复杂的信仰，我们从普通的观察就能得此印象的。据本书的附录第 K 表及 L 表，非华侨家庭 100 户，对于信仰每月有费用者平均占 91 户，其每家每月用费为国币 2.50 元，占杂项总消费的 58.82%；华侨家庭 100 户中，对于信仰有费用者平均占

92 户，其每家每月费用为国币 0. 36 元，占杂项总用费的 3. 36%。

依上列事实，华侨与非华侨家庭，每月都有对于信仰的支出，虽其费用因各家的经济状况与社会地位而显示区别。因此我们可以知道：华侨与非华侨家庭都能领悟到信仰对于生活有亲切的关系。不但如此，在有些华侨家庭，尚有比较重视信仰的趋势：因家中既有人在南洋，他们的身体安全，或事业顺利，在家中人的臆想，莫非要靠神明来保佑。某调查员对于中等华侨某户，作如下的观察：

> 某华侨社区成年男子多是侨居南洋，其家中女人每存仰仗神天庇佑，使男子侨外能得身体平安，且多获财利之念；故每逢夏历之初一、十五两日，及佛祖诞日，"大伯公"神的寿辰等，即必多办钱纸（即冥纸）香烛及糖饼果实等物，前往庵寺神庙祷拜许愿，祝望如心所愿，合家平安。所以几乎各家每月皆有拜神费，且所费实不止其所报之数，盖其意以为报数太多，人将讥其迷信，故惟从少数报知，如此家本月之拜神费仅 5 毛，若按其实际当在 1 元以上，且月月如是，非特本月而已也。

对于神佛的崇奉，妇女们特别表示虔诚：

> 妈生拜神费 9 毛 5 分，此妈生即"天后圣母"，其诞日每年在夏历 3 月 23 日。某华侨社区对于此妈生日，人家多有备办面粿及牲礼、钱纸、香烛等物。往拜者，尤以妇人为甚。此家全系妇人，且以老妇主家，其对于此事当必极其诚意，揣其实在之用费，想不止此 9 毛 5 分也。

有些华侨家庭，特别是知识低下，经济困难的人家，凡遇疾病往往求神医治：

遇家人有疾病，如系奇异者则必往问本乡的神佛或仙师以求治，据说往往有效。若系平常疾病，则延中医诊治。

（二）信仰的种类

就事实言，信仰是不能分类的，据我们的观察，乡间人生活习惯的一部，显然含有信仰的意味。但我们如果以此直接询问，恐遭他们的否认，因为他们对于有些习惯是不知不觉的。有些信仰有复杂的来源，我们对于来源，势难逐一列举。况且各地的信仰，不是完全相同的。因此我们的尝试，不注重信仰的统计，但就其比较与生活发生亲切关系者择要描写，并于可能范围内叙述信仰的变迁，指示变迁的主因及变迁的途径。传统的信仰有神、佛、妖精、祖先等类：除祖先的崇奉外，这些信仰大致起源于佛教及道教，特别是两教的通俗方面。在闽粤的乡村社会，所盛行的信仰，只具两教的形式，渐失两教的真义。有一部分的信仰，如拜祖，显然是受孔教的影响。新近传入的信仰当推耶稣教。以现势论之，其信徒不多，但有渐增的趋势。

闽南华侨社区（乙）共有华侨家庭 224 家，其家长的信仰如下：信神佛者 154 人，无信仰者 60 人，信耶教者 5 人，对于神佛半信半疑者 5 人。粤东华侨社区（丙），对于信仰有报告者计 912 家，其家长的信仰如下：拜神者 664 人，拜神与拜祖者 109 人，信佛者 90 人，信佛与拜祖者27人,拜祖者12人,信天主教者6人,信基督教者3人,信孔教者1人(专指服膺于孔子及其弟子所教者而言)。

(三)人民的信心

神真能降福吗?对于这个问题,不能有一致的答案。有些信徒自己并无坚决的信仰,不过将祖传的习惯,照样奉行而已。有些信徒,以为佛真能作威作福,的确能够满足他们的精神欲望:

> (1)自从十五岁的时候,我就相信佛爷。假如家中不安,我就去求佛,我相信佛能治妖精鬼怪,靠着他,家里就能平安吉利了!
>
> (2)我相信本地的神佛。向他们祈求,可以使家中平安,并可以多福多寿多子孙。我们如要择婚丧的日子,或决疑问,多要去求神佛,他们可以作主。我们相信他们,当然是有许多益处的。
>
> (3)我们一家人都是信佛的。我们如逢着盖房子,要先求菩萨;娶新娘,要请菩萨;家里有人生病,要请菩萨;丈夫或儿子要往南洋去,要求菩萨来决定。得菩萨保佑的人家,可以万事亨通,否则可以惹祸,我们怎样可以不信呢?

(四)信仰与节令

祀神的仪式不一,有时在家,有时在庙。祭祖可以在家或在祠堂内举行。在潮安某村,每年所拜的神共30种,虽然这不是每家所敬奉的，特别是与职业有关的神，如下表所示：

第19表　潮州某华侨社区的信仰：神鬼名称及祀奉日期

所奉祀的神鬼	日期（阴历）
（1）诸神下降	正月初一日
（2）天公圣诞	正月初九日
（3）抚督圣诞	正月十五日
（4）文昌爷圣诞	二月初三日
（5）三山国王圣诞	二月二十五日
（6）元天上帝圣诞	三月初三日
（7）太阳神	三月十九日
（8）天后圣母圣诞	三月二十三日
（9）太子爷	四月初八日
（10）注生娘娘	四月二十五日
（11）关公	五月十三日
（12）三山国王夫人	六月初六日
（13）慈悲娘（观音）	六月十九日
（14）火帝爷	六月二十三日
（15）土地爷	六月二十九日
（16）七圣夫人	七月初七日
（17）花公花妈	七月初七日
（18）魁星爷	七月初七日
（19）孤鬼	七月十五日
（20）招财爷	七月二十三日
（21）司令帝官	七月二十四日
（22）八仙过海	八月初八日
（23）月神	八月十五日

(24)元天上帝飞升	九月初九日
(25)仙公	九月初九日
(26)火帝夫人	九月十五日
(27)韩文公	九月十五日
(28)元帅老爷	九月十九日
(29)五谷老爷	十一月十四日
(30)诸神上天	十二月三十日

同村每年又有节令，其主要者每年有十种，内中有几种与信仰有关，例如清明与冬至（祀祖）、中元（孤魂）及五谷老爷等，详见下表：

第20表　潮州某华侨社区的节令：名称及日期

节　令	日期（阴历）
(1)清明（扫墓）	三月
(2)端午	五月初五日
(3)土地爷（大伯公）	六月二十九日
(4)中元节（孤鬼）	七月十五日
(5)地藏王圣诞	七月二十二日
(6)赏月节	八月十五日
(7)冬至（祭祖）	十一月
(8)五谷老爷	十一月十四日
(9)释迦成佛	十二月初八日
(10)福腰节	十二月廿九日

(乙)关于治安的信仰

土地庙是比较最多的。据我们在闽粤的经验,在华侨社区里,每村最少的有四庙,最多的有八庙,在非华侨社区里,每村最少的有两庙,最多的有六庙。庙的规模大致是很小的:通常是在路旁占一所狭小的房子,里面供奉两三位菩萨,但香火是很盛的,因据一般乡人的信仰,土地神保护地方上的治安;所以人人须崇敬的。

有时候土地神是不在庙里供奉的:在家里或在作坊里可用纸像,在坟墓之旁可用石碑,但信士们对于这些象征,是一样的虔诚。

(一)大伯公

土地神在潮梅一带,俗称"大伯公",据说这是由马来亚传来的称呼。早年往南洋的潮梅人,因热带地方草木茂蔚,地气潮湿,毒虫猛兽甚多,往往或病或死。他们患病或死亡的主因,或因不讲卫生,或因工作太劳,但普通都泛称为"不服水土"。据一位潮州绅士的笔记:

> 有些侨民如有不死而能保存者,实属幸之又幸。此种开荒不死之人,嗣后他人即名之为"开山大伯"。再加一公字者,实表示尊敬之意。所以在马来亚地方,华侨对于土地神皆称之为"大伯公"。及后华侨有回祖国者,遂亦沿用此名,称土地神为"大伯公"。

著者于民国二十四年游槟榔时，见海珠屿有大伯公庙，其碑文的一段云：

> 南洋言神，辄称三宝大神，或云三宝即明太监郑和也。南洋言佛，群颂大伯公，墓碑一张一丘一马，姓而不名，统尊之曰大伯公而已。

据槟榔屿某华侨的口述，嘉应五属人对于大伯公特别崇敬，因在清咸丰间（1851—1861），有一年疫疠盛行，马来亚华侨死者甚多，但五属人丘某（铁匠）、马某（烧炭工人）、张某（塾师）不死，他们即被尊为“开山大伯”。后人追念他们的功德，立庙奉祀。

南洋华侨不论农工商各界，凡遇建新屋或筑工厂，每于动工之先，奉祀大伯公，以求平安。此种信仰，华侨中各帮（包括闽南、海南、广州、潮州、梅县）都是奉行的。但大伯公出游的日期，各地各帮略有不同，且大伯公的名称，在暹罗的华侨，改称为“本头公”。

至于奉祀土地神的源起，及其降福的种类，据潮州某绅的观察，可以简述如下：

> 农民拜田园的伯公，工人则凡新设一工场，必于兴工之际安设伯公像以崇拜之，然后动工。兴工以后，每日早起必由工头或工人到伯公神前焚香叩拜，以祈每日工作的安全。工场的工程完毕，然后以牲礼香纸等物酬谢拜送。有些信士，在家内或工场内永远奉祀伯公，此等人希望因此得福，如平安居住，收成丰足，动作无所伤害等。商人所以崇奉伯公，希望到

处可以服水土,因此可以获财利。各人因职业不同,所以求神所降的福,亦有不同的种类。

潮梅的居民,都说“大伯公”是由南洋介绍来的,这当是仅指名称而言,因土地神的崇奉,在闽粤的乡间,实有悠久的历史。土地神的起源,传说不一,不免有许多附会穿凿,难以尽信。姑以当地人民的口述,加以各种记载所得,择要述之于下:在潮梅的土地神,有时候称伯公或伯爷;前者当是大伯公的简称,后者或系伯益的转音。相传夏禹用其臣伯益,开辟土地,烈山泽,使人民得有所居,后人不没其功,所以奉祀。“因土地是到处有的,所以大伯公亦是到处有的!”潮汕的乡间,墓侧往往树立石碑,名曰“后土之神”,这或由于少数文人用《左传》“皇天后土,实所其鉴”及“山川土地之神”一类的典故。潮梅有些土地庙内挂有“福德正神”匾(南洋的大伯公庙内亦往往有之)则系本于经传所载,如“鬼神非人实亲,惟德是依”、“鬼神福善而祸淫”或“有德者神必降之以福”等。

(二)感天大帝

在有些乡村,土地神称为“感天大帝”。有一位老年妇人说:

我们村里的井水都是咸的,但离我们不远的山脚下有一个泉,却有淡水,这不是天保佑我们吗?泉边就有感天大帝庙,我们都往那里去烧香。

但感天大帝亦有人以为有历史的根据:南宋末年,宋帝昺被元兵追逐,与其臣陆秀夫逃避于潮州饶平属之大月山(山麓南与樟林乡交界）即在山顶扎营，拟避入饶平沿海的百州及三百门等地，以便与元兵凭险相持。据说某夜山神土地对于宋帝加以默佑，宋帝感其德，封之为“感天大帝”。

（丙）关于职业的信仰

（一）五谷老爷

在闽粤的乡村社会，不论是华侨社区或非华侨社区，农是很重要的职业。农民所崇奉的神实际有好几种，不过据我们的调查，最普通的是“五谷老爷”，听说是起源于神农，那是每村所敬奉的。因各村的耕种习惯不同，奉祀的日期略有差异，但大致离秋天收割期不远，例如在潮安某非华侨社区为阴历八月十五，在又一相近的非华侨社区为阴历十月十五；在近汕头的一个华侨社区为阴历十一月十五；在闽南某华侨社区，亦有“五谷老爷”的崇奉，但其日期未详。

据一般农民的信仰，他们春天下种，夏天耕耘，谷类能够不受虫伤，不受水旱之灾，那必是受神明的默佑，岂不是“靠天吃饭”的意思吗？某华侨社区的一位老农夫说：

> 今年是一个好年岁呵！晴天可以耕耘，但不至于太旱。雨水刚刚使苗得能长成，但又没有水灾。老百姓们真是靠天的保佑呢！

(二)几种职业神

其他有许多职业,往往祀奉其开山祖师一人为该业的神。有些开山祖师,未必真有其人,或虽有其人但未必实在是该业的创始者,不过习俗相沿,一般人信以为真。譬如木工崇奉“巧圣老爷”(据说即鲁班先师),日期为阴历五月七日,筏工崇奉“水仙老爷”,日期为阴历六月十九日。此二神于潮安相近的两个非华侨社区特别重要,因两业的人数,在彼处是比较多的。商人崇拜“财神”(阴历九月十八日)是各地的普通习惯;读书人崇拜“文昌帝君”(阴历二月三日)藉以代替祀孔,因各乡并无孔庙,而读书人实际亦是不多的。

(三)关帝

“关帝”的崇奉(阴历五月十三日)大致亦是普遍的,但在有些乡村,商人特别起劲,因据一般人的信仰,“关帝”不但是“主持公平”并能“生财有道”。闽粤人往南洋的,因此往往保存奉祀“关帝”的习惯。不过在有些地方,名称上已有变更:譬如在西婆罗洲的东万律(Mandor),其关帝庙的正匾,就称为“山西夫子”(在爪哇井里汶〔Cheribon〕的潮觉寺亦同)。原来关羽生于山西的解州(解梁),因替平民伸冤,恐其为官所拘,逃出潼关,旋在涿州有桃园结义;在他晚年的生活里,屡次显示其勇与义。有些信徒以神的出生地名其神,亦是合理的。

（四）天后圣母

华侨社区里的职业信仰，其最普遍而最重要者当推“天后圣母”（阴历三月二十三日）。闽粤的沿海居民，凡以捕鱼及航运为业者，大都奉祀之，两省的内地村落，离海很远的区域，其乡民却不知此神的存在。据老年人的传说，福建莆田（兴化）很早就奉祀“天后圣母”，由此逐渐传播到闽粤其他沿海的村庄。

此神与航运业的生活，发生极亲切极重要的影响。近汕头的某华侨社区，某绅的族人于最近100年之间，往暹罗者将近500人。其曾祖有一次航海遇大风，飘往琉球，背神像（即“天后圣母”）渡海，得达山东。[第二章（乙）（二）（寅）]

关于“天后圣母”的来源，闽粤沿海各村的妇孺，都能说些有趣而不同的故事，但其可靠性大致不高。册籍所载，亦有不同的事实及不同的解释。下列引语，对于本故事的叙述及解释，或去事实不远：

> 莆田县东北70里海中有岛，名湄洲屿，宋元间多居民，以生林孝女著名。孝女系出莆田，唐邵州刺史林蕴九世孙。曾祖保吉，周世宗显德中（954—959）为统军兵马使，弃官归隐湄洲屿。祖孚，袭勋为福建总管。父维悫，为宋都巡官。
>
> 孝女行六，为季子。生后弥月不啼，因名曰默。八岁，从塾师读，悉解文义。及长，喜诵经礼佛。
>
> 孝女年十六，随父兄渡河，西风甚急，狂涛怒撼，舟覆；孝女负父泅水到岸，父以无恙，而兄没于水，又同母嫂往寻其兄

之尸。遥望水族辏集,舟人战慄,孝女戒勿忧,鼓枻而前,忽见兄尸浮水面,载之归葬,远近称其孝女。

屿之西有门夹乡,礁石错杂,有商船渡此遭风,舟人哀号求救;孝女谓人:“宜急拯!”众见风涛震荡,不敢前;孝女自驾舟往救,商舟得以不沉。自是矢志不嫁,专以行善济人为己任,尤多于水上救人,世因称其灵异,流传不衰。清嘉庆时,莆田士人陈池养纪孝女事实,以为:“孝女殆海滨之人,习于水性者欤?”

孝女既殁,里人立祠祀之。厥后庙宇遍各省,旁及外国。历朝封祭,尊为天后。中华民国十八年,莆田县县长,据九牧林氏阖族绅士呈请,保存孝女庙宇。经民政厅批准备案;惟今将天后宫名称改为林孝女祠;并呈请内政部,通令各省保存孝女祠。①

据此林默以孝闻于乡,他人感其孝,立祠崇奉。因孝女曾拯救航渡者,因此船户渔夫及航运业者更为敬拜。不过林默的故事在闽粤传播颇广,因此神话亦逐渐加多,潮州某乡绅曾述其乡对于孝女的故事,有如下的传说:

时值九秋,天后纺织,忽然心动,遂闭目神驰,手握机上梭,脚踏机下轴,岌岌然若有所提。母急呼后醒,后被呼惊醒,

① 郑贞文:《闽贤事略初稿》,pp. 231—232,商务版。据《闽林氏世谱》,“林默宋福建路兴化军莆田县人,生于宋太祖建隆元年(960),卒于太宗雍熙四年(987),享年28岁。”

哭曰："父幸保，而兄没矣。方脚蹈之轴，乃父之舟，手握者乃兄之舵，因被惊醒，手放兄之舵，兄舟不能获救。"继而报到，兄果没矣。

"天后圣母"不但在闽粤的沿海区域是被人崇奉的，即在南洋的华侨社会亦复如此。不过在南洋有些区域，俗称"妈祖"，其庙曰"妈祖宫"。华侨众多的区域，通常有两个重要的宗教中心区："公祠"所以敬祖，"妈祖宫"所以祀神。泗水的华侨在同治元年(1862)就设立"妈祖宫"，以为"新德礼，明道义，变鄙俗，必自修身治民事神始"，以便一般的侨胞"知少长之序，有揖逊之容。"每月初二与十六可以奉祀，并劝人捐款，以便侨胞中有死亡或疾病而无力自理者，可由"妈祖宫"施以葬具或药物等。当时有一部分侨胞渐信回教(俗称"毛咸末"教)，为年老者所反对，因立"妈祖宫"，藉使"从番设醮"及"拜祷番墓"者，知所猛省。以目下的情形论，南洋一般的华侨(深沐欧化者除外)，对于"妈祖宫"的"妈祖"尚有相当的信仰。

(丁)关于嗣续的信仰

(一)观音

闽粤的乡村社会，对于嗣续的普通观念，还是"不孝有三，无后为大！"已嫁妇大致喜欢多生儿女，尤其是男孩，以便继续一家的祭祀。乡间的妇女以为生育这一件事，冥冥中似乎由神明作主：未曾生育者去求神，已经生育者去谢神。所以在漳泉与潮梅“观音”俗称“送子娘娘”，以为她能把小孩送上门来（如果有人去求她的话）。奉祀观音的日期，各地参差不齐，在闽南一个华侨社区为阴历六月十九日，在又一个华侨社区为阴历九月十九日。每逢观音生日，村人都到庙里去烧香，并供献糕果等。从前向“观音”求子而果然得子者，那一日到庙里来“做敬”：俭朴的人家只在神前挂一块匾（或是布的或是木底金字），写明“有求必应”，富裕的人家往往演戏酬神。离厦门不远的观音庙，有一夜灯光辉煌，乐声悠扬。有一位和尚对观众说：

> 这是本月第二次的酬神戏。主人从前在新加坡经营茶叶业，主妇年逾四十，最近产了第一个儿子，弄得满家万分欢喜，因此来谢观音大士！阿弥陀佛！

在南洋的华侨社会里，观音的信仰还是保存着，并且对于这神的基本概念，亦无显著的变易。爪哇井里汶（Cheribon）市的潮觉寺（即观音寺）有一联云：“大士原是慈悲，莲花贝叶波罗蜜；观音本空色相，辂马金镪福寿男”。

（二）祖先的崇奉、冬至

关于嗣续的信仰，佛教与孔教有亲切的关系，因后者有几种礼节，对于祖宗与后嗣有深刻的意义，如清明的扫墓及冬至的大祭等。

有些人家在家内供有祖宗的“神主”，于某祖的“忌辰”，在“神主”前供奉菜蔬与果物，并焚烧冥钱，以行简单式的祭礼。每逢清明，大致全家的人都往祖宗的坟墓，行比较隆重的礼节。不过关于祖先最隆重的典礼，是冬至节，那是在祠堂内举行的。

近汕头的华侨社区（丙），共有4，973家，内有华侨家庭共942家，这区域内共有祠堂52所，就中15属于陈姓，11属于林姓，4属于曾姓，4属于蓝姓，黄、李、杨、宋、池每姓名有2祠，纪、张、马、朱、叶、章、吴、蔡每姓各有1祠。祠堂的建筑费，有时候为一家所出，如果这一家特别兴盛的话，否则由同姓的各家摊派。同姓中如有几房先后兴盛，每房可以自建一个祠堂，因此一姓可以有好几个祠堂。祠堂建成以后，即有祭产，通常是田地等不动产。祠堂与祭产的管理，大概每家每年轮流的。凡是这一姓的信仰、经济、教育及社会问题，如有必要时，都在祠堂内讨论或决定。在这一个社区里，除开各姓的祠堂之外，尚有一个公共的祠堂，其内供奉开创这个社区的名人的"神主"，那就是由各姓的祖先里，选出些重要人物就是。

民国二十三年十二月二十二日（阴历十一月十六日）陈家祠堂举行冬至大祭。关于大祭的仪式，目下在我国有些区域已不通行；在其他区域虽尚通行，但其礼节业已简单化；因此我们对于本项仪式，作简单的叙述，以示我国社会变迁的一种趋势。先述仪式的主要部分，然后对于有些项目，加以短明的解释：

第21表　潮州某华侨社区冬至大祭的仪式

通唱：起鼓。开中门。序立（司事者各司其事）。主祭者就位。与祭孙就位。瘗毛血。盥洗。

引唱：诣盥洗所。进巾。复位。

通唱：上香。

引唱：诣香案前跪！上香。跪！酹酒。叩首。再叩首。三叩首！

兴。复位。

通唱:迎神。鞠躬拜(主祭者以下皆拜)。兴,拜,兴,拜,兴,拜,兴。平身。

通唱:奏乐。行初献礼。

引唱:诣显始祖考妣暨列代祖考妣之神位前。跪!初献帛,献爵,献馔!叩首。再叩首。三叩首!兴。复位。

通唱:读祝文。

引唱:诣读祝位前跪!主祭者以下皆跪。读祝文者就位跪!读祝文。叩首。再叩首。三叩首!兴。复位。

通唱:奏乐。行亚献礼。

引唱:诣显始祖考妣暨列代祖考妣之神位前跪!亚献爵,献馔。叩首。再叩首!三叩首。兴。复位。

通唱:奏乐。行三献礼。

引唱:诣显始祖考妣暨列代祖考妣之神位前跪!三献爵,献馔,献饭,献茶,献芙蓾。

通唱:饮福受胙。

引唱:诣饮福受胙位跪!

通唱:诵嘏词(诵嘏词者就位,读嘏词)。

引唱:饮福酒。受福胙。叩首。再叩首。三叩首!兴。复位。

通唱:读祝文者烘祝。司帛者焚帛。望燎。

引唱:诣望燎所望燎。复位。

通唱:辞神。鞠躬。拜(主祭者以下皆拜)。兴,拜,兴,拜,兴,拜,兴。平身。撤馔。礼毕。

上述的祭仪有几项应加以解释,以明祭祀对于生活的影响,及指示南洋的迁民对于家乡的祭祀所引起的重要变迁:

(1)通赞一人:赞礼员。

(2)引赞一人：引领主祭者，并将通赞的口令，从详解释并唱出。

(3)主祭者一人：大概是大宗之子（宗子），由开基祖到本人，一直是由大宗传下来的；年龄较老，社会地位较高。

(4)读祝文者一人：清时以秀才充任，目下用高等小学毕业生，读祝文时用“普通话”，其余时间各人都用本地话。祝文内述行祭的人氏、日期、地点，并祝“列祖列宗畅饮”。

(5)诵嘏辞者一人：大致是有“功名”并有福的人，如子孙繁衍等，庶于嘏辞相当，因嘏辞是祖宗降福的象征，如“来汝孝孙，使汝受禄于天，宜稼于田，眉寿永年，子子孙孙，勿替引之”等语。

(6)礼生若干人：协助主祭者取放祭物等事（桌左的礼生将所供奉的祭物跪授于主祭者，桌右的礼生接置于桌上）。

(7)与祭者若干人：襄助主祭者行祭礼，大致是有功名并在族中占有社会地位者。

(8)初献与亚献时所敬奉的酒馔都是本地的物品；但三献时有一部分的祭物显示南洋的影响，因所献芙蓾，实是饭后助兴的物品，可以用橄榄或蒌蒿①。蒌蒿虽是本地土产，但当作一种祭品，并在饭后贡献，不是本地习惯。南洋的土人嚼槟榔子②时，往往用蒌菜包之。华侨模仿此种习惯，后又介绍到家乡，并在祭祖时用之。

(9)望燎在历史上是用一堆柴物，点火焚烧，目下则用燃放鞭炮代之。

---

① 蒌蒿（Celosia argentea），苋科，鸡冠属，野生，高一二丈，花淡红色，长椭圆形的穗状花序。以其花叶似鸡冠，嫩苗似苋，故又有“野鸡冠”“鸡冠苋”等名。

② 槟榔（Areca catechn），棕榈科，木本，高三丈许，羽状复叶。小叶的上端，其形状宛如啮而断之者。干似椰子而细，每一干三四穗，每一穗上结实三四百颗。槟榔东印度原产。

(10)大祭举,一部分司事者,可以分得祭物,礼品及坐席,特别是(Ⅰ)主祭者,(Ⅱ)高寿者(自60岁起),(Ⅲ)有功名者(自高小毕业生起),(Ⅳ)值事者,(Ⅴ)新婚者,(Ⅵ)新得子者。其所得的礼物各有不同,如新得子者可得饼元;值事者桌面全付,坐席;宗子可得桌面全付、大狮一只、福胙二斤、羊肉三斤,坐席;高小毕业生可得桌面全付,坐席;寿到90岁者可得桌面全付,大狮二只,坐席。

不过在南洋有些区域,奉祀的仪式业已改变,譬如在东印度的一部,侨生家里的"神主"不写祖宗的生日与死日,但用一幅风景画(有时候是手绘的,有时候是电镀的),装以美丽的镜框。其用意恐是在奉祀的时候,由风景引起奉祀者的记忆,激动宗教的观念。坟墓的建筑,大致援照潮汕与厦门一带的模样,但即在清明节,扫墓的习惯不是普遍的。

有些祭祀的仪式,在国内业已废除,但在南洋还可以遇见,例如著者在泗水(Soerabaja)所见者(1935),特别是某家因父死,其长子须戴孝27个月。不过有些习惯,业已混有南洋的风俗,譬如灵前的"子孙灯",不是用菜油灯或蜡烛,乃用电灯代之;又如孝子带白布头巾,穿白布衣,但跣足。跣足不是温带居民的习惯,这种改变,分明是我国迁民对于热带环境的调适。孝子行拜跪礼,来宾行鞠躬礼。有一位侨生的朋友说:

丧事的礼节是很隆重的!长子在荷兰上学,乘飞机赶回奔丧,他要穿白色丧服27个月。听说关于这一点,在祖国有些区域,已是不通行了。今晚行"点主"礼,由一位本地有名誉的侨胞主持。我们虽离国多年,但是有些礼节,还愿意保存祖国的旧文化。

（戊）关于生活状况的信仰

闽粤的乡间有许多人的日常生活，不知不觉的与神明相调和。有些动作他们要求神明的保佑；有些动作因为习惯是如此的，他们也不过照样奉行而已。这些动作是繁杂的，例如住宅的坐落、坟墓的位置、结婚或安葬的日期，并与河的修掘等。

如果有人要兴造新屋，那么关于房屋的方向与位置、动土的日期、上梁的日期等，都须由专家来决定。这些专家俗称"风水先生"，或泛称为"堪舆家"。据潮梅乡间的信仰，"杨公先师"是保护住宅的神，凡起盖新屋，必须先求"杨公"庇佑，同时再请风水先生，拟定较详并较平安的计划。

在民国二十年冬，闽南某华侨社区里，有许多小孩们在鳌头宫内煨番薯，因不戒于火，遂把庙屋焚烧，连庙内所供的天后圣母神像亦烧去一部。这次不幸事件发生以后，全村的善男信女，发生了难以形容的情感。他们的心里充满了惊惶惋惜与羞愤的情绪。某堪舆家后来占卦云："这次火灾的主因，由于村内华侨某君新盖洋楼，破了鳌头宫的风水！"这番预言传到听众的耳鼓，使他们变了一群疯汉，蜂拥前去，急忙地把洋楼推倒！事后屋主得讯（时在小吕宋），立即托人在家乡提起民事诉讼。据说至民国二十三年底止，此案尚未结束。

调查员某君的笔记，载其对于乡民的谈话说：

问:"听说贵村李先生由南洋回来替大儿子办喜事么?"

答:"是的,不过据算命先生说,按照新郎与新娘的八字,这两个月之内,排不出吉利的日子,使得男女两家都可以得福,因此婚期暂缓,李先生亦于前日回金边(Phnom Penh,属印度支那)去了!"

潮安属有一个乡村,其住户只有一姓,约一百家,同宗的男子过半数是往马来亚的,其村长解释二房衰落与四房兴盛的主因说:

南山原来是一个虾形。二房的坟墓据虾头,从来是人财两旺的。近来他们把一部分茔地让给四房了。四房有一个坟,不幸占住了二房曾祖墓的青龙首,因此四房兴而二房败运了!

(已)其他的信仰

上面的分类是勉强的,仅能指示乡间信仰的大概,其实他种信仰尚繁,不胜枚举。前述的信仰,奉祀人的主要目的是比较单纯的,此外尚有些信仰,含有繁杂并混乱的目标,虽其对于一般人的生活,亦发生亲切的影响。

(一)安济圣王

据潮州民间的传说,明时有潮人谢某服官于云南,因犯法被拘,梦王伉来救,脱逃归家。谢某因感王伉恩,在潮立庙以祀之,称为"安济圣王"。三国时当诸葛亮征蛮时,永昌郡太守雍闿与牂牁郡太守宋褒叛,惟雍闿的僚属王伉会集百姓,死守永昌郡,坚持十余年。王伉没后被封为神,后人建庙崇奉以示不忘其德。民国二十四年"安济圣王"在潮州某处出游时,费时三日,费银五千余元,观者邻近各县多有:

> 安济圣王每次出游,例有先期两天之鼓乐游街,总共三天热闹;游人当于第三日(阳历三月二日)为最多。其最美术值得观赏者厥为花灯戏景、鲤鱼杂灯、龙湖舞龙、傀儡影戏及梨园戏班等。
>
> 花灯戏景一项,系由工匠用各种材料,制为古今人物,缀以木石花卉,状如俳优,中点汽灯,煌煌华丽。此次合众社计抬花灯十屏,中以"青梅记""平南蛮""金山寺"等戏景,最为出色。每屏约费百余元,可见工料之大。①

(二)正顺宫、谢安

闽南某华侨社区,其居民的祖先以为是由河南迁往的。村内有"正顺宫"奉祀谢安及其侄,据云因谢安淝水之战,祖先在中原时慕其勇与诚,曾经奉祀,后来迁居闽南,保存此习惯。村中有许多人是往南洋的,在南洋亦有"正顺宫"。不但如此,南洋方面于家乡

① 《星华日报》,汕头,民国二十四年三月二日。

兴造正顺宫(嘉庆二十三年,即1818年),及两次重修时(同治十三年,即1874年,及民国六年,即1917年)都捐款接济。正顺宫内并奉祀文昌神像,足见信仰的复杂。

(三)王爷

闽南三个华侨社区有"王爷"的信仰,那是英雄崇拜的又一种。(1)某村崇奉"池府王爷"据说有"代天巡狩"的职权。每逢阴历七月演戏一次,费用颇大,内中一部分由仰光华侨(文山堂)担任,在民国二十三年时,其捐款为国币600元。(2)某村里将"李元帅"与"王府王爷"合祀于"拱豪宫"内。乡民不知神的职守,不过大家相信他们能够使地方上不动干戈,及使盗匪灭迹。"王爷"出巡时有音乐,彩灯及花炮等。(3)某村在每年阴历十月举行"王爷节",一般善男信女在本村大祠堂内焚香祝拜,家家都杀鸡鸭猪羊来祭。

马六甲(Malacca)的华侨,目下还是奉祀"王爷"的,俗称"清华宫勇全殿仙舟游行"。据马六甲青云亭(即观音庙)一碑,称甲必丹李济博为"银同(同安)之鹭江(厦门)人",因"明季国祚沧桑,航海而南行,悬车此国",遂为华侨最早至者之一(碑立于龙飞乙丑年,疑是乾隆十年,即1745①)。与其同时至者有三都(海澄)、曾家湾

① 按我国历史,在明清之交并无"龙飞"的年号。在东晋时曾有龙飞时代,但仅有三年(396—398)。此处所称"龙飞",疑是马六甲的迁民自立的,因闽南有些迁民,于明末清初离国,抱有扶明灭清的志愿,他们及子孙或因此不用清朝的年号。犹之孙中山先生在南洋奔走革命时,所发"华侨革命捐款"的收据,不用清朝年号而自立"天运"的年号。

（厦门）等处人，足见马六甲最早的华侨是由厦门近处迁出的。“王爷”的信仰原来盛行于闽南乡间，因此这种信仰，必由闽南传入马六甲无疑。

马六甲华侨举行“王爷”第一次出游时在1856年（咸丰六年），嗣后每隔数年举行一次（自5年至14年不等）。在1933年，其举行期为自11月27日至12月8日（即阴历十月十二日至二十一日）。最惹人注意的部分，是此种迎神先有采莲队，继之以“王舡”，再继之以五王爷的神像。采莲队员“身穿白色制衣，头戴圆形白帽，围以红绸小带，腰束红绸长布；跣足，手握如舟中之木桨一支”。行时两人一排，共约25排，唱采莲曲，内有“代天巡狩播威扬”句。手中所持的木桨，随时作势，以效摇船的动作。游行毕，“王舡”焚烧。

马六甲的“王爷”与闽南的旧俗，有同点亦有异点。“王爷”同为五神（但闽南有些区域不奉五神），神的职守同是不肯定的，仅说“代天巡狩”。在马六甲游行之后，即把“王舡”烧去，在闽南只有福州的习惯于礼毕焚船。最显著的相异点是：马六甲的游神，有采莲队，在闽南各处，未闻有此风俗。

关于“王爷”的起源传说甚多，今述其一如下：

据说明永乐帝见迷于龙虎山某道士，颇欲乘机试其法术；乃暗中训练亲信之臣为乐工，让他们在地窖下奏乐。帝诳谓道士曰：“邪鬼作乐，请驱除之！”道士用法剑斩各乐工头，死鬼因冤魂不散，常来扰永乐。帝复请道士以法术诱囚鬼魂于木箱，浮于海。遇海边有人，开箱，鬼魂逃归。道士劝帝封各鬼为“王爷”以平其气，内有五姓（朱、温、池、李、白）渡海至马六甲。①

（庚）信仰的变迁

闽粤乡村社会的信仰，近年来已有变迁。其变迁的主要原因，当推教育与迁民。学校、新闻纸、乡间与城市的交通，是表示前者的势力。至于迁民在南洋，因有新经验与新知识，可以影响到他们自己或家庭的信仰。

（一）冲突的情感

有些人因为知识或经验增高以后，其心中对于旧信仰发生怀疑。“神佛是泥塑木雕的，哪里真能作威作福呢！”怀疑派的心境，常有冲突的情绪，情绪冲突的结果，对于旧信仰或藐视或破坏。闽南某村的关帝庙，其神的胡须有一日忽然不见了。管庙人细心观察，发现神须在庙旁的桑树上飘摇于风中！近汕头的某村，因逢大旱，村人向海龙王求雨而雨久不至！海龙王神像忽然失踪，但三日之后，韩江下游的乡民，在江中捞起神像，因认识神袍，把海龙王像送归原庙。

① Tan SengTee, M. D.: “The Great Wangkang Festival: Its Origin, History and Significance”, in the Memento of Wangkang Ceremonial and Procession, The Malacca Guardian, Malacca, Nov. 26, 1933.

有些人因知识与经验的提高，对于旧信仰，虽不亲自破坏，但表示不信任。有些南洋华侨表示坚决的态度说：

(1)我不信柴头！我以为拜神的习惯应该打倒！

(2)我不信神，也不信宗教，因为我觉得神如要人给他香烛才加以保护，那保护的程度决不会高的。外国人就不信神。

(3)我在小时候信神拜菩萨，但出洋后这种习惯已经改了，因为拜神的费用太大，且于事实无益。

在南洋的时候，有些侨民因和欧洲人有接触，觉得自己的生活习惯有变更的可能。因此对于有些旧观念，如风水命运等，或抱半信半疑的态度，或抱除旧取新的态度：

(1)我对于风水已有一点马虎主义了！我以为一个人只要有力量，肯努力，他自然会发达的。

(2)我对于风水是在矛盾中，半信半不信：信是由于风俗造成的；不信是根据做人的经验。我的儿子(侨民)不信风水，他说西洋人不信风水也可以发财。

(3)我以为无所谓命运，只要努力，人的生活便可以充实。一个人能否成功，也是看各人的努力如何，命运究竟是有些欺骗性的。

(4)我不信风水命运这一类的幻想，因为我的丈夫，常由南洋写信回来提醒我，劝我不必相信风水与命运，因为风水与命运对于他的生意完全没有帮助。

(二)调和

知识较高经验较富的人们,对于旧信仰往往求与在变迁中的社会适合。近汕头的一个华侨社区,共有小学校 28 所,内中利用祠堂为校舍者 13 所,利用庙宇者 10 所:已拿祠堂和庙宇逐渐作为灌输儿童们新知识之用。闽南某华侨社区,有一个祠堂近已改作村公所的办事处,又一祠堂改为西医的诊疗所。村内又有一庙共三屋,两旁屋改作小学教室,中一屋悬以白布一块,布后安置神像,烧香者可以自由出入。布前放些游戏器具,以便小学生在户内游戏。

潮州某华侨社区,在街巷间往往贴有小学毕业生的告白,红纸黑字,类似前清的"喜报":"某君业在某小学校修满各课,并奉教育局令,在该校举行毕业考试,考试及格,准予毕业。"在科举时代,有人"入泮",便成"秀才",于是衙门差吏往秀才家中报喜,并张贴红纸黑字的告示。这种旧习惯的精神,至今还是保存,分明和新环境相调和了。

在传统的习惯上,匾额是表示功名的徽志。但闽南某华侨社区,其祠堂内有一匾,颜曰"法学博士",旧制度与新文化相调和,这是一个显例。著者游网甲岛(Bangka)时,侨生某家大厅中有一横额,题"甲必丹大"四字:虽属汉字,但非纯粹华俗,否则应把"大"字居第一位置。上述排法,实模仿马来人习惯,把"大"字作为形容,置于名词之下。这亦显然对于当地的社会习惯,施以适当的调和。

(三)新信仰的接受

近汕头的某村，有天主教徒及新教徒。据说他们的信教，与移民有深切的关系。第一个天主教徒是黄某，他是新加坡的华侨，约于50年前在新加坡信教的。信教以后，他写信回来劝其妻入教，她亦入教。十年以后，黄某回乡，他就用一间矮小的房子作为教堂，以便祈祷。民国七年，此屋为地震所毁。近年教徒渐多，目下已有150人，乃另租较大的房一所作为教堂。某牧师说：

> 天主教对于教徒们的生活，业已发生重要的影响，因为他们非但能熟读圣经，因此得着道德的训诲，并且他们的日常生活也比入教前肯负责任，肯彼此信赖，并表示诚实。

同村，在1872年时就有教堂，其创始者是黄某，他是穷家之子，父亲曾往南洋谋生，母亲多才，在40岁时有一日因听人传道，大受感动而信教。黄某幼时在汕头近村，读圣经，后即信教。在1872年，黄某加入汕头区的四个新教礼拜堂之一，其后负责创立20个礼拜堂于汕头区。目下在某华侨社区的礼拜堂，有会员约200人，一切经费都由本地筹措。每逢星期日有祈祷会，但因领袖不得其人，精神不见甚佳。

有些耶教徒，以为耶教对于生活的各方面，有亲切的影响。

> 我信天主教，是跟着父亲信的。我的父亲从前在安南做生意。他因法国神父的劝导，在那面进了教。他寄回天主教

救世的图画，劝我们也进教，说进教可以得到快乐。我听了他的话我就入教，果然觉得生活安定的多啦。

潮安某君，他们家里信耶教已经三代了，一日述说他们对于宗教的态度：

耶稣劝人为善。我们入了教，我们就不能赌，不能吸鸦片，不能骂人，岂不是把生活改善了吗?

南洋的华侨，对于新信仰，以回教与耶教两种为最重要。在东印度群岛，回教的信徒在历史上已经是不少的，在马来亚的回教徒大致由于中国的男子和马来亚的女子结婚的结果。

在菲律滨群岛，有一部分的华侨逐渐相信天主教，在东印度群岛，天主教与新教，划分区域来传播福音。不过以大体论，天主教对于华侨的势力似乎要广些。

在马来亚的华侨，信耶教的人数是不多的。在1931年有耶教徒30,738人，或等于华侨总数的1.8%，海峡殖民地的耶教徒，比马来联邦要高一倍，非马来联邦的耶教徒最少，但那边的中国人亦最少。在1921—1931年间，在马来亚的中国耶教徒增加了50.2%，同期间的中国人口增加了45.5%。

附录:表格目录

第A表　粤东闽南十个华侨社区的人口与耕地

	面积		人口(3)	生育率	死亡率	婴儿死亡率	已耕地		人口密度		平均每人所有耕地（亩）(8)	平均已耕地所有人数	
	方市里(1)	方英里(2)					亩(4)	英亩(5)	方市里(6)	方英里(7)		亩(9)	英亩(10)
晋江	6,500	627.47	663,522				385,000	58,520	102	1,057	0.6	1.7	11.3
同安	5,800	559.90	147,716				98,000	14,896	25	264	0.7	1.5	9.9
安溪	7,800	752.97	426,052				417,000	63,384	55	566	1.0	1.0	6.7
龙溪	3,700	357.18	262,974	40.4	48.0	187.5	165,000	25,080	71	736	0.6	1.5	10.4
思明	900	86.88	426,438				54,000	8,208	474	4,908	0.1	7.8	51.9
海澄	3,500	337.87	123,262				151,000	22,952	35	365	1.2	0.8	5.3
饶平	10,996	1,061.49	528,392				434,000	65,968	48	498	0.8	1.2	8.0
潮安	5,885	568.11	753,445	27.9	27.9	277.8	623,000	94,696	128	1,326	0.8	1.2	7.9
澄海	1,709	164.98	446,869				318,000	48,336	261	2,709	0.7	1.4	9.2
潮阳	4,401	424.85	857,650				535,000	81,320	195	2,019	0.6	1.6	10.5
总计	51,191	4,941.70	4,636,319				3,180,000	483,360	91	938	0.7	1.4	9.5

(1)、(3)、(6)，系内政部统计司二十四年八月出版之《全国各市县土地人口调查》一书内之数字。

(2)根据桂中枢编《英文中国年鉴》1935—1936年，以1市里=0.3107英里，由此折合成1方市里=0.09653449方英里，从(1)数字折成(2)数字。

(4)系《统计月报》(二十一年一、二月合刊)之数字。

(5)以上列刊物1亩=0.152英亩折成该项数字。

(7)=(3)÷(2)，　(8)=(4)÷(3)，　(9)=(3)÷(4)，　(10)=(3)÷(5)。

第 B 表　非华侨家庭生产者的职业分类

（民国二十四年三月至二十五年二月）

	每户每月入款（元）	14.99 元以下	15—24.99	25—34.99	35—80	户数总计
单一职业	农夫	1				1
	樵夫	1				1
	店员	1		1		2
	书记				1	1
	工人	1	1			2
	农业副业者	1				1
	总　计	5	1	1	1	8
两种职业	农业者、农业副业者	11	4	3		18
	农业者、商业者	7	4	2	2	15
	农业者、自由职业者或公务人员		1	2		3
	农业者、工人或什役	14	3			17
	农业副业者、工人	3	1			4
	店员、无技工人	1				1
	总　计	36	13	7	2	58
三种职业	农业者、农业副业者、商业者	5	4	4	3	16
	农业者、农业副业者、利息收取者				1	1
	农业者、农业副业者、工人	3	4		1	8
	农业者、农业副业者、公务人员				1	1
	农业者、农业副业者、自由职业者		1	3		4
	农业副业者、什役、行贩	1				1
	农业者、店员、工人	2				2
	总　计	11	9	7	6	33
四种职业	农业者、农业副业者、教员、店员			1		1
	总　计			1		1
共　计		52	23	16	9	100

第 C 表　华侨家庭的每月入款：南洋汇款，本地收入：实数与百分比

（民国二十三年十月至二十四年九月）

入款组（元）	家数	平均每家每月所得的南洋汇款	平均每家每月在本地所得的收入	平均每家每月收入总数
20 以下	17	11.4	3.7	15.1
20—49.9	49	25.7	6.2	31.9
50—124.9	21	68.1	18.5	86.6
125—250	13	192.6	36.3	228.9
总　数	100	53.9	12.3	66.2
百　分　比				
20 以下	17	75.5	24.5	100.0
20—49.9	49	80.6	19.4	100.0
50—124.9	21	78.6	21.4	100.0
125—250	13	84.1	15.9	100.0
总　计	100	81.4	18.6	100.0

第 D 表　汇款回国的分类侨民：汇款者实数与百分比

（民国二十三年十月至二十四年九月）

汇款组（元）	佣工	行贩	商店记账	商店司理	商店主	有二种以上之职业者	家数总计
20 以下	23	1	4			1	29
20—49.9	15	8	8	4	2	6	43
50—124.9		1	2	5	10	3	21
125 以上					6	1	7
总　计	38	10	14	9	18	11	100

续表

汇款组（元）	佣工	行贩	商店记账	商店司理	商店主	有二种以上之职业者	家数总计
百　分　比							
20 以下	79. 3	3. 4	13. 8			3. 4	100. 0
20—49. 9	34. 9	18. 6	18. 6	9. 3	4. 7	13. 9	100. 0
50—124. 9		4. 8	9. 5	23. 8	47. 6	14. 3	100. 0
125 以上					85. 7	14. 3	100. 0
总　计	38	10	14	9	18	11	100. 0

第 E 表　华侨家庭每月的盈亏

（民国二十三年十月至二十四年九月）

入款组（元）	家数	全年每家每月平均盈余（＋）或亏短（－）	
		房租在内（元）	房租除外（元）
19. 99 以下	17	－1. 46	＋0. 22
20—49. 99	49	＋3. 40	＋6. 08
50—124. 99	21	－1. 63	＋12. 12
125—250	13	＋2. 90	＋47. 70
总　计	100	＋1. 45	＋11. 76

第 F 表　非华侨家庭每月的盈亏

（民国二十四年三月至二十五年二月）

入款组（元）	家数	全年每家每月平均盈余（＋）或亏短（－）	
		房租蔬菜柴草在内（元）	房租蔬菜柴草除外（元）
14. 99 以下	52	－3. 61	－0. 83
15—24. 99	23	－2. 31	＋0. 69
25—34. 99	16	＋0. 38	＋4. 06
35—80	9	＋13. 48	＋21. 40
总　计	100	－1. 13	＋2. 30

第 G 表　非华侨家庭的每月生活费(房租在外):实数与百分比

(民国二十四年三月至二十五年二月)*

入款组(元)	家数	食品	衣服	燃料灯油	杂项	总计
14.99 以下	52	8.05	0.80	0.35	2.53	11.73
15—24.99	23	11.55	1.10	0.55	4.25	17.45
25—34.99	16	15.10	1.75	0.72	6.43	24.00
35—80	9	19.81	3.52	1.14	8.81	33.28
总平均	100	11.04	1.27	0.53	4.11	16.95
百　分　比						
14.99 以下	52	68.63	6.82	2.98	21.57	100.00
15—24.99	23	66.19	6.30	3.15	24.36	100.00
25—34.99	16	62.92	7.29	3.00	26.79	100.00
35—80	9	59.53	10.58	3.42	26.47	100.00
总　计	100	65.13	7.49	3.13	24.25	100.00

* 此表为每家实在支出之数,将自家所有之房租,与食品中之菜蔬及燃料中之柴草除去之后,计算而成者。

第 H 表　非华侨家庭的每月生活费(房租在内):实数与百分比

(民国二十四年三月至二十五年二月)

入款组(元)	家数	食品	衣服	房租	燃料灯油	杂项	总计
14.99 以下	52	8.59	0.80	0.97	1.62	2.53	14.51
15—24.99	23	11.90	1.10	1.25	1.95	4.25	20.45
25—34.99	16	15.64	1.75	1.65	2.21	6.43	27.68
35—80	9	20.39	3.52	5.71	2.77	8.81	41.20
总平均	100	11.54	1.27	1.57	1.89	4.11	20.38

续表

入款组（元）	家数	食品	衣服	房租	燃料灯油	杂项	总计
百　分　比							
14.99 以下	52	59.20	5.51	6.69	11.16	17.44	100.0
15—24.99	23	58.19	5.38	6.11	9.54	20.78	100.0
25—34.99	16	56.50	6.32	5.96	7.98	23.23	100.0
35—80	9	49.49	8.54	13.86	6.72	21.38	100.0
总　计	100	56.62	6.23	7.70	9.27	20.17	100.0

第I表　华侨家庭的每月生活费(房租在外):实数与百分比

（民国二十三年十月至二十四年九月）

入款组（元）	家数	食品	衣服	燃料灯油	杂项	总数
19.99 以下	17	10.38	0.86	2.15	1.49	14.88
20—49.99	49	69.96	1.76	3.42	3.68	25.82
50—124.99	21	47.44	4.40	6.26	16.38	74.48
125—250	13	97.20	7.13	12.96	63.91	181.20
总　数	100	32.67	2.86	5.04	13.80	54.37
百　分　比						
19.99 以下	17	69.76	5.78	14.45	10.01	100
20—49.99	49	65.69	6.82	13.25	14.25	100
50—124.99	21	63.69	5.91	8.40	21.99	100
125—250	13	53.64	3.93	7.15	35.27	100
总　数	100	60.09	5.26	9.27	25.38	100

第 J 表　华侨家庭的每月生活费(房租在内):实数与百分比

(民国二十三年十月至二十四年九月)

入款组(元)	家数	食品	衣服	房租	燃料灯光	杂项	总计
19.99 以下	17	10.38	0.86	1.68	2.15	1.49	16.56
20—49.99	49	16.96	1.76	2.68	3.42	3.63	28.50
50—124.99	21	47.44	4.40	13.75	6.26	16.38	88.23
125—250	13	97.20	7.13	44.80	12.96	63.91	226.00
总　计	100	32.67	2.86	10.31	5.04	13.80	64.68
百　分　比							
19.99 以下	17	62.68	5.19	10.14	12.98	9.00	100
20—49.99	49	59.51	6.18	9.40	12.00	12.91	100
50—124.99	21	53.77	4.99	15.58	7.10	18.56	100
125—250	13	43.01	3.15	19.82	5.73	28.28	100
总　计	100	50.51	4.42	15.94	7.79	21.34	100

第 K 表　非华侨家庭的杂项用费:实数与百分比

(民国二十四年三月至二十五年二月)

项　目	平均家数	每月每家平均用费(国币)	百分比
卫　生	75	0.24	5.65
教　育	16	0.10	2.35
纳　税	47	0.36	8.47
娱　乐	8	0.01	0.24
礼　物	5	0.07	1.65
家　具	26	0.17	4.00
烟　酒	54	0.13	3.06
交　际	2	0.01	0.24
交　通	52	0.10	2.35
拜　神	91	2.50	58.82
其　他	27	0.56	13.17
总　计		4.25	100.00

第L表　华侨家庭的杂项用费(包括或不包括婚费):实数与百分比

(民国二十三年十月至二十四年九月)

项　目	平均家数	每月每家平均	百分比	每月每家平均[2]	百分比
卫　生	52	0.17	1.22	0.17	1.59
教　育	34	1.28	9.20	1.28	11.95
纳　税	44	0.66	4.74	0.66	6.16
娱　乐	19	0.05	0.36	0.05	0.47
礼　物	34	0.69	4.96	0.69	6.44
家　具	46	0.55	3.95	0.55	5.14
烟　酒	27	0.46	3.31	0.46	4.30
交　际	24	0.21	1.51	0.21	1.96
婚　费	1	3.20	23.00	—	—
车　费	20	0.02	0.14	0.02	0.18
拜　神	92	0.36	2.59	0.36	3.36
其　他	75	6.26	45.00	6.26	58.45
合　计		13.91[1]	99.99	10.71	100.00

(1)此项数字与五大类表内者略有上下,因两表所用平均法不同。其他细分各表亦同一原因,但俱相差甚微。

(2)除婚费一项计算者。

陈达先生学术年表*

1892 年（光绪十八年）

陈达，又名邦达，字通夫。4 月 4 日，出生在杭州余杭县连坝塘乡里河村一个贫农家庭，父陈陞纶，母姚氏，皆世代务农，均不识字。

1899 年（光绪二十五年）

在家乡里河村的私塾读书。

1906—1908 年（光绪三十二年——光绪三十四年）

在余杭县城刚创办的高等小学读书。

1909—1910 年（宣统元年——宣统二年）

以优异成绩在高小毕业，保送到省城杭州府中学读书，跳班插入初中二年级。

1910 年与创办余杭县高等小学校长姚仲寅之女姚成（又名姚梧荪）结婚。

1911 年（宣统三年）

考取清华学校留美预备班。

1912—1916 年

清华学校读书。

---

* 本年表由马戎撰写。

1916 年

清华学校毕业,赴美国俄勒冈州波特兰市的立德学院读书。

1918 年

从立德学院毕业,获学士学位,同年入哥伦比亚大学读书。

1919 年

获哥伦比亚大学硕士学位。

1923 年

获哥伦比亚大学博士学位,师从美国著名社会学家乌克朋教授(W. F. Ogburn)。其间曾兼任美国劳工统计局职员。他的博士论文“Chinese Migrations with Special Reference to Labor Conditions”曾刊登在美国劳工统计局(U. S. Bureau of Labor Statistics)编的 *Bulletin* 第 340 期,并由哥伦比亚大学出版社出版。

秋天回国,出任清华学校教授。

1924 年

在清华学校讲授“社会学原理”课程,担任社会学系筹备委员。

1926 年

清华学校设立 17 个系,社会学系成立。出任首任系主任,讲授“人口问题”课程。

1927 年

发表“An Analysis of Strikes in China, from 1918—1926”, Shanghai Bureau of Economic Information (“1918—1926 年期间中国罢工分析”,上海经济信息局)。在纽约发表 *Japanese Emigration in China*。在日内瓦发表 *Labour Movement in China*。

1928 年

清华学校更名为清华大学,社会学系改名为“社会人类学系”。出任系主任兼教授。

1929 年

《中国劳工问题》一书由商务印书馆出版。该书由陈达先生在国外发表文章的基础上修订扩展而成。

1931 年

《我国工厂法施行问题》一书由上海科学管理学会出版。

1932 年

清华大学社会人类学系改名为“社会学及人类学系”,续任系主任兼教授。

1933 年

清华大学增设“社会学研究部”。

1934 年

清华大学社会学研究部撤销,恢复设立社会学系,续任系主任兼教授。

《人口问题》一书由商务印书馆出版;《人口变迁的原素》由清华大学出版社出版。应太平洋学会约请组织对中国东南亚移民的调查项目,先后赴汕头、漳州、泉州和印度尼西亚调查移民与华侨情况。同年在广东发表 *Population & Culture*。

1935 年

春季,在印度尼西亚、泰国、新加坡、越南等地调查当地华侨情况。

9 月,经满洲里赴苏联考察 7 周,考察了西伯利亚、莫斯科等地区的社会机关、工厂和集体农庄等。之后赴欧洲其他国家考察。

1937 年

卢沟桥事变后，随清华师生离北平赴长沙，继续授课。

1938 年

1—2 月，随部分清华师生离开长沙，经香港、越南至昆明。西南联合大学成立，设“历史社会学系”，出任系主任兼教授，主要开设人口问题、劳工问题和华侨问题三门课程。

5 月，《南洋华侨与闽粤社会》由商务印书馆出版。

8 月，赴上海接家眷回昆明。

1939 年(47 岁)

8 月，清华大学国情普查研究所成立，出任所长，李景汉任调查主任，戴世光任统计主任。研究所决定以呈贡县为人口普查试验区，以小学教员为调查员，开始组织培训活动。

1940 年

在呈贡县举行农业普查。

西南联大院系调整，历史学、社会学分别独立设系，社会学系属文法学院。续任社会学系主任兼教授。

重庆国民党政府成立社会部，西南联大社会学系与社会部订立了合作计划，陈达兼任社会行政计划委员会和人口政策委员会委员。

《南洋华侨与闽粤社会》的英译本(*Emigrant Communities in South China*，内容不完全相同)由 Institute of Pacific Relations(太平洋学会)支持，在别发洋行(Kelly and Walsh)出版。

1941 年

2 月，以顾问名义被约请出席国民政府主计处召开的第一次全国主计会议，在会议上提出“人口普查案”获得通过。

8—11 月，被聘为国民政府内务部各省市户籍干部人员训练班的专任教官兼实习指导。

1942 年

年初，主持云南省环湖市县户籍示范实验。

3 月，参加国民政府社会部人口政策委员会。

10 月，出席社会部召开的社会行政会议并应邀在“社会工作人员训练班”讲演。

1943 年

夫妇同时患病，10 月正式请病假一学期，并辞社会学系主任一职。潘光旦教授继任系主任。

1944 年

1 月，应邀在中央训练团党政高级班担任教官。

2 月，提交《云南户籍示范工作报告》。

1945 年

应美国社会学家、留美时导师乌克朋教授（W. F. Ogburn）推荐，撰写有关中国人口问题的专文在美国《社会学》（*Sociology*）杂志 1945 年 3 月份季刊发表。

应邀为太平洋学会撰写“战时国内移民运动及社会变迁”一文。

1946 年

7 月 15 日，闻一多先生被暗杀后，陈达先生父子参与将闻先生遗体抬回。

8 月，由清华大学国情普查研究所联合上海市社会局等 9 个单位组成“上海劳工状况调查委员会”，陈达主持该委员会工作。

10月,《浪迹十年》一书由商务印书馆出版,是陈达先生记述1934—1945年期间在闽粤、南洋和苏联的考察,以及抗战期间研究工作与生活的笔记体著作。

日本投降后,清华大学回迁北平,10月正式开学,社会学系隶属法学院。继续担任社会学系教授,并讲授劳工问题、人口问题课程。

在美国《社会学》杂志上发表的人口问题文章修订成 *Population in Modern China*(英文版)一书由美国芝加哥大学出版社出版。(该书由廖宝昀翻译的中译本《现代中国人口》于1981年由天津人民出版社出版。)

1947 年

参加北平陈寅恪、朱自清、俞平伯等13位教授抗议国民党侵犯人权宣言的签名。

1947—1949年被选为国际人口学会副会长,这一期间出任太平洋学会东南亚部负责人。

1948 年

国民党政府的中央研究院遴选81人为第一届院士,陈达与陶孟和一起获选为人文组社会学院士。

拒绝国民党政府提供的赴台湾邀请,12月15日清华大学解放。

1949 年

10月,出任北京市人民代表兼任中央劳动部劳动保护司副司长。

1952 年

全国高等院校调整,改任中央财经学院劳动经济专修科教授。

1953 年

中央财经学院停办后,转任中国人民大学劳动经济专修科教授。

1954 年

转任劳动部劳动干部学校教授兼副校长。

1957 年

2 月 15 日,在陈达先生住所,由北京劳动干部学校校长罗青主持,召开了第一次“人口研究座谈会”。陈达先生随后在北京《新建设》杂志发表“节育、晚婚与新中国人口问题”,公开提出计划生育和晚婚主张。

6 月 9 日,举行最后一次人口研究座谈会。举行了前几次座谈中决定成立的社会学工作筹备委员会第一次会议,讨论了四方面议题:(1)本会的名称和任务;(2)开展社会调查工作(人口与劳动调查、城市社区调查、民族学调查等);(3)关于筹备社会学习的计划;(4)筹备成立中国社会学会。

11 月,任中国访苏科学技术代表团顾问。

在“反右”运动中被划为“右派”。

1959 年

作为特别邀请人士,继任第三届中国人民政治协商会议全国委员会委员。

1964 年

继任第四届中国人民政治协商会议全国委员会委员。

1966 年

在“文化大革命”运动中受到冲击。

1975 年

1 月 16 日,在北京西城区家中去世,享年 83 岁。

《南洋华侨与闽粤社会》导读

马戎

陈达先生是我国老一代著名的社会学家。在北京大学韩明谟教授撰写的《中国社会学名家》一书中一共只介绍了4位学者，分别是孙本文、陈达、潘光旦和费孝通，可见陈达先生在中国社会学发展史上的学术地位。国内学者撰写的有关中国社会学史的著作中，清华大学的社会学教学与研究工作由于始终是中国社会学的学术重镇，一直被放在十分显著的地位。[①] 陈达先生是清华社会学系的创始人，在该系任教直至1952年院系调整该系被取消，对清华社会学系在教学、科研等方面的发展发挥了重要作用。正是这些学术贡献使他成为建国前老一辈中国社会学家中的一位核心人物。

1923年陈达先生从美国哥伦比亚大学获得社会学博士学位回国，是中国社会学家中最早去西方留学并获得博士学位后回国的学者之一。哥伦比亚大学严谨的学术训练，使陈达先生在社会学理论、研究方法及一些研究专题上打下了坚实的学科基础。他特别关注人口和劳工问题，因此在攻读博士学位期间曾在美国劳工

① 参见杨雅彬:《中国社会学史》，山东人民出版社1987年版，第53页；韩明谟:《中国社会学史》，天津人民出版社1987年版，第55页；阎明:《一门学科与一个时代——社会学在中国》，清华大学出版社2004年版，第111页。

统计局兼职。他的博士论文“Chinese Migrations with Special Reference to Labor Conditions”曾刊登在美国劳工统计局主编的 *Bulletin* 杂志上,①并由哥伦比亚大学出版社于1923年出版。② 这些实践阅历使他对西方的人口和劳工统计十分了解,并开始关注美国社会主要人口问题之一的移民问题,特别显示出他对跨国迁移的浓厚学术兴趣。

陈达先生回国后在许多领域都开展了调查研究和写作,其中人口、劳工和华侨这三个彼此密切关联的问题是他最主要的关注领域。一些社会学史的著作这样写道:“在近代中国,真正为现代人口普查树立典范的,当推陈达及他在抗战期间于云南主持的清华大学国情普查研究所。”③韩明谟教授的《中国社会学史》第八章在论及“高等院校中具有代表性的社会学者”时,集中介绍的即是孙本文的《社会学原理》和陈达的《人口问题》,以此可见陈达先生在近代中国社会学史上的地位和广泛的社会影响。

“华侨”一词,据王赓武教授考证,大概是从1885年前后才开始用于对海外华人的称谓。④ 海外华人主要集中在东南亚各国,其总数已达2500万—3000万人,无论是近代中国的工业化、推翻满清的社会革命、抗日战争还是改革开放以来的招商引资,海外华人对中国社会和经济的发展都发挥了不可或缺的重要作用。1938年由商务印书馆出版的陈达先生《南洋华侨与闽粤社会》一书,即是我国学者关于华侨问题的最早研究成果,它在中国华侨史、华侨社

① 参见韩明谟:《中国社会学名家》,天津人民出版社2005年版,第118页。
② 参见阎明:《一门学科与一个时代——社会学在中国》,第322页。
③ 同上,第111页。
④ 参见王赓武:《王赓武自选集》,上海教育出版社2002年版,第234页。

会史中的地位是具有开创性的。同时，由于它的英文版随后在美国出版，也使西方世界开始关注中国的海外华侨问题。

这本书的英文版 *Emigrant Communities in South China* 由 Institute of Pacific Relations（太平洋学会）支持在别发洋行（Kelly and Walsh）出版社出版。这本书加上他 1946 年在美国芝加哥大学出版社出版的 *Population in Modern China* 一书和其他用英文发表的著作和论文，使陈达先生成为国际学术界研究中国人口和迁移问题的知名专家。北京大学韩明谟教授在《中国社会学名家》一书中，把 1929 年出版的《中国劳工问题》、1934 年出版的《人口问题》和 1938 年出版的《南洋华侨与闽粤社会》这三本书并列为陈达先生的主要代表作，由此可见这本书在陈达先生研究成果中的分量和在学术界的影响。

韩明谟教授的《中国社会学名家》用了 117 页的篇幅介绍陈达先生，提供了系统和丰富的资料和素材，并且长期研究中国社会学史，对陈达先生也曾有不少个人接触。如果韩先生不是已达 93 岁高龄，请他来写这篇导读和"学术年表"无疑是最合适的人选。我必须声明的是，这篇导读参考的主要是韩明谟教授的《中国社会学名家》一书，"陈达先生学术年表"则是在该书《陈达年谱》的基础上修订而成。韩先生是北京大学社会学系的元老，在许多方面也曾给我指导和帮助，因此我在这里要对韩先生表示特别的敬意和感谢。

本书的背景

陈达先生很长时间一直是太平洋学会的会员兼东南亚部的主任。1933 年在加拿大召开的太平洋国际会议上，国际研究委员会拟订了一个关于“生活程度”的调查研究计划，太平洋学会中国分会选定移民作为具体的研究专题，由陈达先生负责太平洋学会的这一项目，主持关于东南亚各国中国移民的社会学—人口学研究。“太平洋学会与清华大学合作，同意陈达请假一年，薪金照给，作为清华对于该会的捐款。”[①]这样就使陈达先生可以有一年的时间来集中设计与实施这一课题。想到至今中国大陆的大学里也还没有明确的“学术假”制度，我们对 20 世纪 30 年代的大学教师们更多了几分羡慕。

陈达先生与厦门大学、岭南大学、中山大学的社会学教授们合作，自 1934 年夏季开始在福建和广东华侨迁出地相对集中的地区开展了实地调查，随后赴印度尼西亚（当时叫“东印度群岛”）、新加坡（当时属英属马来亚）、泰国（当时称“暹罗”）、越南西贡（当时为法属印度支那）等地考察，调查组成员随后分别开展实地的专题调查。最后成果《南洋华侨与闽粤社会》在 1938 年正式出版。

全书除“引言”外，共分为两编九章，正文中有 21 张表，附录有 12 张表，全书共 305 页。作为这本著作的“导读”，下面分章节来进行介绍和讨论。

---

① 韩明谟：《中国社会学名家》，第 108 页。

“引言”

第一部分“引言”，相当于学术著作中的“导言”(Introduction)。“引言”首先介绍了中国海外移民研究的四个主题:(1)华侨对家乡的汇款对其家庭和家乡社区、国家经济的影响;(2)政府对华工应募出国应当采取的态度及政策;(3)由华侨从国外传入国内的各种知识信息对中国的现代化有什么影响;(4)移民海外对家乡的人口、经济、文化诸方面有什么影响。除第二个问题涉及国家政策外，其余三个问题关注的都是海外移民对家乡社区的影响。在西方人口学的迁移研究中，通常认为迁移行为会对三个方面产生影响:迁入地、迁出地和移民自身。从以上这四个主题来看，陈达先生这个研究的主要关注点是在华侨的迁出地社区，研究的是当地人口移居海外对家乡社区、亲属在各方面带来的影响。

其次，介绍了这一研究具体调查地点的选择要求，最后选定的是三个各有特色的华侨社区(两个在闽南，一个在汕头)，同时选定一个与调查中的汕头华侨社区相邻的非华侨社区，以开展比较研究。加上对南洋一些华侨社区的调查资料信息，这个研究项目实际上包括了三组可供开展比较研究的对象:作为迁出地的闽南和粤东的华侨社区、粤东的非华侨社区，以及作为迁入地的南洋华侨社区。

第三，对这一研究项目的其他细节一一做了介绍:(1)调查时间;(2)调查方法及内容，包括侨民家庭调查表、专题调查表、其他资料(刊物、地方统计、侨民信函、批馆、募工方法等);(3)调查基本情况，包括各调查地点实际完成的户访数字，专题调查表回收份数，以及发现错误后采取的纠正办法；（4）作为“生活费”专题研究的内容，在相邻的两个位于汕头的社区（一个华侨社区、一个非华侨社区）各选100户进行为期1年、每月访问3次的“家庭生活费用调查”。这是十分规范的调查内容与程序的介绍，今天我们在撰写研究报告时，依然可以作为范例。

“引言”随后又从“生活方式”的角度对这一华侨迁移研究提出了另外一组问题：（1）闽粤沿海村落为什么出现向南洋的迁移？（2）这些村落今天的生活方式是什么样的？曾经发生了怎样的变迁？（3）南洋的华侨移民对这些村落的生活方式的形成与变迁，发挥了什么样的作用？这些影响又是如何表现出来的？这组问题可以说是前面四个问题的细化，我们可以说，陈达先生以此把海外华侨对家乡社区影响这一主题更加集中在生活方式变迁这一具体领域中了。

那么，如何在实地实证调查中来具体考察“生活方式”（Mode of Living）及其变迁呢？陈达先生进一步把“生活方式”的内容定义在三个方面：地理（自然环境）、社会（治安、职业、教育、卫生、娱乐）与心理（信仰、崇拜）。他认为“三方面的调适与顺应，实施整个生活方式的表现”，并且根据不同的文献对这一定义进行了讨论。我们在从事具体研究工作时，难免要涉及若干个核心概念（如本书的“生活方式”），而在已有学术文献中，对这些核心概念给出的定义并不一致，不同学科背景的学者有不同的侧重，也会给出不同的定义，因此根据自身研究的目的与调查设计对这些核心概念给出研究者自身的定义，是非常必要的。陈达先生在这本书的“引言”中也给我们提供了这样的范例。

随后,陈达先生对这一研究的不足之处也作出了说明。例如没有调查被访者对自己生活满意度的主观评价;华侨对家乡的影响是多方面和复杂的,这一研究涵盖的范围必然存在一定的片面性;同时由于所调查社区的特定情况也很难以此来开展跨国比较研究。为了使这一研究课题的设计尽可能完善,陈达先生介绍了他所咨询的国内外学者和专家的名单、直接参与调查活动的学者和提供支持与赞助的团体名单。作为一个大型研究项目,这些工作自然十分重要也需要在"引言"中给予介绍。"引言"的最后部分介绍了调查资料整理、成果写作的分工情况以及出版的相关安排等。陈达先生的这篇"引言"对这一研究项目的背景、主题、方法论、实施过程以及项目最终成果,都给予清晰的介绍与交待,从结构和内容方面看可以说是"引言"或"导言"写作的典范。

这本书第一编的题目是"华侨社区:传统的生活方式及其变迁",下分第一章环境,第二章社会变迁的原素。第二编的题目是"社会变迁的一个原素:移民的影响",下分第三章生计,第四章衣食住,第五章家庭与婚姻,第六章社会觉悟,第七章教育,第八章卫生与娱乐,第九章信仰。章节的结构清晰地反映出了作者的整体思路。由于篇幅所限,下面大致按照以上章节对这本书的内容进行介绍和讨论。

第一编　"华侨社区:传统的生活方式及其变迁"

第一章"环境"首先介绍闽南、粤东两地的基本地理概况:山脉、河流、气候、矿产,其次介绍当地人口迁移史(包括客家人群体)、人口的体质特征(身高、体重等)、文化特性、职业(农业、经济作物、手工业、渔业)、心理环境(当地的宗教信仰和节庆)。这章的内容简明扼要,略嫌不足的是在讨论“文化特性”时仅仅限于引用地方志的若干叙述,没有涉及当地的语言情况(语族、语支、方言等)。语言是人们交流的主要工具,闽南、粤东是我国南方方言最集中、相互差异最大的地区之一,方言之间的差异对于来自不同村落的移民在南洋各地的交流协作和组织状况(同乡会)的影响似乎是不应忽视的。

第二章“社会变迁的原素”从清末民初中国社会的主要变迁讲起,回顾了鸦片战争后中国的变法历程,对闽粤两省的交通、教育发展也提供了若干统计数字,试图提供读者一个理解闽南、粤东南洋移民的历史大背景。我感兴趣的是陈达先生关于清朝对跨国迁移有关政策的回顾,如《大清律》全纂卷20兵律关津部分:“凡官员兵民私自出海贸易,及迁移海岛居住耕种者,俱以通贼论处斩,州县同谋故纵处斩,失察者革职,永不叙用,道府降三级调用,总辖文武之总督降二级留任,不管兵马之巡抚降一级留任,拿获者免议。拿获别省出界奸民十名以上记录一次,百名以上加一级。如知情隐匿,守口官革职,提问道府,降三级调用,总督降二级留任,巡抚降一级留任,出界晒盐者亦照此例议处。其船只经过,及买卖货物之地方官故纵,均革职。”康熙五十一年(1712)甚至下上谕禁止南洋贸易,经九卿议决“凡出洋久留者行文外国解回正法”。不许出洋贸易和迁移,甚至到荒岛上去农垦或晒盐都是杀头的重罪,还设法把在外定居的国民引渡回来杀头,这是闻所未闻的严酷禁令和处罚。

我们设想一下,以当时闽粤的人口密度和资源状况,再对比南洋诸岛的人口密度和资源状况，假如当时清廷对民众出洋贸易、垦殖有所放任，那么不需许多年，南洋诸岛的人口结构将会发生多么大的变化。清廷禁止民众外迁的政策，与沙皇俄国积极鼓励俄国移民（包括盗匪和罪犯）进入“西比利亚”恰成鲜明的对比。十分讽刺的是，中国人得以出洋谋生，偏偏是中国在对外战争失败后签订的各个不平等条约（如1842年中英《江宁条约》、1858年中英《天津条约》等）的结果。毫无疑问，我国政府自“改革开放”以来的对国民出境所实行的开放政策，为中国人自发在境外创造就业和发展提供了历史契机。有人说近20年已有约1800万人移居国外就业和居住，这样的发展态势一定会对中国未来的发展带来重大影响。

调查结果显示在移民中以“经济压迫”作为主要出洋原因的比例高达70%。可见20世纪初期中国南部乡村的经济状况是比较窘迫的。这是清末近代中国沿海村民移民海外最主要的原因，除东南亚外，前往美国和欧洲的移民主流也发生在这一时期。除此之外，本章集中讨论了中国移民在南洋诸地的地理分布、居住模式、从事职业和迁出地这些迁移研究中必然会分析的主要专题，为读者勾画出了南洋移民的一幅整体画卷。

第二编　“社会变迁的一个原素：移民的影响”

本编共分为七章，第三章是“生计”。调查显示出三类社区经济生活的不同特点：（1）华南的非华侨社区，“全年生计的主要来源，自然是农作物”。（2）华南的华侨社区居民的生活，“大部分是依靠南洋的批款(汇款)。……华侨社区的生命线,大概是寄托于南洋的批款。所以南洋如遇经济恐慌,家庭就直接要受影响";在调查的100户华侨中,每月平均收入66.2元,其中53.9元(81.4%)来自南洋汇款(附录第C表)。(3)南洋的华侨社区居民主要从事贸易,"南洋华侨生活的中心,是在经商"。

这一章对当地的田价、产量、粮价和各村农户的经营结构有整体性的分析,同时对各村的稻作业、木材业、香枝业、副业、商业的具体内容、经济规模和经营方式都有详细的介绍,很像是一部地方经济志。特别是对华侨给家乡亲属汇款的一种特殊方式即"批款"的运行过程也有非常详细的描述,足以令读者大开眼界。当年往来南洋的"批款"规模也十分惊人,如书中所说,仅1929年半个月内,厦门批信局发往南洋的"批信"即达4万件。

第四章专门分析"衣食住"。本书对调查的华侨家庭、非华侨家庭各100户的家计和生活开支进行了详尽的介绍和分析,在对家庭收入和开支进行统计和比较后,本章的主要内容集中在(1)衣服(服饰式样、服装材料、饰物),(2)食品(米的产地、副食种类、饮食习惯),(3)居住(建筑原料、住房式样、房屋装饰、风水因素、造价等)。许多具体的描述使读者似乎可以亲身感受到当年这些移民和侨眷的生活。

第五章关注的是"家庭与婚姻"。根据收集到的家谱展示了"上等"、"中等"和"下等"典型家庭的成员分支图,由此可见纳妾之风在当地比较普遍。对于在南洋经营的华侨,"两头家"(即在家乡和南洋居住地都有配偶并建立家庭)是一种常见的婚姻形式。本章描述了家长权力、嗣续观念、同族凝聚、私刑施行和妇女地位等专题。调查发现,与家乡的传统不同,在华侨社区中"嫡生"和

“庶出”、儿子和女儿在家庭中的地位、择业、择配与家庭财产继承方面是比较平等的，这显然是受到南洋当地社会习俗的影响。书中并举例对华侨财产的分配方式给予详细的说明。同时本章对婚姻仪式、婚礼费用等均有具体介绍。总体来说，这些描述更像是人类学的民族志，而不是传统人口学的量化分析。

第六章的题目是“社会觉悟”，这与现今人们对“觉悟”的理解不大一样。现在我们谈到“觉悟”指的是“政治觉悟”，涉及的是人的立场、观点和政治态度等，而这里的“社会觉悟”则主要从“生活方式”的角度讨论治安、都市化和交通。在社区治安方面，介绍了当时在村中负责维持治安的“警卫队”、“学村办事处”、“团防”、“基干队”、“后备队”等机构的组织与运行；在城市化方面，描述了街道发展、住宅区、市政建设等；而在交通方面则详细介绍了公路、铁路线路以及航运的发展。其中特别强调了华侨捐资在这三个方面所发挥的重要作用。

第七章“教育”采用调查和访谈资料描述人们教育观念的变迁，对华侨社区、非华侨社区的学校情况、学生就读、学费、教师薪金等专题都有详细描述。值得注意的一点是，与非华侨社区的学校相比，“华侨社区对于尺牍与国语（讲话）特别注重”。“自初小一年起，就开始教授，教员都用北平话。”其实道理也很简单，如果大家都只会讲自己家乡的方言，到了南洋后彼此之间很难交流，只有大家都学习讲国语，能够沟通，大家才能在南洋顺利就业和做生意。这与今天政府倡导“讲普通话”是同样的道理。可见早在清末和民国年间，南方村落中那些到外面闯世界的华侨们就已经悟出了学习“普通话”（国语）的重要性。我们今天仍有些人仍然十分偏狭地倡导“保卫方言”，其实二者是可以并存的：一些不愿意走出本地社区的人不妨坚持讲方言，欣赏“乡音”，而那些希望与外乡人交流、愿意到更大的世界去发展的人恐怕还是需要学会讲普通话。这一章中还介绍了华侨在南洋各地学习当地语言和华侨学校运行的情况，这些对于语言社会学的研究是不可多得的研究素材。

第八章“卫生与娱乐”，首先讨论的是当地疾病与医疗的基本情况，提供了南洋一些地区（如马来亚）马来人、华人、印度人、欧洲人死亡率的比较，指出南洋华人的死亡率比国内居民的死亡率明显要低，可见南洋的生活水平和医疗条件要优于国内，这也从侧面说明了为什么人们要辛辛苦苦飘洋过海“讨生活”的经济动力。

在所谓“娱乐”方面，华侨有三种“娱乐”（鸦片、赌博、嫖妓），在今天看来都是非常令人痛心的恶习。“在南洋的属地里，鸦片吸食者几全数为中国人”，在闽南和粤东“华侨社区中，鸦片是比较普遍的”，“在南洋的华侨社会，鸦片与赌博，大体上是和国内的华侨社区一样的盛行”。嫖妓的社会后果不仅对华侨的健康和家庭生活造成损害，而且对家乡社区带来恶劣的影响，“恐怕华侨社区（丙）80%的花柳病，是由回国的华侨传布的”。可能今天这些“娱乐”仍然是华侨社会和国内侨乡需要关注的问题。另外，文中对华侨社会的其他娱乐活动（地方戏曲如潮州戏、电影、现代体育活动如网球与足球等）也有具体介绍。

第九章“信仰”。通过调查问卷所获得的信息，书中对被访家庭的信仰情况也有统计分析，并记录了当地民间信仰的“神、鬼”的名称及祀奉日期表、节令名称及祭奠日期表。众所周知，在闽南一直有妈祖崇拜的传统，这一章对闽南侨乡的妈祖（天后圣母）信仰以及“大伯公”、“五谷老爷”、“感天大帝”、“关帝”等地方信仰的对象都有详细介绍。祖先崇拜在汉人社会有久远的传统，书中对华侨社区的“祭祖”(大祭)仪式也有具体描述,并指出华侨到了南洋后的祭祀在仪式方面的变化。有趣的是,陈达先生发现“有些祭祀的仪式,在国内业已废除,但在南洋还可以遇见”。1949 年中华人民共和国成立以后,打击“封建迷信”和传统帮会,许多在国内已经绝迹的帮会及其仪式,反而在海外的华人社区中保存下来,成为中国传统文化现象的“活化石”。

同时,由于和南洋土著居民以及欧洲殖民者接触,也有部分华侨接受了当地居民的伊斯兰教和西方宗教(基督教、天主教),“南洋的华侨,对于新信仰,以回教与耶教两种为最重要”。书中介绍了当地华人教堂和传教的情况,也可与国内的西方宗教传播情况进行比较研究。

概述

从这两编九章的内容来看,大致涵盖了三类社区(华南华侨社区、非华侨社区、南洋华侨社区)的人口结构、经济活动、社会组织、文化生活等方方面面。在所收集的信息资料中,既有问卷调查的数据统计分析,有地方志和其他文献的论述,也有访谈获得的具体家庭和个人的生动阅历与信息,在方法论上可以说是一个把人类学、社会学、人口学等诸学科研究方法汇集在一起的大型综合研究项目,既可以看作是一个典型的人口学迁移研究,又可以看作对一类特殊社区的生活和民风进行白描式勾画的人类学田野调查报告。有兴趣的读者也不妨读一下作者后来出版的《浪迹十年》。《浪迹十年》的前四章即是陈达先生在闽粤和南洋调查时的笔记,是他写作《南洋华侨与闽粤社会》的重要素材。《南洋华侨与闽粤社会》和《浪迹十年》这两部著作为今天的研究者提供了十分宝贵的历史记录。整体来讲,陈达先生的这一研究成果不仅注重各个社区现状的描述,而且在研究讨论时把三类社区时时进行比较,着重关注南洋华侨对于家乡社区的各种影响。这样一个综合性的研究在20世纪30年代的中国,应当说是十分难得的。此书出版后在国内外有很大反响,也在意料之中。

本书出版后的书评中有两篇需要提一下。一篇是著名经济学家陈翰笙先生写的,另一篇是社会学家许烺光先生写的,分别发表在1939年3月的《太平洋事务》第12卷第1期和1943年的《人文科学学报》第2卷第1期。陈先生的书评很短,只是对这一项目基本情况的介绍,许先生的书评则篇幅较长而且基本上持一个批评和商榷的态度。应当说,许先生对这本书的批评是很犀利的,也确实挑出书中行文和叙述中的一些毛病。但是作为一个读者来说,我是宁愿忽视这些细节的毛病的。作为一个有许多人共同参与的大型实地调查,调查地点在国内涉及两省多个社区,在南洋又涉及制度和文化传统存在很大差异的多个国家,被访者超过几百人,而这些被访者对许多问题的观点及表述本身就存在不一致之处,一些文献的记述也可能相互矛盾,研究者对这些问题如何处理,对相互矛盾的素材如何删减本身就是一个难题。《南洋华侨与闽粤社会》这本著作向读者提供了大量的原始访谈记录、地方志记载、地方统计数据等,就这一点而言,对于希望了解20世纪30年代南洋移民情况的读者来说已是十分难得,而且这些素材和讨论还给读者提供了一个可供自己去思考和辨别的空间。

这本书的文字十分生动,相信读者在读各个章节时,会感到自己是在阅读一部 70 多年前的华南民间生活史和南洋华侨生活史。中国社会在 20 世纪发生了翻天覆地的巨大变化,但是历史并没有被完全割断,今天距离陈达先生调查并写作这部著作的年代,也不过三代人的时间,中国传统文化和观念还是会以某种形式留传下来的。仔细重温那个时期的中国社会史,对于我们认识今天的中国社会和移民潮流可能还会提供一些重要的启示。所以,商务印书馆现在重印这部著作,确实有着特殊的意义。